A ERA DA RAZÃO

CONHEÇA OUTROS LIVROS:

POLÍTICA, IDEOLOGIA E CONSPIRAÇÕES

DESCULPE-ME SOCIALISTA

MITOS E FALÁCIAS DA AMÉRICA LATINA

A LEI, MENOS ESTADO E MAIS LIBERDADE

ERROS FATAIS DO SOCIALISMO

O BOM SENSO

THOMAS PAINE

A ERA DA RAZÃO

Tradução:
Fábio Alberti

Avis Rara é um selo de Ciências Sociais da Faro Editorial.

Diretor editorial PEDRO ALMEIDA
Coordenação editorial CARLA SACRATO
Preparação FERNANDA BELO
Revisão FRANCINE PORFÍRIO e LUCIANE H. GOMIDE
Capa RAFAEL BRUM E CRISTIANE SAAVEDRA
Diagramação CRISTIANE | SAAVEDRA EDIÇÕES

Dados Internacionais de Catalogação na Publicação (CIP)
Angélica Ilacqua CRB-8/7057

Paine, Thomas, 1737-1809
A era da razão : uma investigação sobre a teologia verdadeira e a teologia fantasiosa : 1794-1807 / Thomas Paine ; tradução de Fabio Alberti. — São Paulo : Faro Editorial, 2022.
272 p.

ISBN 978-65-5957-089-8
Título original: Age of reason

1. Racionalismo 2. Cristianismo 3. Teologia 4. Filosofia I. Título II. Alberti, Fabio

21-4715 CDD 211.5

Índice para catálogo sistemático:
1. Racionalismo

1ª edição brasileira: 2022
Direitos de edição em língua portuguesa, para o Brasil, adquiridos por FARO EDITORIAL

Avenida Andrômeda, 885 – Sala 310
Alphaville – Barueri – SP – Brasil
CEP: 06473-000
www.faroeditorial.com.br

SUMÁRIO

PRIMEIRA PARTE

SEGUNDA PARTE

TERCEIRA PARTE

PRIMEIRA PARTE

CAPÍTULO 1

Profissão de fé do autor

HÁ VÁRIOS ANOS TENHO A INTENÇÃO DE PUBLICAR MINHAS reflexões sobre religião. Estou perfeitamente consciente das dificuldades inerentes ao assunto, motivo pelo qual reservei essa tarefa para uma fase mais madura da minha vida. Eu pretendia que esta fosse a minha última contribuição aos meus compatriotas de todas as nações, e que não houvesse a menor dúvida quanto à honestidade do motivo que me levou a fazer isso, nem mesmo entre aqueles que possam desaprovar o meu trabalho.

As circunstâncias que agora ocorrem na França no âmbito religioso — da total abolição da ordem nacional clerical e de tudo que está ligado a sistemas obrigatórios de religião e a artigos obrigatórios de fé — não apenas precipitaram a realização do meu propósito como tornaram extremamente necessário um trabalho desse tipo, a fim de evitar que em meio à devastação geral decorrente da superstição, dos falsos sistemas de governo e da falsa teologia nós percamos de vista a moralidade, a humanidade e a verdadeira teologia.

Da mesma forma que muitos dos meus confrades e vários compatriotas da França me deram o exemplo escrevendo a sua profissão de fé voluntária e individual, eu também farei a minha; e farei isso com toda a sinceridade e honestidade com que a mente de um homem se comunica com o próprio coração.

Eu creio em um Deus único, e em nenhum outro; e espero pela felicidade que existe depois desta vida.

Acredito na igualdade entre os homens e que os deveres religiosos consistem em fazer justiça, amar o perdão e empreender esforços para tornar mais felizes os nossos semelhantes.

Porém, para que não venham supor que acredito em muitas outras coisas além dessas que acabei de mencionar, é necessário que no decorrer deste texto eu informe aquilo em que que não acredito e minhas razões para isso.

Eu não acredito no credo professado pela Igreja Judaica, pela Igreja Romana, pela Igreja Grega, pela Igreja Turca e pela Igreja Protestante, nem por nenhuma Igreja que eu conheça. Minha mente é a minha própria Igreja.

A meu ver, todas as instituições nacionais eclesiásticas — a judaica, a cristã, a turca — não passam de invenções humanas instaladas para aterrorizar e escravizar a humanidade, e para monopolizar o poder e o lucro.

Não pretendo com essa declaração condenar as pessoas que tenham opinião diferente a respeito do assunto; é delas o direito de ter a própria crença, assim como é o meu ter a minha. Mas é necessário que o homem seja mentalmente fiel a si mesmo para que obtenha felicidade. Infidelidade não consiste em acreditarmos ou não; consiste em declararmos crer em algo que não cremos.

É impossível calcular o dano moral que a mentira mental, por assim dizer, produziu na sociedade. Quando um homem corrompe e prostitui a castidade da sua mente a ponto de empenhar sua palavra professando fé em algo em que na verdade não crê, ele está preparado para cometer todo tipo de crime. Ele assume um posto de sacerdote visando à obtenção de vantagens, e comete perjúrio desde o início para se qualificar a esse cargo. Haverá algo mais destrutivo para a moralidade do que isso?

Pouco tempo depois de eu ter publicado na América o panfleto *Senso comum*, dei-me conta da grande possibilidade de que uma revolução no sistema religioso se seguisse a uma revolução no sistema governamental. A ligação adúltera entre Igreja e Estado, não importa com qual delas tenha sido estabelecida — com a Igreja Judaica, Cristã ou Turca —, proibiu por meio de punições e penas toda discussão sobre estabelecer as crenças e os princípios fundamentais da religião; e tal proibição foi tão eficaz que esses assuntos não podiam ser trazidos a público de maneira justa e aberta até que o sistema de governo fosse mudado. Assim que isso acontecesse, porém, uma revolução no sistema religioso teria evidência. Invenções humanas e artimanhas do clero seriam detectadas, e o homem recuperaria a pura, autêntica e imaculada crença em um Deus e apenas Nele.

CAPÍTULO 2

Missões e revelações

CADA IGREJA NACIONAL OU RELIGIÃO SE ESTABELECEU SOB a alegação de ter recebido uma missão especial de Deus, missão essa comunicada a certas pessoas. Os judeus têm o seu Moisés; os cristãos, o seu Jesus Cristo, os apóstolos e os santos; e os muçulmanos, o seu Maomé — como se o caminho que leva a Deus não estivesse aberto a todos os indivíduos igualmente.

Algumas dessas Igrejas exibem livros que contêm, segundo elas, a revelação ou a Palavra de Deus. Os judeus dizem que a sua Palavra de Deus foi oferecida por Deus a Moisés, face a face. Os cristãos dizem que a sua Palavra de Deus lhes chegou por inspiração divina. E os muçulmanos dizem que a sua Palavra de Deus, o Corão, lhes foi trazida por um anjo do Céu. Cada uma dessas religiões acusa a outra de ser ímpia; quanto a mim, não acredito em nenhuma delas.

Como é necessário vincular ideias às palavras, antes de eu me aprofundar mais no tema em questão, vou tecer algumas outras observações sobre a palavra "revelação". Quando aplicada à religião, revelação significa algo que é comunicado diretamente de Deus ao homem.

O Altíssimo tem poder para realizar essa comunicação no instante em que desejar; isso ninguém haverá de negar ou questionar.

Se considerarmos, porém, que algo foi revelado a uma determinada pessoa e a nenhuma outra, então apenas essa pessoa recebeu a revelação. Quando essa pessoa comunica o fato a uma segunda, que por sua vez comunica a uma terceira, e essa a uma quarta, e assim continuamente, o que foi transmitido a todas elas deixa de ser uma revelação. É revelação apenas para a primeira, e um boato para as demais; portanto, elas não são obrigadas a acreditar.

Chamar de revelação algo que nos é transmitido em segunda mão, oralmente ou por escrito, é uma contradição em termos e em ideias. Uma revelação tem de ser limitada necessariamente à primeira comunicação — depois dela, torna-se somente o relato de algo que essa pessoa (a quem foi destinada a primeira comunicação) afirma ter recebido como revelação; e, embora ela possa se ver obrigada a acreditar no que lhe foi transmitido, eu, por outro lado, não tenho obrigação nenhuma de acreditar. Afinal, a revelação não foi feita a mim, mas a outro indivíduo, e tudo o que tenho para provar que ele realmente recebeu a revelação é a palavra dele.

Quando Moisés disse aos "filhos de Israel" que havia recebido das mãos de Deus as duas tábuas com os Mandamentos, eles não eram obrigados a acreditar nele, pois além de sua palavra não havia nenhuma outra evidência que confirmasse a veracidade do relato. E eu não tenho nenhuma prova da ocorrência desse fato, a não ser o relato desse ou daquele historiador. Os Mandamentos não contêm nenhuma evidência de divindade; contêm alguns bons preceitos morais[1], do tipo que qualquer homem qualificado para ser legislador ou magistrado poderia produzir sem precisar recorrer à intervenção do sobrenatural.

Quando me disseram que o Corão foi escrito no Céu e trazido a Maomé por um anjo, percebi que o relato se aproxima muito do tipo de evidência indireta e prova de segunda mão do relato anterior. Não vi o anjo com meus próprios olhos, portanto tenho o direito de não acreditar nele.

Eu soube também que uma mulher a quem chamam de Virgem Maria disse, ou anunciou, que engravidara sem ter estado com um homem, e que o homem a quem ela estava prometida em casamento, José, afirmou que essa notícia havia sido trazida a ele por um anjo. Acreditar ou não nesse relato é um direito que tenho; semelhante circunstância exigiria uma evidência muito mais sólida do que simplesmente a palavra deles a respeito. Mas nem mesmo isso nós temos, pois nem José nem Maria escreveram sobre o assunto; só podemos contar com o relato de terceiros a respeito do que ambos disseram. São boatos que se acumulam, e eu prefiro não amparar minha crença numa evidência como essa.

Entretanto, não é difícil explicar por que se deu crédito à história de que Jesus Cristo é o "Filho de Deus". Ele nasceu quando a mitologia pagã ainda tinha alguma popularidade e fama no mundo, e essa mitologia havia preparado as pessoas para crerem nessa história. Quase todos os homens extraordinários que viveram sob a mitologia pagã eram supostos filhos de alguns dos deuses da época. Naquele tempo não era incomum acreditar que um homem tivesse sido concebido por deuses; o intercurso sexual entre deuses e mulheres era um assunto recorrente. Júpiter, de acordo com esses relatos, desposou centenas de mulheres; a história de Jesus, portanto, não tinha nada de novo, maravilhoso ou obsceno. Era compatível com as opiniões que então prevaleciam entre os denominados gentios, ou pagãos, e era nisso que esse povo acreditava na época. Os judeus, que eram absolutamente fiéis à crença em um Deus único, e que sempre rejeitaram a mitologia pagã, nunca deram crédito à história de Jesus.

É curioso observar como a doutrina da Igreja denominada cristã surge da cauda da mitologia pagã. Uma assimilação imediata ocorre num primeiro momento, o que confere à sua figura mais célebre uma origem celestial. A trindade de Deus que então se seguiu não foi nada mais do que uma redução da antiga pluralidade, que reunia 20 ou 30 mil deuses. A imagem de Maria substituiu a imagem de Diana de Éfeso. A deificação de heróis transformou-se em canonização de santos. Os gentios tinham deuses para tudo; os cristãos tinham santos para tudo. A Igreja atraiu multidões, assim como o Panteão, e ambos tiveram lugar em Roma. A teoria cristã não é muito mais do que a idolatria dos antigos pagãos acomodada aos propósitos de poder e ganhos. Resta à razão e à filosofia abolir a fraude ambígua.

CAPÍTULO 3

O caráter de Jesus Cristo e sua história

NADA DO QUE É LIDO AQUI PODE SER APLICADO, NEM mesmo com a mais leve nota de irreverência, ao real caráter de Jesus Cristo. Ele foi um homem amável e virtuoso. A moralidade que ele pregava e praticava foi do tipo mais benevolente; e, embora sistemas morais similares tenham sido pregados por Confúcio e alguns dos filósofos gregos muitos anos atrás, pelos quakers anos depois, e por muitos homens bons em todas as épocas, os de Jesus não foram superados por ninguém.

Jesus Cristo não escreveu nenhum relato sobre si mesmo, sobre a sua linhagem, sobre coisa nenhuma; nem uma linha do que se conhece como o Novo Testamento foi escrita por ele. Toda a história dele é resultado do trabalho de outras pessoas. Quanto ao relato sobre sua ressurreição e ascensão, foi o complemento necessário à história do seu nascimento. Por terem trazido Jesus ao mundo de uma maneira sobrenatural, os seus historiadores foram obrigados a tirá-lo de cena da mesma maneira, ou a primeira parte da história não se sustentaria.

O artifício desastroso usado para contar a segunda parte da história supera tudo o que foi contado antes. A primeira parte — a da concepção milagrosa — não permitia publicidade, portanto os que a contaram tinham a vantagem de não poderem ser detectados, apesar de não receberem o crédito. Não se esperava que eles conseguissem prová-la porque não se tratava de algo que pudesse ser provado, e era impossível que o personagem principal da história conseguisse provar algo por conta própria.

Porém, quando uma pessoa morta ressuscita do seu túmulo e é elevada pelo ar até o céu, já é bem diferente se comparado à evidência que pressupõe a concepção invisível de uma criança no útero. Supondo-se que tenham mesmo acontecido, a ressurreição e a ascensão teriam de ser confirmadas pelo testemunho de toda Jerusalém, no mínimo, como se todos estivessem vendo a ascensão de um balão ou o sol do meio-dia. Se todos devem acreditar que determinada coisa aconteceu, é necessário que a prova disso esteja ao alcance de todos igualmente, e que seja universal; e, como a visão clara em espaço público desse último ato relatado era a única evidência que poderia confirmar a primeira parte da história, a história inteira cai por terra, porque essa evidência jamais foi fornecida. Em vez disso, algumas poucas pessoas, não mais do que oito ou nove, são alçadas à condição de representantes do mundo inteiro para dizer que viram tudo acontecer, e o resto do mundo é convidado a acreditar nisso. Mas parece que Tomé não acreditou na ressurreição e, como se sabe, só acreditaria depois que visse com seus próprios olhos e tocasse com suas próprias mãos. Eu também não acreditaria, por uma razão que parece tão boa para mim, e para qualquer outra pessoa, quanto pareceu para Tomé.

É inútil tentar abrandar ou camuflar essa questão. A parte sobrenatural contida nessa história mostra sinais claros e inequívocos de fraude e imposição. Para nós, agora, é impossível saber quem foram os autores dessa história, assim como é impossível ter certeza de que os livros nos quais o relato aparece foram escritos pelas pessoas cujos nomes eles exibem. A melhor evidência sobrevivente que temos a respeito desse assunto são os judeus. Eles são descendentes do povo que viveu nos tempos em que a ressurreição e a ascensão supostamente aconteceram — e os próprios judeus a desmentem. Sempre me pareceu estranhamente contraditório citar os judeus como prova de que a história é verdadeira. É como se alguém dissesse: "Para provar a vocês que essa história é verdadeira, vou lhes apresentar o povo que diz ser falsa".

Que tenha existido uma pessoa como Jesus Cristo e que ele tenha sido crucificado — modalidade de execução comum naqueles dias — são relações históricas que se inserem rigorosamente no campo do possível. Jesus pregava uma excelente moralidade e igualdade entre os homens; mas pregava também contra a corrupção e a cobiça dos sacerdotes judeus, e com isso acabou atraindo o ódio e a vingança da classe sacerdotal. Os sacerdotes lançaram sobre ele acusações de sedição e conspiração contra o governo romano, do qual os judeus eram à época súditos. Não é improvável que o governo romano tenha alimentado secretamente certa apreensão quanto aos efeitos da doutrina de Jesus, assim como os sacerdotes judeus; nem é improvável que Jesus Cristo tenha considerado a possibilidade de libertação do povo judeu do jugo romano. Foi nesse cenário, contudo, que esse virtuoso reformista e revolucionário perdeu a vida.

CAPÍTULO 4

As bases do Cristianismo

FOI SOBRE ESSA SIMPLES NARRATIVA DE FATOS, JUNTAmente com outro caso sobre o qual falarei, que os mitologistas cristãos, autodenominados "Igreja Cristã", construíram sua fábula — que, em termos de absurdo e extravagância, não é superada por nada feito pela mitologia antiga.

Os mitologistas antigos nos contam que a raça de Gigantes travou guerra contra Júpiter, e que um deles lançou cem rochas contra o deus de uma só vez. Júpiter o derrotou empregando o trovão como arma, e depois o prendeu sob o monte Etna; e sempre que o gigante tenta fugir, Etna, um vulcão, entra em erupção. É fácil perceber aqui que o cenário de uma montanha, mais precisamente de um vulcão, sugeriu a ideia de fábula, e que a fábula é feita para se ajustar a esse cenário.

Os mitologistas cristãos nos dizem que o seu Satã declarou guerra ao Todo-Poderoso e foi derrotado por Ele, que o prendeu em seguida — não sob uma montanha, mas em um buraco debaixo da terra. É fácil ver aqui que a primeira fábula sugeriu a ideia da segunda, porque a fábula de Júpiter e dos Gigantes foi contada várias centenas de anos antes da de Satã.

Até esse ponto, os mitologistas antigos e os mitologistas cristãos diferem pouco entre si. Os últimos, porém, conseguiram desenvolver o tema muito mais. Eles conseguiram vincular a parte mítica da história de Jesus Cristo à parte que se originou do Monte Etna; e, a fim de garantir que todas as partes da história se interligassem, foram buscar socorro nas tradições judaicas — por esse motivo, uma parte da mitologia cristã é constituída de elementos da mitologia antiga, e a outra parte, de elementos das tradições do Judaísmo.

Os mitologistas cristãos, após confinarem Satã num buraco sob a terra, foram obrigados a deixá-lo sair novamente para dar sequência à fábula. Ele é então introduzido no Jardim do Éden como uma cobra ou uma serpente e, com a forma desse animal, inicia uma conversa casual com Eva, que não se mostra nem um pouco surpresa ao ouvir a criatura falar. Durante essa descontraída conversa, Satã a persuade a comer uma maçã, e o ato de comer a fruta condena toda a humanidade ao sofrimento eterno.

Depois de permitir a Satã esse triunfo sobre toda a criação, seria bem sensato supor que os mitologistas cristãos fariam a bondade de enviá-lo de volta ao seu buraco debaixo da terra; se não o fizessem, poderiam ter feito uma montanha cair sobre ele (já que dizem que a sua fé move montanhas), ou então tê-lo confinado debaixo de uma montanha — como fizeram os antigos mitologistas — a fim de evitar que ele novamente se infiltrasse entre mulheres e cometesse mais diabruras. Em vez disso, porém, eles o deixaram à solta e sequer o obrigaram a dar satisfações de seus atos. A verdade é que os mitologistas não podiam abrir mão dele; e, depois do trabalho que tiveram para criá-lo, o subornaram para ficar. Prometeram a ele TODOS os judeus, TODOS os turcos antecipadamente, além de noventa por cento do mundo, e ainda incluíram Maomé na negociação. Depois disso, quem seria capaz de duvidar da generosidade da mitologia cristã?

Depois de engendrarem uma insurreição e uma batalha no Céu (na qual nenhum dos combatentes podia ser morto nem mesmo ferido), e de aprisionarem Satã num buraco, apenas para permitirem que escapasse de novo e triunfasse sobre toda a criação, desgraçando por fim toda a humanidade porque uma maçã foi comida, esses mitologistas cristãos amarraram as duas pontas da sua fábula. Retrataram este amável e virtuoso homem, Jesus Cristo, ao mesmo tempo Deus e Filho de Deus, concebido de maneira celestial — e que deve ser sacrificado porque, segundo eles, Eva ficou com vontade de comer maçã.

Deixando de lado tudo que possa haver de absurdo a ponto de provocar o riso, ou de profano a ponto de provocar aversão, e limitando-se a meramente examinar as partes da trama, chega-se à conclusão de que é impossível conceber uma história mais degradante para o Todo-Poderoso, mais incompatível com Sua sabedoria, mais indigna do Seu poder.

A fim de forjar uma base sobre a qual construir sua história, os autores viram-se diante da necessidade de dar à criatura que chamaram de Satã um poder tão grande quanto o que atribuíram ao Todo-Poderoso, ou até maior. Eles não apenas deram à criatura poder para se libertar da sua prisão sob a terra, após o episódio que descreveram como a queda dela, mas também tornaram esse poder infinito. Antes dessa queda, eles o retratavam apenas como um anjo de existência limitada, sem nada que o tornasse especial, assim como retratavam os demais. Depois da referida queda, os autores decidiram torná-lo onipresente. Ele está em toda parte, e ao mesmo tempo. Ele ocupa toda a imensidão do espaço.

Não contentes com essa deificação de Satã, os mitologistas cristãos o retrataram sob a forma de um animal da criação e o tornaram capaz de confrontar, por meio de ardis, todo o poder e a sabedoria do Altíssimo. Representaram-no como uma criatura que obrigou o Todo-Poderoso a escolher: entregar toda a criação ao governo e à soberania de Satã ou capitular, em prol da sua redenção, descendo à Terra e exibindo-se na forma de um homem, numa cruz.

Se os autores dessa trama a tivessem contado de maneira inversa, ou seja, se nessa história o Todo-Poderoso obrigasse Satã a se exibir numa cruz, na forma de uma cobra, como punição por mais uma transgressão, a história teria sido menos absurda, menos contraditória. Em vez disso, porém, eles fizeram o infrator triunfar e o Todo-Poderoso fracassar.

Não tenho a menor dúvida de que muitos homens bons acreditaram nessa estranha fábula, e viveram muito bem sua vida seguindo essa crença (afinal, não é crime ser crédulo). Em primeiro lugar, eles foram educados para acreditar nisso, e teriam igualmente acreditado em qualquer outra coisa que lhes fosse ensinada. Além disso, muitas pessoas deixaram-se arrebatar apaixonadamente por algo que entenderam tratar-se do infinito amor de Deus pelo homem, um arrebatamento tão intenso que a veemência dessa ideia as impediu de examinar e enxergar o que havia de absurdo e profano na história. Quanto mais artificiais, mais as coisas são passíveis de se tornarem objeto de uma estranha admiração.

Mas as coisas que nos despertam gratidão e admiração não surgem diante dos nossos olhos sempre que desejamos? Não nos deparamos com uma bela criação preparada para nos receber no instante em que nascemos — um mundo feito sob medida para nós, que nada nos custa? Somos nós que fazemos o sol brilhar, que fazemos a chuva cair e que enchemos a Terra de abundância? A vasta máquina do Universo continua em funcionamento, quer estejamos acordados, quer estejamos dormindo. Essas coisas, e as bênçãos que elas representam em nosso futuro, não são nada para nós? Nossa sensibilidade é tão tosca que não pode ser tocada por outros temas que não a tragédia e o suicídio? Ou o sombrio orgulho do homem se tornou tão colossal que nada pode enlevá-lo, a não ser um sacrifício por parte do Criador?

Eu sei que essa análise severa causará consternação a muitas pessoas, mas deixar essa tarefa por conta delas seria subestimar a sua ingenuidade. Os tempos e a grandeza do tema exigem que essa tarefa seja realizada.

A suspeita de que a teoria que dá sustentação à Igreja Cristã tem fortes contornos de fábula está crescendo em todos os países; e ver esse tema ser livremente investigado será um consolo para aqueles que se sentem confusos diante dessa suspeita, sem saber ao certo em que acreditar. Por isso analisarei em seguida os livros conhecidos como Antigo e Novo Testamentos.

CAPÍTULO 5

Reflexões sobre o Antigo Testamento

O ANTIGO TESTAMENTO E O NOVO TESTAMENTO – COMEçando com Gênesis e terminando com a Revelação (que é, diga-se de passagem, um livro de enigmas que necessita de uma revelação para explicá-lo) — são, como nos foi dito, a Palavra de Deus. Portanto, seria justo que soubéssemos quem nos disse isso, a fim de compreender quanto crédito devemos dar ao relato. Ninguém tem a resposta a essa questão, e tudo o que nos resta são boatos que correm de boca em boca. Seja como for, historicamente o caso se mostra da maneira descrita a seguir.

Quando os mitologistas da Igreja estabeleceram o seu sistema, reuniram todos os escritos que puderam encontrar e os manipularam como bem entenderam. Nós não sabemos ao certo se os escritos que aparecem com os nomes de Antigo Testamento e Novo Testamento não sofreram nenhuma alteração; se mantêm a mesma condição em que estavam quando (segundo dizem) foram recolhidos ou se tiveram acréscimos, alterações ou subtrações.

De qualquer modo, eles decidiram por votação quais desses livros reunidos deviam se tornar a PALAVRA DE DEUS, e quais não. Rejeitaram vários; ficaram em dúvida quanto a outros, como os livros denominados Apócrifos, e os livros com a maioria dos votos foram escolhidos para ser a Palavra de Deus. Se tivessem votado diferente, todo o povo que se denominava cristão teria acreditado em algo diferente — porque a crença de um provém do voto do outro. Quem foram as pessoas que fizeram isso tudo? Nada sabemos sobre elas; tudo o que sabemos é que se autodenominavam genericamente de "a Igreja".

Além das fontes que mencionei, nós não contamos com nenhuma outra evidência ou autoridade externa que nos permita acreditar que esses livros guardam a Palavra de Deus — e as fontes indicadas não podem absolutamente ser consideradas provas de coisa alguma. Por isso passo agora a examinar a evidência interna contida nos livros propriamente ditos.

Anteriormente, neste ensaio, teci considerações sobre o significado de revelação; quero agora me aprofundar nesse assunto, com o objetivo de aplicá-lo aos livros em questão.

Ocorre uma revelação quando uma pessoa recebe um comunicado sobre algo que não sabia antes. Afinal, se eu tiver feito ou visto alguma coisa, não é necessário que nenhuma revelação me avise sobre o que eu fiz ou vi, nem é preciso que uma revelação me capacite a falar ou a escrever a respeito do que fiz ou vi.

Revelação, portanto, não pode ser aplicada às coisas que são feitas na Terra e que têm o próprio homem como ator ou testemunha. Por consequência, as partes históricas e anedóticas da Bíblia — ou seja, quase toda ela — não são compatíveis com o significado e o alcance da palavra "revelação" e, portanto, não são a Palavra de Deus.

Quando Sansão fugiu levando consigo os portões da cidade de Gaza, se é que ele o fez de fato (e se fez ou não, que importância tem para nós?), ou quando visitou sua Dalila, ou quando capturou suas raposas, e fez mais isso ou aquilo, o que a revelação tem a ver com essas coisas? Se fossem fatos, ele mesmo poderia tê-los contado, ou sua secretária, se tivesse uma, poderia tê-los registrado, se valesse a pena comunicá-los oralmente ou por escrito. E se fossem ficção, a revelação não os tornaria verdade. Verdadeiros ou não, o fato é que tomar conhecimento dessas aventuras não contribuiu para ficarmos melhores nem mais sábios. Ao contemplar a imensidão do Ser que dirige e governa o incompreensível TODO — do qual a mais acurada visão humana só pode apreender uma fração —, devíamos sentir vergonha por classificar como Palavra de Deus essas histórias tão baratas.

Quanto ao relato da criação, que abre o Livro do Gênesis, suas características levam a crer que era uma tradição já existente entre os israelitas antes de eles chegarem ao Egito. Depois que partiram de lá, eles situaram esse relato no início da sua história, sem explicar (o que é mais provável) que não sabiam como ela havia surgido. Assim que a história começa é possível constatar seu cunho tradicional. Ela se inicia abruptamente. Não há ninguém falando, não há ninguém ouvindo. A comunicação não é endereçada a ninguém; não há primeira pessoa, nem segunda, nem terceira. Todos os seus elementos indicam que se trata de uma tradição. Não há testemunha. Moisés não cuida de introduzir o relato com a formalidade que é exibida em outras ocasiões, como quando se lê: "O Senhor falou a Moisés, dizendo".

Por que recebeu o título de "relato mosaico da criação" eu não faço ideia. Acredito que Moisés conhecia esses assuntos bem demais para assiná-lo. Ele havia sido educado entre os egípcios, um povo versado em ciência, particularmente em astronomia, assim como qualquer povo naqueles dias; e o silêncio e a cautela que Moisés demonstra deixando de convalidar o relato é uma boa evidência de que não o fez nem acreditou nele. Ocorre que todas as nações eram criadoras do mundo, e os israelitas tinham tanto direito de se aventurar no ramo de fazer mundos quanto os outros povos; e, como Moisés não era israelita, ele pode ter preferido não negar a tradição. Contudo, o relato é inócuo; e isso é mais do que se pode dizer de muitas outras partes da Bíblia.

Quando lemos os contos obscenos, as libertinagens voluptuosas, as execuções cruéis e dolorosas, o rancor implacável que preenchem mais da metade da Bíblia, podemos nos perguntar se não seria mais coerente afirmar que se trata da Palavra do demônio, e não da Palavra de Deus. É uma história marcada pela perversidade, que serviu para corromper e brutalizar a humanidade. Devo dizer que a detesto, sinceramente, assim como detesto tudo o que é cruel.

Com exceção de algumas frases, nós dificilmente nos deparamos com algo que mereça mais do que a nossa repulsa ou o nosso desprezo, até chegarmos à parte da Bíblia que contém escritos heterogêneos. Nas publicações anônimas, nos Salmos e em particular no Livro de Jó, encontramos uma profusão de sentimentos elevados diante do poder e da bondade do Todo-Poderoso, expressos reverentemente. Mesmo assim, essas publicações não são melhores do que muitas outras obras que versam sobre temas semelhantes, antes e também depois da época em questão.

Os provérbios atribuídos a Salomão, embora venham provavelmente de uma compilação (porque revelam um conhecimento de vida que a sua situação não o permitia ter), são uma instrutiva lista de princípios morais. São inferiores em perspicácia aos provérbios dos espanhóis, e não mais sábios e econômicos que os pensamentos do americano Franklin.

Todas as partes restantes da Bíblia, em geral conhecidas pelo nome de Livros Proféticos, são obras de poetas judeus e de pregadores itinerantes; são uma mistura de poesia,[2] historietas e textos devocionais — e essas obras ainda conservam o aspecto e o estilo poético, mesmo traduzidas.

A poesia consiste principalmente de duas coisas: imagem e composição. A composição da poesia difere da prosa na forma como sílabas curtas e longas se misturam. Retire uma sílaba longa de um verso e coloque no lugar uma curta, ou troque uma sílaba longa onde uma curta deveria estar, e o verso perderá a sua harmonia poética. É como colocar uma nota errada numa música.

A imagem nesses Livros denominados Proféticos está totalmente relacionada à poesia. É fictícia, frequentemente extravagante, e não é admitida em nenhum outro tipo de texto que não desse gênero.

Para mostrar que esses escritos são elaborados de acordo com o número de sílabas poéticas, tomarei versos de dez sílabas do Livro de Isaías (que usarei de exemplo), assim como aparecem, e produzirei um verso com o mesmo número de sílabas (decassílabo heroico) que deve rimar com a última palavra. Dessa maneira, será possível perceber a arte da metrificação empregada na feitura desses livros:

"Hear, O ye heavens, and give ear, O earth!" [Ó céus, ouvi, e tu, ó Terra, escuta!]

"Tis God himself that calls attention forth." [Teu Deus chama, tua atenção Ele reclama.]

Ao longo de todo o livro conhecido como Bíblia, não há nenhuma palavra que remeta ao que chamamos de "poeta", nem nenhuma que remeta ao que chamamos de "poesia". Ocorre que a palavra "profeta", que nos últimos tempos recebeu um novo sentido, era usada na Bíblia para "poeta", e a palavra "profetizar" significava "a arte de fazer poesia" e também "a arte de recitar poesia com o acompanhamento de um instrumento musical".

Nós lemos a respeito de profecias feitas com flautas, tambores e trombetas; e de profecias feitas com harpas, saltérios, címbalos e todo tipo de instrumento musical em voga na época. Se hoje em dia falássemos em profetizar utilizando um violino, ou uma flauta e um tamborim, não teria um significado ou pareceria ridículo, e até mesmo insolente para algumas pessoas; porque o significado da palavra foi alterado.

Dizem-nos que Saul esteve entre os profetas e que ele profetizou; mas não nos dizem o que ele ou eles profetizaram. Mas a questão é que não há nada para ser dito, pois esses profetas eram um grupo de músicos e poetas, e Saul se juntou a eles no espetáculo — esse foi o ato de profetizar a que se referiram nos livros.

O relato sobre esse acontecimento encontra-se no Livro de Samuel e ocorre da seguinte maneira: Saul se depara com um grupo de profetas — um grupo inteiro deles! — chegando com um saltério, um tambor, uma flauta e uma harpa, e eles profetizam, e Saul profetiza com eles. Mas depois parece que Saul o fez de modo inadequado, ou seja, não apresentou bem a sua parte; por isso se diz que "um mau espírito enviado por Deus"[3] se apossou de Saul, e ele profetizou.

Se não houvesse na chamada Bíblia outra passagem além dessa para nos provar que perdemos o significado original da palavra "profecia" e o substituímos por outro, ainda assim já seria suficiente, porque é impossível usar e aplicar a palavra "profecia" no contexto em que é usada e aplicada na Bíblia se a tomarmos no sentido que lhe foi atribuído nos últimos tempos. O modo como a palavra foi empregada ali a despoja de todo significado religioso e mostra que um homem podia, portanto, ser um profeta ou profetizar, assim como pode agora ser poeta ou músico, sem nenhuma referência à moralidade ou à imoralidade da sua natureza. A palavra era originalmente um termo vinculado à ciência, promiscuamente aplicado à poesia e à música, e não estava associada a nenhum assunto no qual a poesia e a música estivessem envolvidas.

Débora e Baraque são chamados de profetas, não por terem realizado algum vaticínio, mas porque compuseram o poema ou a música que leva o nome deles para celebrar um determinado feito. Davi era considerado um profeta, pois era músico, e também tinha a reputação de ser (talvez muito equivocadamente) o autor dos Salmos. Mas Abraão, Isaac e Jacó não eram chamados de profetas; em nenhum dos relatos que chegaram até nós consta que tenham cantado, tocado música ou feito poesia.

Somos informados de que existem os profetas maiores e os menores. Eles poderiam também nos ter informado sobre o Deus maior e o menor, porque não pode haver gradação no ato de profetizar que seja compatível com a acepção moderna da palavra. Mas na poesia, sim; portanto, quando entendemos a frase em questão como "os *poetas* maiores e menores", ela passa a fazer sentido.

Depois disso, é completamente desnecessário tecer observações a respeito do que escreveram aqueles homens denominados profetas. O machado já aguarda ao pé da árvore,[4] mostrando que o significado original da palavra foi distorcido e não vale a pena contestar todas as conclusões e inferências elaboradas a partir desses livros, o respeito religioso que foi dedicado a eles e os comentários esmerados que foram escritos a partir deles, com base nesse significado distorcido. Em vários aspectos, contudo, os escritos dos poetas judeus merecem um destino melhor do que o de estarem vinculados como agora estão ao lixo que os acompanha, sob o nome vilipendiado de Palavra de Deus.

Se nos dermos ao trabalho de abordar as coisas pelo ponto de vista correto, certamente perceberemos a condição imutável daquilo que honramos com o nome de Palavra de Deus; não apenas essa sua condição imutável, mas a absoluta impossibilidade de que sofra a menor mudança, seja por ação deliberada, seja por acaso. Portanto, a Palavra de Deus não pode existir em nenhuma linguagem escrita ou humana.

A mudança continuamente progressiva à qual o significado das palavras está sujeito, a necessidade de uma linguagem universal que possibilite uma tradução coerente, os erros aos quais as traduções estão também sujeitas, os erros de impressão e dos escribas, sem mencionar a possibilidade de alteração intencional, são evidências inequívocas de que a linguagem humana, falada ou impressa, não pode ser o veículo da Palavra de Deus. A Palavra de Deus se encontra em outro lugar.

Se o livro denominado Bíblia excedesse de todos os livros que existem no mundo em pureza de ideias e de expressão, ainda assim eu não o tomaria como minha regra de fé em relação à Palavra de Deus, porque haveria a possibilidade de que fosse uma imposição a mim. Mas, quando constatei que a maior parte desse livro contém pouco mais do que uma história de vícios muito grosseiros e um ajuntamento de contos insignificantes e bastante desagradáveis, soube que desonraria o meu Criador se atribuísse a Ele semelhante escrito.

CAPÍTULO 6

Reflexões sobre o Novo Testamento

EU AGORA PASSAREI AO LIVRO DENOMINADO NOVO Testamento. O Novo Testamento! Como se pudessem existir dois testamentos do Criador.

Se Jesus Cristo tivesse a intenção ou o objetivo de estabelecer uma nova religião, sem dúvida ele mesmo teria escrito esse sistema religioso, ou cuidaria para que fosse escrito enquanto estivesse vivo. Mas não existe nenhuma publicação que leve o seu nome como autor. Todos os livros que compõem o Novo Testamento foram escritos depois de sua morte. Jesus era judeu por nascimento e religião; e era o filho de Deus assim como todas as pessoas são — já que o Criador é o Pai de Todos.

Os primeiros quatro livros — Mateus, Marcos, Lucas e João — não fornecem a história da vida de Jesus Cristo, apenas relatos isolados sobre ele. Depreende-se desses livros que todo o tempo de atividade de pregação de Jesus não ultrapassou dezoito meses, e foi durante tal curto período que esses homens se tornaram íntimos dele. Eles fazem referência a Jesus com 12 anos, sentado, segundo eles, entre os mestres judeus, fazendo-lhes perguntas e respondendo também às perguntas deles. Como isso aconteceu muitos anos antes do início do relacionamento desses homens com Jesus, é mais provável que tenham conhecido essa história pelos seus pais. A partir desse acontecimento, passam-se cerca de 16 anos sem que haja nenhum registro do que tenha acontecido na vida de Jesus. Não se sabe onde ele morou nem quais empregos teve durante esse intervalo. Muito provavelmente Jesus trabalhou no ofício do pai, que era carpinteiro. Não parece que ele tenha recebido educação escolar, e é provável que não soubesse escrever, pois seus pais eram extremamente pobres — afinal, não puderam pagar por uma cama quando ele nasceu.

É um tanto curioso que os três personagens cujos nomes são os mais lembrados no mundo tivessem uma linhagem tão obscura. Moisés foi uma criança abandonada; Jesus Cristo nasceu em um estábulo; e Maomé foi condutor de mulas. O primeiro e o último desses homens fundaram sistemas religiosos distintos; Jesus Cristo, porém, não fundou nenhum novo sistema. Ele convocou homens para a prática de virtudes morais e a crença em um Deus único. O principal traço da sua personalidade é a filantropia.

Considerando o modo como Jesus foi preso, conclui-se que não era muito conhecido naquele tempo. Também se conclui que os encontros que ele então mantinha com seus seguidores eram secretos, e que desistiu de pregar publicamente ou suspendeu essa atividade. Essas circunstâncias deram a Judas a oportunidade de traí-lo, fornecendo informações sobre o seu paradeiro e identificando-o para os soldados que foram prendê-lo. E a razão para empregar e pagar Judas para fazer isso só poderia ter decorrido da causa já mencionada, ou seja, de que Jesus ainda não era muito conhecido e vivia escondido.

A ideia de que Jesus tenha usado um esconderijo não apenas fere duramente sua célebre divindade como também confere a ela certa pusilanimidade. E o fato de ter sido traído — ou, em outras palavras, de ter sido preso — mediante a informação de um dos seus seguidores mostra que essa não era sua pretensão, e consequentemente que ele não pretendia ser crucificado.

Os mitologistas cristãos nos dizem que Jesus morreu pelos pecados do mundo, e que ele veio com o propósito de morrer. Mas, afinal, o resultado não teria sido o mesmo se ele tivesse morrido de febre, de varíola, de velhice ou de qualquer outra coisa?

A sentença condenatória que, dizem eles, foi proferida contra Adão por comer uma maçã não foi "Tu certamente serás crucificado", e sim "Tu certamente morrerás" — trata-se de uma sentença de morte, mas não há referência ao tipo de morte. Portanto, nem a crucificação nem qualquer outra maneira de morrer faziam parte da sentença sofrida por Adão; e, em consequência disso, inclusive segundo os métodos dos próprios autores, a crucificação não poderia ser parte integrante da sentença que Cristo precisava sofrer para redimir o pecado original. Uma febre teria resolvido a questão tão bem quanto uma cruz, se existisse uma alternativa.

A sentença de morte — que, como eles nos apresentam, foi pronunciada contra Adão — deve significar morte natural, isto é, cessação da vida, ou significar então o que os mitologistas chamam de "maldição". Consequentemente, a ocorrência da morte de Jesus Cristo deve, de acordo com o sistema desses mitologistas, impedir que uma dessas duas coisas aconteçam a Adão e a nós.

É evidente que isso não impede a nossa morte, pois todos morremos; e, se os relatos de longevidade forem verdadeiros, os homens têm morrido mais cedo desde a época da crucificação do que antes. A respeito do segundo significado — considerando-se inclusive a morte natural de Jesus Cristo em troca da morte eterna e da danação de toda a humanidade —, ele é a representação impertinente do Criador retirando a sentença ou revogando-a devido a um jogo de palavras, um trocadilho com a palavra "morte". São Paulo, o criador de trocadilhos (se ele realmente escreveu os livros que carregam o seu nome), contribuiu com esse elaborando outro com a palavra "Adão". São Paulo faz surgirem dois Adãos: um que peca de fato e sofre por procuração, e outro que peca por procuração e sofre de fato. Uma religião que mistura jogos de palavras, subterfúgios e trocadilhos tem a tendência de instruir seus professores na prática dessas artes. Eles adquirem o hábito sem ter consciência disso.

Se Jesus Cristo era a figura que os mitologistas nos disseram que era, e se ele veio a esse mundo para sofrer — que é uma palavra às vezes empregada no lugar de "morrer" —, o único sofrimento real que poderia ter experimentado seria o de ter vivido. A sua existência aqui foi um estado de exílio ou afastamento do Céu, e a morte era a maneira de regressar ao lugar ao qual pertencia. Com efeito, tudo nesse estranho sistema é o oposto do que pretende ser. É o oposto da verdade, e, para mim, é tão cansativo examinar as suas inconsistências e seus absurdos que me apresso para chegar ao fim dessa tarefa, para passar então a tratar de algo mais interessante.

Não existe a menor possibilidade de sabermos quantas ou quais partes dos livros que integram o chamado Novo Testamento foram escritas pelas pessoas cujos nomes estão neles. Também não podemos saber com certeza em qual idioma eles foram originalmente escritos.

Os quatro livros já mencionados — de Mateus, Marcos, Lucas e João — são puramente relatos. Narram os eventos depois que aconteceram. Contam o que Jesus Cristo fez e disse, e o que outros fizeram e disseram a Jesus; e em várias ocasiões relatam o mesmo evento de maneiras diferentes. A ocorrência de uma revelação está sem dúvida fora de cogitação nesses livros, não apenas em virtude do desacordo entre os escritores, mas também porque o relato de fatos pela pessoa que os testemunhou não configura uma revelação, nem o relato ou o registro de um discurso ou de uma conversação por aqueles que o ouviram. O livro denominado Atos dos Apóstolos (um texto anônimo) também pertence à parte de relatos.

Todas as outras partes do Novo Testamento, exceto o livro de enigmas denominado Revelação, são uma coletânea de cartas que leva o nome de Epístolas; ocorre que a falsificação de cartas é, e sempre foi, uma prática tão comum no mundo que a probabilidade de essas cartas serem genuínas é, na melhor das hipóteses, a mesma de que sejam falsas. Uma coisa, contudo, é muito menos duvidosa: com o auxílio das questões contidas nesses livros, e também com o auxílio de algumas velhas histórias, a Igreja estabeleceu um sistema religioso muito incompatível com o caráter do personagem cujo nome ela guarda. Ela criou uma religião de pompa e ganhos, imitação hipócrita de uma figura cuja vida foi pautada pela humildade e pela pobreza.

A invenção do purgatório e da libertação de almas mediante a compra de orações da Igreja com dinheiro, a venda de indultos e indulgências, são práticas do mercado, sem usar esse nome ou carregar essa aparência. Mesmo assim, a questão é que essas coisas derivam da agonia da crucificação e da teoria deduzida a partir dela — a de que uma pessoa pode ficar no lugar de outra e lhe prestar um serviço digno de mérito. Por conseguinte, a probabilidade é que toda a teoria ou doutrina do que se denomina "redenção" (que, segundo se diz, foi realizada pela ação de uma pessoa no lugar de outra) tenha sido originalmente forjada de propósito para introduzir e desenvolver todas aquelas redenções derivadas e pecuniárias; e que as passagens dos livros foram elaboradas e fabricadas com a ideia de teoria da redenção construída com esse objetivo.

Por que devemos acreditar nessa Igreja quando ela nos diz que aqueles livros são genuínos do início ao fim, assim como acreditamos em tudo mais que ela nos disse, ou em todos os milagres que ela afirmou ter realizado? Que podia forjar textos é certo porque ela é capaz de escrever; e a estrutura dos textos em questão é do tipo que qualquer um poderia moldar. E supor que a Igreja tenha mesmo fabricado esses textos não é tão distante do improvável do que o fato de ela ter afirmado que não só poderia operar milagres como os operou realmente.

Durante o longo intervalo que separa aqueles tempos dos dias de hoje, não se produziu nenhuma evidência externa que provasse se a Igreja forjou ou não a chamada "doutrina da redenção" (já que semelhante evidência, favorável ou não, estaria sujeita à mesma suspeita de ter sido fabricada). Assim sendo, o caso passa a depender apenas da evidência interna que as coisas guardam em si mesmas — e isso permite suspeitar muito fortemente de que se trata de algo produzido. Porque a evidência interna é de que a teoria ou a doutrina da redenção tem como base uma ideia de justiça pecuniária, e não de justiça moral.

Se eu devo dinheiro a um indivíduo a quem não posso pagar, e ele ameaça me mandar para a prisão, outra pessoa pode pagar essa dívida por mim. Se eu cometi um crime, porém, as circunstâncias mudam completamente; a justiça moral não pode permitir que o inocente pague pelo culpado, mesmo que isso seja oferecido pelo próprio inocente. Supor que a Justiça possa permitir isso é destruir o próprio princípio da sua existência, a sua razão de ser; já não é mais justiça, e sim punição indiscriminada.

Essa simples reflexão bastará para mostrar que a doutrina da redenção é baseada em um mero conceito pecuniário, semelhante ao de uma dívida que pode ser paga por outra pessoa. E, como esse conceito pecuniário corresponde novamente ao sistema de redenção derivada, obtida através de dinheiro dado à Igreja em troca de perdões, é provável que as mesmas pessoas que forjaram uma dessas teorias o tenham feito também com a outra; e é provável que, na verdade, não exista essa redenção — que ela não passe de uma lenda, e que o homem esteja ante o seu Criador na mesma condição relativa que sempre esteve desde que existe, e que seja seu maior consolo pensar assim.

Deixe-o acreditar nisso, e ele viverá mais regular e virtuosamente do que viveria sob qualquer outro sistema. Por ter sido ensinado a se considerar um proscrito, um excluído, um indigente, caído em abandono a uma imensa distância do seu Criador, fadado a se aproximar de intermediários rastejando servilmente — ele, o homem, alimenta um desprezo insolente por tudo o que diga respeito à religião, ou então se torna indiferente, ou, ainda, torna-se o que se chama de "devoto". No último caso, ele consome a sua vida em pesar, ou simulando-o. Suas orações são repreensões; sua humildade é ingratidão. Ele se define como um verme, e chama de monturo a terra fértil. E dá a todas as bênçãos da vida o ingrato nome de "vaidades". Ele despreza o principal dom de Deus ao homem, O DOM DA RAZÃO; e, tendo se esforçado para impor a si mesmo a crença num sistema contra o qual a razão se rebela, ele a chama de "razão humana", como se o homem pudesse dotar a si mesmo de algo assim.

Todavia, mesmo com toda essa estranha aparência de humildade e esse desprezo pela razão humana, ele se aventura nas mais arrojadas suposições. Ele encontra defeito em tudo; seu egoísmo jamais alcança satisfação, e é infinita a sua ingratidão. Toma para si a tarefa de indicar ao Todo-Poderoso o que fazer, até mesmo no governo do Universo. Ele ora de maneira ditatorial; quando faz sol, ele reza pedindo chuva, e, quando chove, ele reza para que faça sol. E, para o que quer que ore, ele segue a mesma intenção. Qual é a finalidade dele com todas as suas orações senão tentar fazer o Todo-Poderoso mudar de ideia e agir diferente? É como se ele dissesse: "Tu não sabes tanto quanto eu".

CAPÍTULO 7

A verdadeira revelação

TALVEZ ALGUNS DIGAM: "ENTÃO NÃO EXISTE PALAVRA DE Deus? Não existe revelação?". E eu respondo que sim, existe uma Palavra de Deus. Existe uma revelação.

A PALAVRA DE DEUS É A CRIAÇÃO QUE NÓS CONTEMPLAMOS, O mundo que nenhuma invenção humana pode imitar ou modificar; e é nesse mundo que Deus fala universalmente ao homem.

A linguagem humana é restrita e variável, e, portanto, não pode ser empregada como veículo de informação imutável e universal. A ideia de que Deus enviou Jesus Cristo para anunciar, como dizem, as boas-novas para todas as nações de uma ponta à outra da Terra faz sentido apenas para aqueles que, em sua ignorância, nada sabem sobre a extensão do mundo, e que acreditam — como aqueles salvadores do mundo acreditavam, e continuaram a acreditar por vários séculos (mesmo em contradição com as descobertas dos filósofos e a experiência dos navegadores) — que a Terra era plana como uma bandeja, e que um homem poderia caminhar até a extremidade dela.

Mas como Jesus Cristo pôde se tornar conhecido em todas as nações? Ele podia falar apenas uma língua, o hebreu, e existem no mundo várias centenas delas. Duas nações apenas, se tanto, falam a mesma língua ou entendem a língua uma da outra. Quanto às traduções, todo homem que tem algum conhecimento no campo das línguas sabe que é impossível traduzir sem deixar pelo caminho uma boa parte do original; além disso, muitas vezes o sentido é deturpado. Como se isso não bastasse, a arte da impressão era totalmente desconhecida na época em que Cristo viveu.

É sempre necessário que os meios para se alcançar um objetivo estejam à altura de sua realização, caso contrário, o objetivo não pode ser alcançado. É nisso que se revela a diferença entre poder e sabedoria finitos e infinitos. O homem frequentemente falha em alcançar seus objetivos devido a uma deficiência natural na força do propósito, e muitas vezes pela falta de sabedoria para exercer o poder de maneira apropriada. Mas é impossível que o poder e a sabedoria infinitos falhem como o homem falha porque estão sempre à altura do objetivo. Principalmente porque não existe uma linguagem universal, a linguagem humana não tem atributos para servir como veículo universal de informação imutável e uniforme. Portanto, esse não é o meio que Deus utiliza para se manifestar ao homem de forma ilimitada.

É somente na CRIAÇÃO que todas as nossas ideias e os nossos conceitos de Palavra de Deus podem se combinar. A criação fala uma linguagem universal, independente do discurso humano ou da linguagem humana, múltipla e variada como deve ser. É um original que sempre existiu, e que todos podem ler. Não pode ser falsificado, não pode ser imitado, não pode ser perdido, não pode ser alterado, não pode ser extinto. Não depende da vontade do homem para ser publicado; ele mesmo se publica de uma extremidade à outra da Terra. Prega a todas as nações e a todos os mundos, e essa Palavra de Deus revela tudo o que o homem necessita saber sobre Ele.

Queremos contemplar o Seu poder? Podemos vê-lo na imensidão da criação. Queremos contemplar a Sua sabedoria? Podemos vê-la na ordem imutável pela qual o todo incompreensível é governado! Queremos contemplar a Sua generosidade? Podemos vê-la na abundância que Ele espalha pela Terra. Queremos contemplar a Sua misericórdia? Podemos vê-la no fato de que nem mesmo a nossa ingratidão O faz cessar essa abundância. Queremos, enfim, saber o que Deus é? A resposta não está no livro denominado Escritura, ao qual qualquer mão humana tem acesso; a resposta está na Escritura chamada criação.

A única ideia que o homem pode ligar ao nome de Deus é a de causa primeira, a origem de todas as coisas. Como para um homem é incompreensível e difícil conceber o que é uma causa primeira, ele é capaz de crer nisso a partir da dificuldade dez vezes maior de não acreditar. É indescritivelmente difícil imaginar que o espaço possa não ter fim; mas é ainda mais difícil imaginar que tenha. É inacreditavelmente difícil imaginar uma duração eterna do que nós chamamos "tempo"; mas é ainda mais difícil imaginar como seria se ele não existisse. Seguindo esse raciocínio, tudo o que vemos traz em si a evidência interna de que não se criou por si só. Cada homem é, aos próprios olhos, uma evidência de que ele não criou a si mesmo; seu pai também não poderia ter criado a si mesmo, nem seu avô, nem ninguém do seu povo. Nenhuma árvore, planta ou animal poderia ter originado a si mesmo. A convicção vinda dessa evidência é de que ela nos leva, digamos que por necessidade, a acreditar numa causa primeira cuja existência é eterna, de uma natureza totalmente diferente de qualquer existência material que nós conheçamos, e por cujo poder todas as coisas existem — e a essa causa primeira o homem dá o nome de Deus.

É somente pelo exercício da razão que o homem pode descobrir Deus. Remova essa razão, e ele será incapaz de compreender qualquer coisa; nesse caso, até mesmo o livro chamado Bíblia se tornaria uma leitura coerente, tanto para um cavalo quanto para um homem. Então, como é que essas pessoas fingem rejeitar a razão? As poucas partes do livro denominado Bíblia que nos comunicam alguma ideia de Deus são alguns capítulos em Jó e o Salmo 19; não me recordo de outras. Essas partes são verdadeiras composições deísticas porque lidam com a divindade segundo os trabalhos de Deus. Elas tomam o livro da criação como a Palavra de Deus, não fazem referência a nenhum outro, e todas as suposições que apresentam são retiradas dele.

Reproduzo aqui o Salmo 19:

> Proclamam os céus a glória de Deus, e o firmamento anuncia a obra de Suas mãos.
> Um dia comunica ao outro essa mensagem, e uma noite transmite à outra esse conhecimento.
> Nada se fala, não há palavras; sem que a sua voz seja ouvida,
> sua mensagem se estende por toda a Terra, e suas palavras alcançam os confins do mundo, onde Deus pôs uma tenda para o sol.
> E este, como um esposo que sai do seu aposento, feliz e heroico vai cumprir sua jornada.
> Parte de uma extremidade do céu e segue o seu curso até a outra; e nada escapa ao seu calor.
> A lei do Senhor é pura e para sempre permanece; o testemunho do Senhor é seguro e torna mais sábios os simples.
> Os preceitos do Senhor são justos e trazem alegria ao coração; o mandamento do Senhor é cristalino e é luz para o entendimento.
> O temor do Senhor é puro, e perdura para sempre; os juízos do Senhor são perfeitamente justos e verdadeiros.
> São mais desejáveis que o ouro, que o mais fino ouro; são

mais doces que o mel, que o puro mel dos favos.
Ainda que o teu servo os respeite e deles receba grande benefício, quem pode discernir os próprios erros? Purifica-me dos que ainda não consigo perceber.
Livra também o teu servo do orgulho, para que não se apodere de mim; então ficarei íntegro e inocente de grande transgressão.
Que sejam agradáveis as palavras dos meus lábios e a meditação do meu coração na Tua presença, Senhor, minha rocha e meu redentor!

O CÉU AZUL NA AMPLIDÃO
ESTRELAS MIL EM MULTIDÃO
A LUZ DO CÉU E SEU FULGOR
PROCLAMARÃO O CRIADOR
O SOL DE LUZ, COM SEU CALOR
LOUVOR DARÁ AO SEU AUTOR
E SEM FALAR, A RESPLENDER,
DIRÁ DE DEUS E SEU PODER

AO GRANDE DEUS, O SOM DO MAR
A FLOR GENTIL, A VOZ DO AR,
A DOCE PAZ DA NOITE AZUL
ACLAMARÃO DE NORTE A SUL
ASSIM DIRÃO O CÉU E O MAR
DO SEU PODER E AMOR SEM PAR
E VÓS, NAÇÕES, CLAMAI TAMBÉM
LOUVAI A DEUS etc. — fim

A mão ou o poder que fez essas coisas (o mundo e as coisas nele) é divina, é onipotente — o que mais o homem precisa saber a esse respeito? Se ele acreditar nisso com todas as suas forças, se permitir que a sua razão atue, a sua regra de vida moral se moldará de acordo naturalmente.

As referências em Jó têm a mesma tendência que se observa no Salmo anterior — de deduzir ou provar, a partir de verdades já conhecidas, uma verdade que de outra forma seria desconhecida.

Eu não me lembro das passagens do Livro de Jó para citá-las aqui corretamente, mas há um trecho de que me lembro bem e que se aplica ao assunto tratado agora: "Pretendes alcançar os caminhos de Deus? Pretendes alcançar a perfeição do Todo-Poderoso?".

Não sei como os impressores indicaram essa passagem, já que não tenho uma Bíblia comigo. Mas a passagem contém duas perguntas distintas que admitem duas respostas diferentes.

A primeira: "Pretendes alcançar os caminhos de Deus?". Sim, porque, antes de tudo, eu sei que não criei a mim mesmo e ainda assim existo; e, investigando a natureza das outras coisas, percebi que nenhuma delas poderia ter criado a si mesma, e ainda assim existem milhões delas. Portanto, a conclusão resultante dessa investigação é que existe um poder superior a todas as coisas, e esse poder é Deus.

A segunda: "Pretendes alcançar a perfeição do Todo-Poderoso?". Não. Não apenas porque o poder e a sabedoria que Ele manifestou na estrutura da criação que eu contemplo são para mim incompreensíveis, mas porque mesmo essa manifestação, grande como é, é somente uma pequena amostra da imensidão de poder e sabedoria por meio dos quais milhões de outros mundos — para mim invisíveis devido à sua distância — foram criados e continuam a existir.

É evidente que essas duas perguntas foram submetidas à apreciação da pessoa para a qual supostamente haviam sido formuladas; e só quando reconhecemos que a resposta à primeira pergunta é afirmativa podemos passar à segunda. Teria sido desnecessário, e até mesmo absurdo, propor uma segunda pergunta mais difícil do que a primeira, se a primeira resposta tivesse sido negativa. As duas perguntas têm objetivos diferentes: a primeira diz respeito à existência de Deus, e a segunda diz respeito aos Seus atributos. A razão pode apreender a primeira, mas deixa infinitamente a desejar quando se trata de apreender a totalidade da outra.

Em todos os escritos atribuídos aos homens chamados apóstolos, eu não me lembro de nenhuma passagem que forneça alguma ideia a respeito do que Deus é. A maior parte desses escritos é controversa; e os temas sobre os quais discorrem, como o do homem morrendo em agonia numa cruz, são mais apropriados ao gênio sombrio de um macaco numa jaula — por quem não é impossível que esses textos tenham sido escritos — do que a um homem respirando o ar puro da criação. A única passagem que me ocorre, dotada de alguma referência aos trabalhos de Deus pela qual se pode conhecer o Seu poder e a Sua sabedoria, relaciona-se a algo que Jesus Cristo disse como um recurso contra o zelo excessivo: "Olhai os lírios do campo, como eles crescem; não trabalham nem fiam". Esse trecho, contudo, é bem inferior às referências em Jó e no Salmo 19; mas é semelhante em ideia, e a modéstia da imagem corresponde à modéstia do homem.

CAPÍTULO 8

A teologia dos cristãos e a teologia genuína

NA MINHA OPINIÃO, O SISTEMA CRISTÃO DE FÉ SE ASSEMElha mais a uma espécie de Ateísmo — um tipo de negação religiosa de Deus. Ele declara a crença em um homem em vez da crença em Deus. É uma combinação formada principalmente por Manismo e um pouco apenas de Deísmo, e é tão próxima do Ateísmo quanto o crepúsculo é da escuridão. O Cristianismo introduz entre o homem e seu Criador um corpo opaco e o denomina Redentor — assim como a Lua introduz a sua matéria opaca entre a Terra e o Sol —, produzindo dessa maneira um eclipse de luz religioso, ou antirreligioso. Isso lançou na obscuridade toda a órbita da razão.

Como efeito dessa obscuridade, tudo foi virado de pernas para o ar e representado ao contrário, assim produzindo revoluções como por mágica, inclusive uma revolução na teologia.

O campo que agora leva o nome de filosofia natural, e que abarca todo o círculo da ciência, do qual a astronomia ocupa a posição principal, é o estudo dos trabalhos de Deus, do poder e da sabedoria Dele nesses trabalhos; e é a verdadeira teologia.

Quanto à teologia, que é agora estudada no lugar da verdadeira, se resume ao estudo das opiniões e das fantasias humanas a respeito de Deus. Ela não se dedica ao estudo do próprio Deus nos trabalhos que Ele realizou, mas nos trabalhos ou escritos que o homem realizou. Uma das maldades com as quais o sistema cristão presenteou o mundo foi abandonar — como se abandona uma linda e inocente criança à angústia e à censura — o belo e original sistema da teologia para dar lugar à bruxa da superstição.

O Livro de Jó e o Salmo 19, os quais a própria Igreja admite serem mais antigos do que a ordem cronológica em que foram inseridos no livro chamado Bíblia, são orações teológicas compatíveis com o sistema original da teologia. A evidência interna dessas orações demonstra que o estudo e a contemplação dos trabalhos da criação, do poder e da sabedoria de Deus, revelados e manifestados nesses trabalhos, desempenharam um importante papel na devoção religiosa nos tempos em que foram escritos. E foi esse estudo e essa contemplação devocionais que levaram à descoberta dos princípios sobre os quais se estabeleceram as ciências, como as conhecemos hoje. E quase todas as artes que contribuíram para a sustentação e comodidade da vida humana devem a sua existência à descoberta desses princípios. Cada uma das principais artes tem ligação com alguma ciência, embora a pessoa que realize mecanicamente o trabalho nem sempre — ou muito raramente — perceba a ligação.

É uma fraude do sistema cristão chamar as ciências de invenção humana; apenas a aplicação delas o é. Cada ciência tem como base um sistema de princípios tão fixo e inalterável quanto aquele pelo qual o Universo é regulado e governado. O homem não pode criar princípios, só descobri-los.

Por exemplo: quando leem um almanaque, as pessoas veem uma data estimada para um eclipse acontecer, e veem também que o eclipse sempre acontece de acordo com a data calculada ali. Isso mostra que o homem está familiarizado com as leis segundo as quais os corpos celestes se movem. Mas seria uma enorme ignorância se qualquer Igreja na Terra afirmasse que essas leis são invenção humana. Também seria uma grande ignorância, ou coisa ainda pior, afirmar que são invenção humana os princípios científicos com a ajuda dos quais o homem é capaz de calcular e prever quando um eclipse acontecerá. O homem não pode inventar algo que é eterno e imutável; e os princípios científicos que ele emprega para propósitos como o do cálculo do eclipse devem ser, e são necessariamente, tão eternos e imutáveis quanto as leis pelas quais os corpos celestes se movem — ou não poderiam ser usados como o são para determinar quando e de que maneira um eclipse ocorrerá.

Os princípios científicos empregados pelo homem para obter a previsão de um eclipse, ou de qualquer outro acontecimento relacionado ao movimento dos corpos celestes, estão contidos principalmente em uma parte da ciência denominada trigonometria (em que cálculos são relacionados às propriedades de um triângulo), a qual denomina-se astrologia quando aplicada ao estudo dos corpos celestes; quando aplicada para direcionar o curso de um navio no oceano, denomina-se navegação; quando aplicada à construção de figuras desenhadas com régua e compasso, denomina-se geometria; quando aplicada à construção de projetos ou edifícios, denomina-se arquitetura; quando aplicada à medição de qualquer porção da superfície da Terra, denomina-se agrimensura. Com efeito, é a alma da ciência; é uma verdade eterna, pois contém a demonstração matemática da qual o homem fala, e a extensão dos seus usos é desconhecida.

Pode-se afirmar que o homem é capaz de fazer ou desenhar um triângulo, portanto um triângulo é uma invenção humana.

Mas o triângulo, quando desenhado, não é outra coisa senão a imagem do princípio; é um delineamento para o olho, e dele para a mente, de um princípio que de outra maneira seria imperceptível. O triângulo não cria o princípio, assim como uma vela colocada num quarto escuro não cria as cadeiras e mesas que antes estavam invisíveis. Todas as propriedades de um triângulo existem independentemente da sua figura, e existiam antes de qualquer triângulo ter sido desenhado ou pensado pelo homem. Na formação dessas propriedades ou desses princípios, o homem não precisou fazer mais do que quando elaborou as leis segundo as quais os corpos celestiais se movem, portanto, um deve ter a mesma origem divina que o outro.

Assim como podemos dizer que o homem é capaz de fazer um triângulo, também podemos dizer que ele é capaz de fazer o instrumento mecânico chamado alavanca. Mas o princípio segundo o qual a alavanca funciona é uma coisa distinta dela, e existiria mesmo que ela não existisse; ela se transporta ao instrumento depois que ele é produzido. O instrumento, portanto, não pode funcionar diferente de como funciona, nem todos os esforços do engenho humano podem fazê-lo funcionar de outro jeito — aquilo que em todos esses casos o homem chama de "efeito" é, na verdade, o próprio princípio tornado perceptível aos sentidos.

Assim, se o homem não pode produzir princípios, de onde recebeu conhecimento sobre eles a ponto de ser capaz de aplicá-los às coisas na Terra e de usá-los para antecipar o movimento de corpos tão imensamente distantes dele como são todos os corpos celestiais? De onde, eu pergunto, ele conseguiu obter esse conhecimento a não ser do estudo da verdadeira teologia?

Quem ensinou esse conhecimento ao homem foi a estrutura do Universo. Essa estrutura é uma exibição permanente de cada um dos princípios sobre os quais cada parte da ciência matemática está fundamentada. O fruto dessa ciência é a mecânica, pois ela nada mais é do que os princípios da ciência aplicados de maneira prática. O homem que dimensiona as várias partes de uma fresadora emprega os mesmos princípios científicos de quem detém o poder de construir um Universo. Mas ele não pode dar à matéria aquele recurso invisível — que o homem chamou de forças de atração, gravitação e repulsão — por meio do qual todas as partes componentes da imensa máquina do Universo têm influência umas sobre as outras e se movem em uníssono, sem nenhum contato aparente; por isso, ele compensa a falta desse recurso substituindo-o pela imitação tosca de dentes e engrenagens. Todas as partes do microcosmo do homem encontram-se visivelmente em contato, mas, se ele recebesse conhecimento do recurso mencionado, conhecimento suficiente para aplicá-lo na prática, poderíamos então anunciar a descoberta de outro livro canônico sobre a Palavra de Deus.

Se o homem pudesse alterar as propriedades da alavanca, também poderia alterar as do triângulo, porque uma alavanca (tomemos o tipo conhecido como balança romana, para fins de explicação) forma, quando em movimento, um triângulo. A linha descendente e um ponto dessa linha constituem a base, formando um trilátero com a linha ascendente e a corda de arco, que a extremidade da alavanca descreve no ar. O outro braço da alavanca descreve também um triângulo; e os lados correspondentes desses dois triângulos, calculados por meio da ciência ou medidos geometricamente, e também os senos, as tangentes e as secantes gerados dos ângulos, e geometricamente medidos, têm as mesmas proporções entre si, já que os diferentes pesos precisam se equilibrar um ao outro na balança, deixando o peso desta à parte.

Sabemos que o homem pode produzir uma roda e um eixo; também sabemos que ele pode colocar rodas de diferentes dimensões juntas, e construir uma fresadora. Ainda assim, voltamos ao mesmo ponto de antes, isto é, que o homem não fez o princípio que confere esses poderes às rodas. Esse princípio é tão imutável quanto no caso anterior, ou, mais exatamente, é o mesmo princípio sob uma aparência diferente ao nosso olhar.

A força exercida por duas rodas de dimensões diferentes uma sobre a outra está na mesma proporção do semidiâmetro de duas rodas ligadas e tornadas naquele tipo de alavanca que eu descrevi, suspensa na parte onde os semidiâmetros se ligam. Isso porque as duas rodas, consideradas do ponto de vista científico, nada mais são do que dois círculos gerados pelo movimento da alavanca composta.

É do estudo da verdadeira teologia que deriva todo o nosso conhecimento da ciência, e é desse conhecimento que todas as artes se originaram.

O Todo-Poderoso, expondo os princípios da ciência na estrutura do Universo, convidou o homem a estudar e a imitar a Sua obra. É como se Ele tivesse dito aos habitantes deste planeta, que chamamos de nosso: "Eu criei uma terra para que o homem nela habitasse, e tornei visível o céu estrelado para ensinar-lhe ciência e artes. Ele pode agora providenciar o seu próprio conforto, E APRENDER A SER BOM PARA SEUS SEMELHANTES, TENDO EM VISTA A MINHA GENEROSIDADE PARA COM TODOS".

Se não fosse para ensinar à humanidade alguma coisa, de que valeria o seu olho ter sido dotado do poder de contemplar uma distância incompreensível, uma imensidão de mundos girando no oceano do espaço? E de que valeria sua imensidão de mundos ser visível ao homem? Que relação teria com as Plêiades, com Orion, com Sirius, com o corpo celeste que ele denomina Estrela do Norte, com as esferas móveis às quais ele deu o nome de Saturno, Júpiter, Marte, Vênus e Mercúrio, se não houvesse utilidade nenhuma o fato de serem visíveis? Uma capacidade de visão menor seria suficiente para o homem, se a imensidão que ele agora possui tivesse sido concedida apenas para ser desperdiçada, por assim dizer, num imenso deserto de espaço de brilho espetacular.

É apenas com a contemplação do que chamamos de céu estrelado, como o livro e a escola da ciência, que o homem descobre algum sentido no fato de as estrelas serem visíveis a ele, ou alguma vantagem resultante da imensidão desse cenário. Mas, quando esse tópico é considerado sob tal ótica, nota-se um motivo a mais para dizer que nada foi feito em vão; pois essa capacidade de visão seria inútil se não ensinasse nada ao homem.

CAPÍTULO 9

Os efeitos do Cristianismo na educação

ASSIM COMO REVOLUCIONOU A TEOLOGIA, O SISTEMA CRIS-tão de fé revolucionou o âmbito do ensino. O que agora se denomina ensino não o era no início. Ele não comporta — como agora as escolas cuidam para que comporte — o conhecimento de linguagens, e sim o conhecimento das coisas para as quais a linguagem confere nomes.

Os gregos eram um povo instruído, mas aprender com eles não consistia em falar grego, assim como aprender com romanos não consistia em falar latim, com os franceses falar francês nem com ingleses falar inglês. Por tudo o que sabemos sobre os gregos, não parece que conheçam ou estudem alguma língua além da própria, e esse foi um dos motivos pelos quais eles se tornaram tão cultos; isso lhes proporcionava mais tempo para se aprofundar nos estudos. As escolas gregas foram de ciência e de filosofia, não de línguas; e o ensino consiste no conhecimento das coisas que a ciência e a filosofia ensinam.

Quase todo o ensino científico de que agora dispomos veio dos gregos, ou das pessoas que falavam a língua grega. Portanto, para os povos de outras nações, que falavam uma língua diferente, tornou-se necessário ter pessoas que soubessem a língua grega, a fim de que o conhecimento compartilhado por eles pudesse ser acessado, por meio da tradução de livros gregos de ciência e de filosofia para a língua materna de cada nação.

Portanto, o estudo da língua grega (e do latim) representou simplesmente o trabalho duro de um linguista; e a linguagem assim obtida nada mais foi do que o meio — a ferramenta, por assim dizer — empregado para obter o conhecimento que os gregos possuíam. A língua não fazia parte do ensino propriamente dito, e era muito diferente dele; tanto que é muito provável que as pessoas que haviam estudado grego o suficiente para traduzir essas obras — como *Os elementos*, de Euclides — não compreendessem nada do conhecimento que elas continham.

Dado que agora não há nada novo para se aprender das línguas mortas, pois todos os livros úteis já foram traduzidos, elas se tornam inúteis, e o tempo gasto para ensiná-las e aprendê-las é um desperdício. Embora o estudo de línguas possa contribuir para o desenvolvimento e a transmissão do conhecimento (já que não tem nenhuma ligação com a criação desse conhecimento), é apenas nas línguas vivas que o novo conhecimento é encontrado. É indiscutível que, de maneira geral, um jovem aprende mais de uma língua viva em um ano do que de uma língua morta em sete; os próprios professores raramente conhecem a fundo a língua morta que ensinam.

A dificuldade de aprender línguas mortas não decorre de sua complexidade superior ou algo assim, mas do fato de a pronúncia ter se perdido totalmente. A mesma coisa de certo acontecerá com qualquer língua que se torne obsoleta. O melhor linguista grego nos dias atuais não entende a língua grega tão bem quanto a entendia um lavrador ou um leiteiro grego. O mesmo vale para o latim, com a ressalva de que o lavrador ou o leiteiro seriam romanos. Portanto, seria vantajoso para o sistema de ensino abolir o estudo das línguas mortas, e providenciar para que o ensino se vincule ao conhecimento científico, como era originalmente.

A justificativa às vezes usada para que o aprendizado das línguas mortas prossiga é que elas são ensinadas num momento em que a criança não é capaz de exercer nenhuma outra faculdade mental exceto a que se liga à memória, mas isso é completamente equivocado. A mente humana tem uma disposição natural para o conhecimento científico e para as coisas que se conectam a ele. A primeira diversão favorita de uma criança, que se manifesta antes mesmo de ela começar a brincar, é a imitação dos trabalhos dos adultos. Ela constrói casas com cartas ou varetas, navega no pequeno oceano de uma tigela de água com um barco de papel, ou represa a corrente de água numa calha e inventa algo que se parece com um moinho. E se interessa pelo destino dos seus trabalhos com um cuidado que lembra afeição. Mas, depois, a criança vai para a escola, onde a fazem estudar uma língua morta e lhe matam o talento; e o filósofo é engolido pelo linguista.

Mas a justificativa que agora se apresenta para que o ensino de línguas mortas continue a ser aplicado não pode ser a causa, a princípio, para se ter reduzido o ensino à estreita e rudimentar esfera da linguística. A causa disso deve ser, portanto, buscada em outro lugar. Em todas as pesquisas desse tipo, as melhores evidências que podem ser produzidas são a interna, que é carregada em si mesma, e a das circunstâncias que se ligam a essa coisa. Ambos os tipos de evidência, nesse caso, não são difíceis de descobrir.

Deixando de lado, por ser uma questão a ser tratada de maneira distinta, o insulto à justiça moral de Deus pela suposição de que Ele fez o inocente sofrer pelo culpado, e a moralidade frouxa e o estratagema rasteiro de supor que Ele teria tomado a forma de um homem a fim de ter uma justificativa para não executar a sua suposta sentença contra Adão, é certo que os elementos que compõem o que se denomina o sistema cristão de fé — incluindo o extravagante relato da criação, a estranha história da Eva, a cobra e a maçã, a ideia ambígua de um homem-Deus, a ideia da morte corpórea de um deus, a ideia mitológica de uma família de deuses (sem mencionar o sistema cristão de aritmética, em que três são um e um é três) — são incompatíveis não apenas com o dom divino da razão que Deus havia concedido ao homem, mas também com o conhecimento que o homem obtém pelo poder e pela sabedoria de Deus, por meio das ciências e do estudo da estrutura do Universo que Ele concebeu.

Portanto, os criadores e advogados do sistema cristão de fé não podiam deixar de prever que o conhecimento continuamente progressivo adquirido pelo homem com o auxílio da ciência, do poder e da sabedoria de Deus — manifestados na estrutura do Universo e em todos os trabalhos da criação — militaria contra o seu próprio sistema e o questionaria. Assim, em prol do seu objetivo, tornou-se necessário reduzir o ensino a uma dimensão menos perigosa para o projeto deles, e eles realizaram isso restringindo a ideia de aprendizado ao estudo de línguas mortas.

Eles não apenas rejeitaram o estudo da ciência fora das escolas cristãs, mas também o perseguiram, e só nos últimos dois séculos esse estudo foi restaurado. Apenas em 1610, Galileu, um florentino, inventou o telescópio e introduziu o seu uso. Ele usou o telescópio para observar os movimentos e o aspecto dos corpos celestiais, proporcionando meios adicionais para a verificação da verdadeira estrutura do Universo. Em vez de receber admiração por semelhantes descobertas, foi sentenciado a renunciá-las, assim como às opiniões que resultassem delas, considerando-as uma deplorável heresia. E, antes dessa época, Virgílio havia sido condenado por sustentar a tese dos pontos antípodas — ou, em outras palavras, de que a Terra era redonda e habitável em todas as partes em que havia solo. Hoje em dia essa é uma verdade amplamente conhecida e que dispensa comentário.

Se a crença em erros que não são moralmente ruins não causasse danos, não faria parte dos deveres morais do homem opor-se a eles e eliminá-los. Em termos de moralidade, não havia mal acreditar que a Terra era plana como uma tábua, assim como não havia virtude em acreditar que era redonda como um globo; não havia mal em acreditar que o Criador não fez nenhum outro mundo além deste, não mais do que havia virtude em acreditar que Ele fez milhões de mundos e que o espaço infinito está repleto deles. Quando, porém, um sistema religioso é feito para ser desenvolvido com base num suposto sistema de criação que não é verdadeiro, e para se mesclar a ele de maneira quase inseparável a partir de então, o caso assume uma importância inteiramente diferente. Erros, então, que não são moralmente ruins se enchem do mesmo potencial de dano que existe nos erros que o são. A partir desse ponto, a verdade, até agora indiferente de certo modo, torna-se essencial porque passa a ser o critério que confirmará (por evidências favoráveis) ou negará (por evidências contrárias) a realidade da própria religião.

Sob essa perspectiva, é dever moral do homem obter cada evidência possível de que a estrutura dos céus, ou qualquer outra parte da criação, está de acordo com os sistemas de religião. Porém os defensores ou partidários do Cristianismo se opõem a isso incessantemente, como se temessem o resultado; e não apenas rejeitam a ciência, mas também perseguem seus professores. Se Newton ou Descartes tivessem vivido 300 ou 400 anos atrás, e perseverado em seus estudos como fizeram, é bem provável que não sobrevivessem para concluí-los. E se nessa mesma época Franklin tivesse realizado sua experiência atraindo relâmpagos das nuvens, correria o risco de acabar perecendo em meio às labaredas de uma fogueira.

Épocas posteriores lançaram toda a culpa sobre os godos e os vândalos; contudo, por mais que os partidários do sistema cristão se neguem a acreditar nisso ou a admiti-lo, a verdade é que a era da ignorância teve início com ele. Existiu mais conhecimento no mundo antes desse período do que por muitos séculos depois dele; quanto ao conhecimento religioso, o sistema cristão, como já foi dito, era apenas mitologia de outro tipo, e a mitologia substituída por esse sistema foi uma adulteração de um antigo sistema de teísmo.[5]

Todas as adulterações que se verificaram na teologia e na religião foram produzidas em decorrência da aceitação do que o homem chama de "religião revelada". Os mitologistas adotaram mais a religião revelada do que os cristãos. Eles tinham seus oráculos e sacerdotes, que supostamente recebiam e transmitiam a Palavra de Deus oralmente, em quase toda ocasião.

Desde então, todas as adulterações, de Moloch ao moderno predestinacionismo, e dos sacrifícios humanos dos pagãos ao sacrifício cristão do Criador, se deram por ter sido aceita a chamada religião revelada. O meio mais eficaz de evitar todas essas adulterações e imposições é não admitir nenhuma outra revelação a não ser aquela que se manifesta no livro da criação, além de contemplar a criação como a única e verdadeira Palavra de Deus que jamais existiu ou existirá. E tudo o mais que se denominar Palavra de Deus é fábula e imposição.

Devido unicamente a esse longo intervalo na ciência, agora nós precisamos olhar, através de um vasto abismo de muitas centenas de anos, para os respeitáveis personagens que chamamos de Antigos. Se o conhecimento tivesse avançado harmoniosamente em relação a essa linhagem do passado, esse abismo teria sido um cenário repleto de personalidades que se superariam umas às outras em termos de conhecimento; e esses Antigos que agora admiramos tanto teriam aparecido respeitavelmente em segundo plano. Mas o sistema cristão destruiu tudo; e, se voltarmos nossa atenção para o início do século XVI, vislumbraremos, pelo abismo de anos, os tempos dos Antigos como em um vasto deserto arenoso, no qual nem um arbusto surge para interferir na visão das férteis montanhas mais além.

É uma incoerência quase inacreditável existir algo que leve o nome de religião e que considere antirreligioso estudar e contemplar a estrutura do Universo concebido por Deus. Mas esse fato está muito bem estabelecido e não pode ser negado. O evento que mais do que qualquer outro serviu para romper a primeira amarra dessa longa rede de ignorância despótica ficou conhecido como Reforma, feita por Lutero. Desse tempo em diante, as ciências começaram a renascer, e a tolerância, sua associada natural, começou a aparecer — embora nada disso pareça ter sido intenção de Lutero nem daqueles que se denominavam reformistas. Esse foi o único benefício público que a Reforma trouxe; quanto ao benefício religioso, ela não fez diferença alguma. A mitologia continuou a mesma, e uma multiplicidade de Papas Nacionais surgiu da queda do Papa da Cristandade.

CAPÍTULO 10

Comparação entre o Cristianismo e as ideias religiosas inspiradas pela natureza

DEPOIS DE DEMONSTRAR, A PARTIR DA EVIDÊNCIA INTERNA das coisas, a causa que produziu uma mudança no sistema de ensino, e o motivo pelo qual se implementou o estudo das línguas mortas no lugar das ciências, eu passo, como complemento a várias observações já feitas na primeira parte deste livro, a comparar — ou, antes, a confrontar — a evidência de que a estrutura do Universo está representada no sistema religioso cristão. Porém, a melhor forma de dar início a essa parte é mencionando as ideias que me ocorreram na juventude, as quais duvido que não tenham ocorrido, de algum modo, à maioria das pessoas em um momento ou outro. Por isso vou explicar quais ideias eram essas, e acrescentar outras questões que venham à tona a partir desse assunto, dando ao todo, a título de prefácio, uma breve introdução.

Meu pai professava a religião Quaker, e eu tive a felicidade de receber uma educação moral excelente, além de um repertório aceitável de aprendizado útil. Embora eu tenha cursado a escola secundária, nunca aprendi latim, não apenas porque não tinha inclinação para aprender línguas, mas também devido aos quakers não aprovarem os livros nos quais a língua é ensinada. Mas isso não evitou que eu me familiarizasse com o assunto de todos os livros de latim usados na escola.

Eu possuía propensão natural para a ciência. Tinha alguma inclinação e algum talento, creio, para a poesia; mas isso preferi refrear a encorajar, pois conduz excessivamente ao campo da imaginação. Assim que pude, comprei um par de globos e assisti a aulas de filosofia de Martin e Ferguson, depois conheci o Dr. Bevis, de uma instituição chamada Royal Society. Ele morava então na área de Temple, e era um excelente astrônomo.

Eu não tinha disposição para as coisas da política. Quando finalmente voltei minha atenção para questões governamentais, tive de elaborar um sistema para mim mesmo que se harmonizasse com os princípios morais e filosóficos nos quais fui educado. Eu vi, ou pelo menos pensei ter visto, um vasto panorama se abrir para o mundo nas questões da América; e me pareceu que, se os americanos não mudassem o plano ao qual se dedicavam em conjunto com o governo da Inglaterra, e não declarassem a própria independência, não somente se envolveriam em uma série de novas dificuldades como eliminariam a perspectiva que então se oferecia à humanidade por meio de seus recursos. Esses foram os motivos que me levaram a publicar o panfleto conhecido pelo título de *Senso comum* — meu primeiro livro. Para ser bem franco, acredito que nunca seria conhecido no mundo como autor, independentemente do assunto que escolhesse, se não tivesse me envolvido nas questões da América. Escrevi *Senso comum* no final de 1775, e o publiquei no dia 1º de janeiro de 1776. A Independência foi declarada no dia 4 de julho do mesmo ano.

Qualquer pessoa que tenha prestado atenção à própria mente para tecer observações a respeito do estado e do progresso da mente humana certamente percebeu que existem duas classes distintas do que chamamos de pensamentos: aqueles que nós mesmos produzimos por meio da reflexão e do ato de pensar, e aqueles que surgem por conta própria. Sempre fiz questão de tratar esses visitantes voluntários com civilidade, tomando o cuidado de avaliar, da melhor forma possível, se valia a pena gastar tempo com eles; e é deles que adquiri quase todo o conhecimento que possuo. Quanto ao aprendizado que as pessoas obtêm por meio da educação escolar, tal como um pequeno capital, serve apenas como ponto de partida para que o indivíduo comece a aprender por si mesmo mais tarde. Toda pessoa que aprende acaba se tornando o seu próprio professor; a razão disso é que os princípios, por serem uma qualidade peculiar às circunstâncias, não podem ser impressos na memória. O lugar onde eles residem na mente é o da compreensão, e nunca perduram tanto como quando começam pela concepção. E aqui termina a parte introdutória.

Desde a época em que me tornei capaz de conceber uma ideia e agir de acordo com ela por reflexão, ou duvidava da veracidade do sistema cristão ou pensava nele como algo estranho. Eu mal sabia do que se tratava, mas me lembro bem de ter ouvido, quando tinha sete ou oito anos, um sermão lido por um conhecido — uma pessoa muito devota à Igreja — que tratava da redenção pela morte do Filho de Deus. Depois que o sermão terminou, fui ao jardim e, enquanto descia os degraus de lá (pois me recordo perfeitamente do lugar), me revoltei ante a lembrança do que havia escutado; pensei comigo mesmo que aquilo era fazer Deus Todo-Poderoso agir como um homem descontrolado, que matou o seu filho por não poder ele próprio obter vingança de outro modo. Como eu tinha certeza de que um homem que fizesse isso seria enforcado, não conseguia entender o propósito dos sermões realizados. Esse pensamento não trazia em si nada do que se poderia considerar frivolidade infantil; era, para mim, uma reflexão séria, fruto da ideia que eu tinha de que Deus era bom demais para fazer aquilo, e também poderoso demais para deixar-se levar pela necessidade de fazê-lo. Eu penso da mesma maneira até hoje; além disso, acredito que qualquer sistema religioso que contenha elementos que abalem a mente de uma criança não pode ser um sistema confiável.

É como se os pais que professam a fé cristã se envergonhassem de falar a seus filhos a respeito dos princípios da sua religião. Os pais, às vezes, os instruem quanto às questões morais, e falam a eles sobre a bondade do que chamam de "Providência" — pois a mitologia cristã tem cinco divindades: Deus Pai, Deus Filho, Espírito Santo, Deus da Providência e Deusa Mãe. A história cristã, contudo, em que Deus Pai envia seu Filho para a morte, ou emprega pessoas para fazê-lo (o que é expresso claramente na história), não pode ser contada por um pai a seu filho; e explicar à criança que isso foi feito para tornar a humanidade melhor e mais feliz é piorá-la — como se o exemplo de um assassinato pudesse aprimorar a humanidade. Ademais, dizer à criança que tudo isso é um mistério parece simplesmente arranjar uma desculpa para algo que é inacreditável.

Como isso é diferente da pura e simples religião do Deísmo! O verdadeiro deísta tem apenas uma Deidade, e sua religião consiste em contemplar o poder, a sabedoria e a bondade da Deidade em Seus trabalhos, bem como em se esforçar para imitar essa Deidade em todas as coisas morais, científicas e mecânicas.

Entre todas as religiões, a que mais se aproxima do verdadeiro Deísmo, no que toca à parte moral e benigna desse sistema, é a professada pelos quakers. Mas eles se restringiram em excesso por deixarem os trabalhos de Deus fora do seu sistema. Embora eu admire a filantropia Quaker, não posso deixar de rir ao pensar que, caso a preferência de um quaker tivesse sido levada em conta na criação, ela teria sido silenciosa e cheia de monotonia! Nenhuma flor se abriria em cores alegres, nenhum pássaro teria permissão para cantar.

Concluídas essas reflexões, passo a outras considerações. Depois que me tornei hábil no uso dos globos e do planetário,[6] entendi a ideia de infinidade do espaço e da eterna divisibilidade da matéria, e obtive um conhecimento mais ou menos geral do que se denomina filosofia natural. Comecei a comparar, ou, como tinha dito antes, a confrontar a eterna evidência oferecida por essas coisas com o sistema cristão de fé.

Embora não se tenha afirmado de maneira clara no sistema cristão que esse mundo que nós habitamos representa o todo da criação habitável, essa ideia tem presença tão marcante — no denominado relato mosaico da criação, na história de Eva e da maçã e, na contrapartida dessa história, na morte do Filho de Deus —, que pensar diferente disso, isto é, acreditar que Deus criou uma pluralidade de mundos, pelo menos tantos quantos são as estrelas, torna o Cristianismo pequeno e ridículo a um só tempo e o espalha na mente como penas ao vento. As duas crenças não podem ser reunidas na mesma mente; e quem pensa que acredita em ambas, na verdade, não refletiu muito a respeito de nenhuma.

Embora a crença na existência de vários mundos fosse familiar aos Antigos, só nos últimos três séculos a extensão e as dimensões do globo que habitamos foram determinadas. Várias embarcações, deslizando pela superfície do oceano, navegaram inteiramente ao redor do mundo, como um homem que marcha em círculo, e, viajando no sentido contrário dele, voltaram para o ponto de partida. As dimensões circulares do nosso mundo, na parte mais larga — o que equivaleria a medir a parte mais larga de uma maçã ou de uma bola —, são de 40.233 quilômetros, calculando-se 111 quilômetros na parte equatorial, e essa área pode ser navegada no espaço de três anos aproximadamente.[7]

A princípio, um mundo dessa extensão pode parecer grande para nós, mas, se o compararmos com a imensidão do espaço no qual ele se encontra suspenso — como uma bolha ou um balão no ar —, em termos proporcionais, ele é infinitamente menor do que o menor grão de areia em relação ao tamanho do mundo, ou do que a mais tênue partícula de orvalho comparada ao oceano inteiro. Portanto, esse mundo é apenas pequeno. E, como será demonstrado mais adiante, ele é somente um em meio a um sistema de mundos do qual a criação universal se compõe.

Não é difícil obter alguma noção da imensidão do espaço no qual esse mundo e todos os outros estão suspensos, se seguirmos uma progressão de ideias. Quando nós consideramos o tamanho ou as dimensões de um quarto, nosso pensamento se limita às paredes e nelas se detém; mas, quando nosso olhar ou nossa imaginação se lança ao espaço, isto é, quando se ergue na direção do chamado céu aberto, não podemos presumir que ele tenha paredes ou limites. Se a fim de proporcionar alento aos nossos pensamentos imaginarmos um limite, no entanto, a questão imediatamente se renova, e nos perguntamos: "O que há para além desse limite?". E depois, da mesma forma: "O que há para além do próximo limite?"; e assim por diante, até que, fatigada, a imaginação recua e reconhece: "É infinito". Portanto, certamente ao Criador não faltava espaço quando fez este planeta não maior do que é, e cabe a nós investigar a razão para isso.

Se nós fizéssemos um levantamento sobre o nosso próprio planeta, ou melhor, do que o Criador nos concedeu como nossa porção no imenso sistema da criação, constataríamos que cada parte desse sistema — a terra, as águas e o ar que nos cercam — está cheia, transbordante até, de vida, desde os maiores animais que conhecemos até os menores insetos que podemos ver a olho nu, sem mencionar outros ainda menores e totalmente invisíveis sem o auxílio de um microscópio. Cada árvore, cada planta, cada folha servem não apenas como habitação, mas como um mundo para várias espécies, até que a existência animal se torne tão extraordinariamente microscópica que a exalação de uma faixa de grama represente comida para milhares.

Então, visto que não há porção da nossa Terra que esteja desocupada, por que se supõe que a imensidão do espaço seja um vácuo total, um vazio eterno? Existe espaço para milhões de mundos tão grandes ou maiores que o nosso, e cada um deles a uma distância de milhões de quilômetros uns dos outros.

Agora que nós já chegamos a esse ponto, se levarmos nosso pensamento apenas um passo além, talvez possamos enxergar a verdadeira razão para a nossa felicidade, ou pelo menos uma razão muito boa. O Criador, em vez de engendrar um mundo imenso estendendo-se num espaço ilimitado, preferiu dividir essa quantidade de matéria em vários mundos separados e distintos, que chamamos de planetas. E a nossa Terra é um deles. Mas, antes que eu explique as minhas ideias a respeito desse assunto, é necessário mostrar (não para auxiliar aqueles que já sabem, mas os que não sabem) o que é o sistema do Universo.

CAPÍTULO 11

O sistema do Universo

A PARTE DO UNIVERSO QUE DENOMINAMOS SISTEMA SOLAR (que significa o sistema de mundos ao qual a nossa Terra pertence, e cujo centro é o Sol) consiste, além do Sol, em seis esferas, planetas ou mundos distintos, além dos corpos celestes chamados satélites ou luas. A nossa Terra tem uma lua que a acompanha em seu movimento anual em torno do Sol, da mesma forma que os outros satélites ou luas acompanham os planetas aos quais eles pertencem respectivamente, como é possível ver com a ajuda de um telescópio.

O Sol é o centro, e esses seis mundos ou planetas giram em diferentes distâncias ao redor dele, descrevendo órbitas elípticas. Cada mundo se mantém constantemente quase na mesma trajetória ao redor do Sol, e ao mesmo tempo continua girando em torno de si numa posição praticamente vertical, inclinando-se um pouco para os lados.

É essa inclinação da Terra (23,5 graus) que ocasiona o verão e o inverno, e a duração dos dias e das noites. Se a Terra girasse ao redor de si mesma numa posição perpendicular ao plano do círculo que ela perfaz em torno do Sol, os dias e as noites teriam sempre a mesma duração — doze horas cada um —, e as estações seriam uniformemente as mesmas ao longo do ano.

Sempre que um planeta (a nossa Terra, por exemplo) gira em torno de si mesmo, ele faz acontecer o que denominamos dia e noite; e sempre que a Terra completa uma volta inteira em torno do Sol, isso ocasiona o que denominamos ano. Consequentemente, ao girar uma vez em torno do Sol, o nosso mundo terá girado 365 vezes ao redor de si mesmo.[8]

Os nomes que os Antigos deram a esses seis mundos — e que ainda permanecem os mesmos — são Mercúrio, Vênus, este mundo que nós chamamos de nosso, Marte, Júpiter e Saturno. Aos nossos olhos, esses planetas parecem maiores do que as estrelas, pois estão muitos milhões de quilômetros mais próximos da Terra do que qualquer uma delas. Vênus é conhecido como Estrela Vespertina e, às vezes, como Estrela da Manhã, já que pode ser visível após o pôr do sol ou antes do nascer do sol; ambos os fenômenos não duram mais do que três horas.

Mercúrio é o planeta mais próximo do Sol, sendo este, como já foi dito, o centro. A distância entre eles é de 54,7 milhões de quilômetros, e o planeta descreve um movimento circular ao redor do Sol sempre a essa distância. O segundo mundo é Vênus, que fica a 92 milhões de quilômetros do Sol, e consequentemente descreve um movimento circular muito maior do que o de Mercúrio. O terceiro mundo é este que habitamos; a 135 milhões de quilômetros de distância do Sol, consequentemente, ele se move ao redor dele descrevendo um círculo maior que o de Vênus. O quarto mundo é Marte; a 215 milhões de quilômetros de distância do Sol, descreve um círculo em torno dele maior que o da nossa Terra. O quinto mundo é Júpiter; distante do Sol 896 milhões de quilômetros, perfaz um movimento circular maior que o de Marte. O sexto mundo é Saturno; distante do Sol 1,227 bilhões de quilômetros, cumpre um movimento circular que abarca os círculos, ou as órbitas, de todos os outros mundos ou planetas.

O lugar, portanto — no ar ou na imensidão do espaço —, que o nosso Sistema Solar ocupa para os vários mundos realizarem seus deslocamentos em torno do Sol tem a extensão do diâmetro inteiro da órbita do movimento de Saturno. Essa extensão em linha reta, que é o dobro da distância desse planeta com relação ao Sol, é de 2.455.000.000 de quilômetros; e a sua extensão circular é de quase 8 bilhões.[9]

Mas, imenso como é, esse é apenas um sistema de mundos. Adiante dele, numa vasta distância espaço adentro, muito além de todo poder de cálculo, encontram-se as estrelas denominadas fixas por não possuírem movimento de rotação, diferente dos seis mundos ou planetas que descrevi. Essas estrelas fixas mantêm-se sempre à mesma distância umas das outras, e sempre no mesmo lugar, como o Sol no centro do nosso sistema. Existe, portanto, a probabilidade de que cada uma dessas estrelas fixas seja também um sol, em torno do qual outros sistemas de mundos — embora remotos demais para que possamos descobri-los — realizem suas circunvoluções, como faz o nosso sistema de mundos ao redor do nosso Sol central. Depois desse objetivo encadeamento de ideias, a imensidão do espaço nos parecerá repleta de sistemas de mundos, e também nos parecerá que nenhuma parte do espaço está em abandono, assim como nenhuma parte do globo de terra e água jaz desocupada.

Desse modo, depois de eu ter me esforçado para explicar de forma simples e familiar um pouco da estrutura do Universo, volto a discorrer sobre os grandes benefícios que o homem obteve graças à pluralidade de mundos concebida pelo Criador — tal como é o nosso sistema, que se compõe de um Sol central e seis mundos, além de satélites —, em vez da ideia da criação de um único mundo que ocuparia sozinho uma vasta extensão.

Jamais perdi de vista a ideia de que todo o nosso conhecimento científico deriva das circunvoluções (exibidas aos nossos olhos e depois à nossa compreensão) que aqueles vários mundos que compõem nosso sistema cumprem em seu trajeto ao redor do Sol.

Se a quantidade de matéria contida nesses seis mundos tivesse sido mesclada num único globo solitário, nenhum movimento de circunvolução teria existido, ou então não haveria movimento suficiente para nos dar a concepção e o conhecimento científico que temos — e derivam das ciências todas as artes mecânicas que tanto contribuem para a nossa felicidade e conforto na Terra.

Portanto, como o Criador não fez nada em vão, devemos também acreditar que Ele organizou a estrutura do Universo da maneira mais vantajosa possível para o benefício do homem. E como vemos e sentimos por experiência própria os benefícios que obtemos da estrutura do Universo formada como é — benefícios esses que não teríamos a oportunidade de desfrutar se a estrutura, no que diz respeito ao nosso sistema, fosse um globo solitário —, podemos perceber pelo menos uma razão pela qual uma pluralidade de mundos foi feita, e essa razão suscita a gratidão religiosa do homem, bem como a sua admiração.

Os benefícios advindos da existência de uma pluralidade de mundos, porém, não se limitam somente a nós, os habitantes desse globo. Os habitantes de cada um dos mundos que compõem o nosso sistema desfrutam das mesmas oportunidades de conhecimento que nos foram dadas. Eles contemplam os movimentos circulares da nossa Terra, como contemplamos os dos mundos deles. Os planetas giram dentro do campo de visão uns dos outros, portanto a mesma escola universal de ciência está disponível para todos.

O conhecimento tampouco se restringe ao nosso sistema. O sistema de mundos próximo ao nosso exibe para os seus habitantes, em suas rotações, os mesmos princípios e a mesma escola de ciência exibido a nós; e isso também ocorre com todos os outros sistemas na imensidão do espaço.

As nossas ideias, não apenas a respeito da onipotência do Criador, mas também da Sua sabedoria e benevolência, avolumam-se à medida que contemplamos a extensão e a estrutura do Universo. A solitária ideia de um mundo isolado, em movimento ou em repouso no imenso oceano de espaço, dá lugar à ideia prazerosa de uma sociedade de mundos, engendrada de forma tão feliz que fornece instruções ao homem até por meio do seu movimento. Vemos a nossa Terra repleta de abundância, mas nos esquecemos de avaliar quanto disso se deve ao conhecimento científico que a vasta máquina do Universo nos revelou.

Em meio a essas reflexões, porém, o que podemos pensar do sistema cristão de fé que se baseia na ideia de um mundo apenas, e que tem pouco mais de 40 mil quilômetros de extensão, como já foi demonstrado? Uma extensão ao redor da qual um homem, caminhando a 4,8 quilômetros por hora, doze horas por dia — se pudesse permanecer em direção circular —, percorreria inteiramente em menos de dois anos? Ah! O que representa isso para o poderoso oceano de espaço, e para o Todo-Poderoso Criador?

De onde, então, pode ter surgido a solitária e estranha suposição de que o Todo-Poderoso, que tinha milhões de mundos igualmente dependentes da sua proteção, abandonaria à própria sorte todo o restante e viria morrer em nosso mundo, porque — segundo dizem os mitologistas cristãos — um homem e uma mulher comeram uma maçã? Ou talvez, por outro lado, devêssemos supor que cada um dos mundos na ilimitada criação tinha uma Eva, uma maçã, uma serpente e um redentor? Nesse caso, o personagem que é irreverentemente chamado de Filho de Deus, e algumas vezes até de Deus, não faria outra coisa a não ser viajar de um mundo para outro, numa sucessão sem fim de mortes, sem ter praticamente um instante de pausa.

Ao rejeitarem a evidência de que a Palavra ou as obras de Deus na criação falavam aos nossos sentidos, e ao rejeitarem a ação da nossa razão diante dessa evidência, muitos sistemas de fé e de religião extravagantes e insensatos foram forjados e se estabeleceram. Podem existir muitos sistemas religiosos que estão longe de ser moralmente ruins, e na verdade são até moralmente bons em diversos aspectos, mas só pode existir UM que seja verdadeiro — e ele deve necessariamente ser, e sempre será, compatível em tudo com a inabalável e eterna Palavra de Deus que nós contemplamos em Suas obras. Mas o sistema cristão de fé foi tão estranhamente elaborado que toda evidência que o Céu oferece ao homem ou é flagrantemente contraditória ou se torna absurda.

É possível acreditar — e eu sempre fico satisfeito em me encorajar a acreditar nisso — que existem homens no mundo convencidos de que uma fraude bem-intencionada pode, pelo menos em circunstâncias particulares, produzir algo de bom. Uma vez estabelecida, porém, a fraude não pode ser explicada depois, pois uma fraude bem-intencionada, assim como uma má ação, acarreta uma calamitosa necessidade de continuação.

As pessoas que primeiro pregaram o sistema cristão de fé, e em algum grau o combinaram com a moralidade pregada por Jesus Cristo, podem ter se convencido de que isso era melhor do que a mitologia pagã então predominante. Dos primeiros pregadores, a fraude foi passada para outros, e depois para outros, até que a ideia de uma fraude bem-intencionada se perdeu na crença de que se tratava de uma verdade — e essa crença foi novamente estimulada pelos interesses daqueles que ganharam seu sustento ao pregá-la.

Porém, embora essa crença possa ter se generalizado entre os leigos dessa forma, seria quase impossível justificar a contínua perseguição levada a cabo pela Igreja contra as ciências e seus professores, durante várias centenas de anos, se a Igreja não tivesse registros históricos dando conta de que originalmente essa crença não passou de uma fraude bem-intencionada, ou se não previsse que a fraude não poderia se sustentar diante da evidência que a estrutura do Universo proporcionava.

CAPÍTULO 12

Os meios empregados sempre, e quase universalmente, para enganar a humanidade

ATÉ AQUI, DEMONSTREI AS INCONSISTÊNCIAS IRRECONCILIÁVEIS entre a verdadeira Palavra de Deus existente no Universo e a outra, que foi denominada "Palavra de Deus" e nos é apresentada em um livro que qualquer homem poderia ter escrito. Passarei agora a falar dos três principais meios empregados em todas as épocas, e talvez em todos os países, para tirar proveito da humanidade.

Esses três meios são mistério, milagre e profecia. Os dois primeiros são incompatíveis com a verdadeira religião, e o terceiro sempre levanta suspeitas.

Tudo o que temos diante de nós é de certa forma um mistério. A nossa própria existência é misteriosa; todo o mundo vegetal é um mistério. Não podemos explicar o que faz uma bolota, quando colocada na terra, se desenvolver e se transformar num carvalho. Não sabemos como é que a semente que espalhamos se expande e se multiplica, e então retorna para nós em um juro abundante para um capital tão pequeno.

Diferente da causa do fenômeno, o fato em si não é um mistério porque o vemos, e também sabemos os meios que precisamos usar — e que se resumem simplesmente a pôr a semente no solo. Portanto, sabemos o quanto nos é necessário saber; e a parte da operação que não conhecemos, e que não faríamos se a conhecêssemos, o próprio Criador toma para si e a faz por nós. Estamos, assim, em uma situação melhor do que estaríamos se o segredo nos fosse revelado e tivéssemos de realizá-lo nós mesmos.

Embora todas as coisas criadas sejam, nesse sentido, um enigma, a palavra "mistério" não pode ser aplicada à verdade moral, assim como "obscuridade" não pode ser aplicada à luz. O Deus no qual acreditamos é um Deus de verdade moral, não um misterioso ou obscuro. Mistério é o oposto da verdade. É um nevoeiro inventado pelo homem; obscurece a verdade e a representa de modo distorcido. A verdade nunca se cerca de mistério, e aquele no qual, em algum momento, a verdade estiver envolvida é trabalho do inimigo da verdade, não dela própria.

A religião, portanto, sendo a crença em um Deus e a prática da verdade moral, não pode ser misteriosa. Acreditar em Deus, longe de conter algum elemento de mistério, de todas as crenças é a mais clara, porque surge para nós por necessidade, como já foi observado. E a prática da verdade moral, ou, em outras palavras, uma imitação prática da bondade moral divina, é simplesmente agirmos uns com os outros com a benevolência que Ele demonstra para com todos. Nós não podemos servir a Deus da forma como servimos àqueles que não podem abrir mão desse serviço. Assim, a única ideia sobre servir a Deus que podemos ter é a de contribuir para a felicidade da criação viva que Ele fez surgir. E não poderemos fazer isso se nos retirarmos da nossa sociedade no mundo e passarmos a vida reclusos em devoção egoísta.

A natureza e o propósito da religião, se posso me expressar assim, mostram sem necessidade de comprovação que ela deve ser livre de todo mistério, e desembaraçada de tudo que seja misterioso.

Considerada um dever, a religião habita igualmente todas as almas vivas, por isso deve estar no mesmo nível de entendimento e compreensão de tudo. O homem não aprende religião como aprende os segredos e mistérios de um negócio. Ele aprende a teoria da religião por meio da reflexão. Esse processo nasce da ação da sua própria mente sobre as coisas que ele vê, ou porventura ouve e lê, e a prática se junta à teoria.

Quando os homens, seja por política, seja por fraude bem-intencionada, estabeleceram sistemas religiosos incompatíveis com a Palavra de Deus ou as obras Dele na criação — sistemas esses que escapam à compreensão humana, e até mesmo a repugnam —, eles tinham a necessidade de inventar ou adotar uma palavra que servisse como barreira a todas as perguntas, investigações e especulações. A palavra "mistério" serviu a esse propósito; e dessa maneira a religião, que é em sua essência desprovida de mistério, foi corrompida em meio ao nevoeiro deles.

O mistério satisfez todos os propósitos, e então o milagre se apresentou como um auxiliar ocasional. O primeiro surgiu para desnortear a mente, e o segundo para confundir os sentidos. O primeiro foi a superstição, e o segundo, o truque de mágica.

Antes de prosseguir nesse assunto, porém, é apropriado questionar o que se entende por um milagre.

No mesmo sentido que podemos dizer que tudo é um mistério, também podemos dizer que tudo é um milagre, e que não existe um milagre maior que outro. O elefante, embora supere o rato em tamanho, não é um milagre maior do que ele, nem uma montanha é um milagre maior do que um átomo. Para um poder infinito, não é mais difícil fazer um do que o outro, e não é mais difícil fazer milhões de mundos do que fazer apenas um. Portanto, tudo é milagroso, sob determinado ponto de vista e sob outro, contudo, milagres não existem. É um milagre quando comparado ao nosso poder e à nossa compreensão, só não é um milagre quando comparado ao poder que o realiza; mas, como nada nessa descrição conduz à ideia que está fixada à palavra "milagre", é necessário levar mais além essa investigação.

A humanidade concebeu para si mesma certas leis, as quais a chamada natureza deveria seguir; e esse milagre é contrário à operação e ao efeito dessas leis. A menos que conheçamos toda a extensão delas, e do que costumamos chamar de "poderes da natureza", não somos capazes de julgar se algo que nos parece maravilhoso ou miraculoso está dentro, ou além, ou se opõe ao seu poder natural de ação.

A elevação de um homem no ar a vários quilômetros de altura teria todos os elementos para justificar a ideia de um milagre, se não soubéssemos que é possível gerar um tipo de ar muito mais leve do que o ar atmosférico comum, e que ainda assim possui elasticidade suficiente para evitar que o balão (no qual esse ar mais leve está retido) seja comprimido pelo ar comum que o cerca, cujo volume é bem maior. Da mesma forma, extrair chamas ou faíscas do corpo humano, visíveis como aço golpeado por uma pedra, e fazer o ferro ou o aço se moverem sem nenhuma força visível agindo sobre eles seriam casos que consideraríamos milagres — se não conhecêssemos a eletricidade e o magnetismo. O mesmo aconteceria com muitos outros experimentos em filosofia natural, que seriam julgados milagrosos por pessoas que não estão familiarizadas com o assunto. A reanimação de pessoas que parecem mortas, como a praticada em casos de afogamento, também seria considerada um milagre — se não soubéssemos que a respiração pode ser interrompida sem que a vida seja extinta.

Além disso, há exibições de prestidigitação que parecem miraculosas, mas não para quem sabe como são executadas. E também existem ilusões mecânicas e de ótica. Em Paris, acontece agora uma exibição de fantasmas ou espectros que, embora não seja imposta aos espectadores como um fato, resulta em uma visão assombrosa. Por não sabermos até onde a natureza ou a arte podem chegar, portanto, não existe um critério claro para determinar o que é um milagre; e a humanidade, quando dá crédito a aparências crendo estar diante de um milagre, sujeita-se a ser continuamente manipulada.

Assim, como as aparências são capazes de enganar tanto, e as coisas que não são reais têm forte semelhança com as que são, nada pode ser mais incoerente do que supor que o Todo-Poderoso faria uso de recursos como esses chamados de milagres, sujeitando a pessoa que os executou a tornar-se suspeita de ser uma impostora, e a que os relatou a tornar-se suspeita de mentir; e a doutrina que pretendia se apoiar nisso, a tornar-se suspeita de inventar histórias.

De todas as modalidades de provas que já foram inventadas para se fortalecer a crença em qualquer sistema ou opinião aos quais o nome de religião tenha sido dado, a do milagre, por mais bem-sucedido que possa ter sido, é a mais incoerente. Porque, em primeiro lugar, sempre que se faz necessário recorrer a um espetáculo para se alcançar a fé (pois um milagre, qualquer que seja o efeito dessa palavra, é um espetáculo), implica-se uma fraqueza ou imperfeição na doutrina que é pregada. Em segundo lugar, é degradante colocar o Todo-Poderoso no papel de um *showman*, fazendo truques para divertir e fascinar. É também o mais equívoco tipo de evidência que se pode oferecer, pois a crença não depende da coisa denominada milagre, e sim do crédito do relator que diz tê-lo visto. Portanto, se fosse verdade, não teria melhor chance de ser levada a sério do que se fosse uma mentira.

Suponhamos que eu afirme que, quando me sentei para escrever este livro, uma mão apareceu de repente no ar, pegou a caneta e registrou cada palavra que está contida nestas páginas. Alguém acreditaria em mim? Certamente não. E acreditariam um pouquinho mais se a coisa tivesse acontecido de fato? Não, certamente. Em outras palavras, se um verdadeiro milagre acontecesse, ele estaria sujeito ao mesmo destino que teria um falso milagre. Isso torna ainda maior a incoerência de se supor que o Todo-Poderoso empregaria meios que não atenderiam ao propósito para o qual foram criados, mesmo sendo legítimos.

Se presumíssemos, por um lado, que um milagre fosse algo tão completamente distante do curso do que chamamos de natureza que, para realizá-lo, ela precisaria se desviar desse curso, e se víssemos, por outro lado, um relato desse milagre feito pela pessoa que disse tê-lo testemunhado, isso nos colocaria diante de um dilema bem fácil de solucionar: é mais provável que a natureza saia do seu curso ou que um homem conte uma mentira? No momento presente, jamais vimos a natureza se comportar assim, porém temos boas razões para acreditar que milhões de mentiras foram contadas. Nessa perspectiva, segundo o argumento de milhões contra um, quem relata um milagre conta uma mentira.

A história da baleia que engoliu Jonas, embora ela seja grande o suficiente para poder ter feito isso, beira fortemente o campo do fantástico; mas a história teria se aproximado mais da ideia de um milagre se Jonas é que tivesse engolido a baleia. Nesse caso — que pode servir para todos os milagres —, a questão se decidiria conforme já foi mencionado, isto é: é mais provável que um homem tenha engolido uma baleia ou que tenha contado uma mentira?

Mas supondo-se que Jonas de fato engolira a baleia, tivesse se dirigido a Nínive com ela no estômago e, para convencer o povo de que isso realmente acontecera, exibido sua barriga com o formato e o tamanho de uma baleia, nesse caso, o povo não teria acreditado que Jonas era o demônio, e não um profeta? E se, ao contrário, a baleia tivesse carregado Jonas até Nínive, e da mesma forma o tivesse exibido em sua barriga em público, o povo não teria acreditado que ela era o demônio e Jonas, um dos seus servidores?

A mais extraordinária de todas as histórias que receberam a denominação de milagre, relatada no Novo Testamento, é aquela em que o demônio leva Jesus Cristo até o cume de uma grande montanha, e depois para o pináculo do mais alto templo dali, para mostrar e prometer a ele todos os reinos do mundo e suas glórias e grandezas. Mas como é possível que ele não tenha descoberto a América? Será que o poderoso Senhor das Trevas tinha interesse apenas em reinos?

Eu respeito muito o caráter moral de Cristo para acreditar que ele tenha falado sobre essa baleia do milagre. Aliás, não é fácil explicar por que esse relato foi forjado, a menos que fosse para ludibriar os conhecedores de moedas da rainha Ana e os colecionadores de relíquias e antiguidades; ou para tornar ridícula a crença em milagres, desestruturando-os como Dom Quixote demoliu a fidalguia e a ordem da cavalaria. Ou, ainda, para causar embaraço à crença em milagres, sugerindo que eles poderiam ser produzidos tanto pelo poder divino quanto pelo poder demoníaco. É preciso, porém, uma grande dose de fé no diabo para acreditar nesse milagre.

Seja qual for o ponto de vista sobre o qual se avaliem os assim chamados milagres, a conclusão a que se chega é que a existência deles é improvável e desnecessária. Como já foi comentado, eles não serviriam a nenhum propósito útil mesmo que fossem verdadeiros, pois é mais difícil acreditar em um milagre do que em um princípio claramente moral sem milagre algum. O princípio moral fala por si mesmo e de forma universal. O milagre pode ser apenas uma coisa de momento, e vista por poucos; depois disso, a fé que se tem em Deus precisa ser transferida para o homem, para que se possa acreditar num milagre relatado por ele. Os relatos de milagres, portanto, em vez de serem admitidos como evidências de que determinado sistema religioso é legítimo, deviam ser considerados sintomas de que ele é fantasioso. Para que a natureza da verdade se mantenha totalmente íntegra e justa, é preciso que ela rejeite a muleta, e é compatível com a natureza da fábula buscar a muleta que a verdade rejeita.

Enquanto o mistério e o milagre se encarregaram do passado e do presente, a profecia se encarregou do futuro e inflou a duração da fé. Não era suficiente saber o que foi feito, seria necessário também saber o que ainda estava por vir. O chamado profeta foi o suposto historiador dos tempos vindouros. Se ele, por acaso, atirando a flecha da sua profecia mil anos à frente, não chegasse a acertar o alvo, a lógica da posteridade poderia tratar de aproximá-la do seu objetivo. Mesmo que ele errasse completamente, porém, não seria demais supor, como na história de Jonas e Nínive, que Deus mudou de ideia por ter se arrependido.

Anteriormente, neste livro, já foi demonstrado que os significados originais de "profeta" e "ato de profetizar" foram alterados, e que um profeta, na compreensão atual, é uma criação dos tempos modernos. Devido a essa alteração de significado das palavras, os floreios e as metáforas dos poetas judeus, bem como as frases e expressões que agora são obscuras pelo fato de não estarmos familiarizados com as circunstâncias às quais correspondiam quando foram usadas, tornaram-se profecias feitas para se amoldar a todo tipo de explicação e às extravagâncias de fanáticos, intérpretes e comentaristas. Tudo ininteligível era profético, e tudo insignificante era especial. Um disparate serviria como profecia, e um pano de prato serviria como fonte.

Se devemos entender por profetas homens a quem o Todo-Poderoso comunicou algum acontecimento que teria lugar no futuro, ou eles existiram ou não existiram. Se sim, faz sentido acreditar que o acontecimento futuro seria comunicado em termos que pudessem ser compreendidos, e não de um modo tão impreciso e obscuro que quem o ouvisse não conseguiria entender, ou tão ambíguo que se encaixaria em quase todas as circunstâncias que ocorressem depois. Supor que o Todo-Poderoso pudesse tratar a humanidade dessa maneira zombeteira seria ter a Seu respeito uma ideia muito desrespeitosa — ainda que todas as coisas denominadas "profecias" no livro chamado Bíblia caibam nessa descrição.

Mas ocorre com a profecia o mesmo que com o milagre: ela não poderia servir ao seu propósito mesmo que fosse real. Aqueles a quem uma profecia era contada não conseguiam afirmar se o homem que lhes apresentava o relato profetizou ou mentiu, nem se a profecia havia sido revelada a ele ou ele é que se convencera disso. E se o que foi profetizado, ou o que pretendia profetizar, acontecesse (por assim dizer) entre a infinidade de coisas que acontecem todos os dias, novamente ninguém poderia afirmar se ele já sabia de antemão, se adivinhou ou se foi por acaso. Um profeta, portanto, é uma figura inútil e desnecessária; e não dar crédito a tais relatos é uma maneira segura de evitar ser enganado.

Via de regra, mistério, milagre e profecia são apêndices que pertencem ao mundo da fantasia, e não à verdadeira religião. Permitiram que muitos aventureiros se espalhassem pelo mundo, e a religião se transformasse em um negócio. O sucesso de um impostor encorajava outros a tentarem exitar também, e a certeza íntima de que faziam o bem dando continuidade a uma fraude bem-intencionada os protegia do arrependimento.

Depois de estender a abrangência do assunto para além do que pretendia inicialmente, passo agora a concluí-lo fazendo um resumo do todo.

1. A ideia ou crença numa Palavra de Deus que exista na forma da escrita ou do discurso não é sustentada por si mesma, por razões já mencionadas. Essas razões, entre muitas outras, são: a necessidade de uma linguagem universal e sua qualidade mutável, os erros aos quais os tradutores estão sujeitos, a possibilidade de supressão total do conteúdo original de tal Palavra, a probabilidade de que tenha sido alterada ou totalmente inventada, e imposta ao mundo.

2. A criação que nós contemplamos é a verdadeira e eterna Palavra de Deus, e por ela não podemos ser enganados. Ela proclama o Seu poder, demonstra a Sua sabedoria, manifesta a Sua bondade e benevolência.
3. O dever moral do homem consiste em imitar a bondade e a benevolência de Deus, manifestadas na criação em benefício de todas as suas criaturas. Enxergar, como vemos diariamente, a bondade de Deus dirigida à humanidade exorta todos a praticarem a mesma bondade uns com os outros; consequentemente, perseguição e vingança entre os homens, bem como crueldade dirigida aos animais, são violações do dever moral.

Eu não me preocupo com o que me reserva o futuro; me contento em acreditar, com firme convicção até, que o Poder que me concedeu a existência é capaz de lhe dar prosseguimento, da maneira que desejar, com ou sem esse corpo; e acredito mais na continuação da minha existência do que na possibilidade de ter tido uma existência — como a que tenho agora — antes que ela começasse.

As nações da Terra e as religiões certamente concordam em um ponto: todas acreditam em Deus. As coisas que provocam discordância entre elas são as redundâncias ligadas a essa crença. Portanto, se em algum momento uma religião universal tiver de prevalecer, não será por acreditar em algo novo, e sim por se livrar das redundâncias e por acreditar como no início o homem acreditou. Adão — se é que realmente existiu um dia — foi criado como um deísta, entretanto, deve-se permitir que cada pessoa siga, como é seu direito, a religião e o culto que preferir.

Eu terminei a primeira parte de *A era da razão* em 28 de dezembro de 1793. À noite fui para o Hotel Philadelphia (antigo Hotel White), na Passage des Petis Peres (eu havia me hospedado nesse hotel quando cheguei a Paris, depois de ter sido eleito membro da Convenção Nacional), mas o deixei cerca de nove meses depois e encontrei alojamento na rua Fauxbourg St. Denis, a fim de me isolar o máximo possível no centro da cidade.

Encontrei-me com alguns americanos no Hotel Philadelphia, e concordei em passar a noite na companhia deles. Como o meu alojamento ficava a mais de dois quilômetros de distância, pedi um quarto ali. Os americanos se despediram e foram embora por volta de meia-noite, e eu fui direto para a cama. Perto das quatro da manhã, acordei com batidas à porta do meu aposento. Quando a abri, deparei-me com uma escolta e o administrador do hotel. Um policial me disse que eles estavam ali para me levar preso e para requisitar os meus escritos. Pedi-lhes que entrassem, então me vesti e os acompanhei imediatamente.

Naquela noite, Achilles Audibert, de Calais, se encontrava no mesmo hotel, e eu solicitei que me levassem ao seu quarto. Quando lá chegamos, avisei ao policial que estava hospedado no hotel apenas por uma noite. Disse-lhe que estava imprimindo um livro, parte do qual estava na Maison Bretagne, na rua Jacob, e queria que eles me levassem lá primeiro, o que fizeram.

A tipográfica na qual o meu trabalho estava sendo impresso ficava próximo à Maison Bretagne, onde o coronel Blackden e Joel Barlow, dos Estados Unidos, estavam hospedados. Ocorre que eu havia pedido a Barlow que cotejasse os originais com as provas de impressão quando elas chegassem do prelo. O restante do manuscrito, da página 32 até a 76, estava no meu alojamento. Porém, além de precisar reunir todas as partes do meu trabalho para que a publicação não fosse interrompida pela minha prisão, ou por qualquer coisa que pudesse me acontecer, era extremamente aconselhável que eu tivesse ao meu lado um concidadão durante o exame dos meus documentos, já que levava comigo a correspondência trocada com o general Washington, presidente do Congresso; com o Sr. Jefferson, ministro de Assuntos Estrangeiros; e com o hoje falecido Benjamin Franklin. E seria necessário que eu preparasse uma ata para enviar ao Congresso.

Ocorreu, porém, que Joel Barlow havia recebido apenas uma prova de impressão do trabalho, que ele cotejou devidamente e enviou de volta à tipográfica.

Assim, na companhia dele, nós fomos ao meu alojamento, e o policial providenciou para que um intérprete estivesse presente. Fiquei satisfeito por constatar que eles realizaram a verificação dos meus documentos com rigor; e é justo dizer que executaram essa tarefa não apenas com cortesia, mas mostrando respeito a mim.

Eu apresentei a eles o restante do manuscrito antecedente. O intérprete o examinou e o devolveu a mim, dizendo: "É um trabalho interessante, vai ser muito útil". Também mostrei a ele outro manuscrito, que havia destinado ao Comitê de Segurança Pública. Intitulava-se *Observações a respeito do comércio entre os Estados Unidos da América e a França*.

Depois que a verificação dos meus papéis terminou, a guarda me conduziu à prisão de Luxemburgo, onde me deixou como quem deixa um homem cujo destino injusto é lamentado. Ofereci-me para registrar na ata preparada por eles que haviam executado as suas ordens com respeito e civilidade, mas recusaram.

Prefácio à segunda parte

NA PRIMEIRA PARTE DE *A ERA DA RAZÃO* MENCIONEI QUE era antiga a minha intenção de publicar os meus pensamentos sobre religião, mas que havia reservado essa empreitada para um futuro mais distante na minha vida, pretendendo que fosse meu último trabalho realizado. Contudo, as circunstâncias que predominavam na França no final de 1793 me convenceram a não mais adiar essa tarefa. Os justos e humanos princípios da revolução, que inicialmente faziam parte de sua filosofia, tinham sido abandonados. A ideia sempre perigosa para a sociedade, e ignominiosa para o Todo--Poderoso, de que padres podiam perdoar pecados, embora parecesse não existir mais, havia embotado os sentimentos da humanidade e a tornado capaz de cometer toda a sorte de crimes. O espírito intolerante das perseguições da Igreja havia sido transferido para o âmbito da política; o tribunal de caráter revolucionário fez as vezes de um tribunal de Inquisição; e a guilhotina assumiu o lugar da fogueira da Igreja. Vi muitos dos meus amigos mais íntimos serem destruídos, e dia após dia outros foram levados à prisão; e eu tinha motivos para acreditar que o mesmo perigo se aproximava de mim — aliás, insinuações me foram feitas nesse sentido.

Foi nesse ambiente adverso que comecei a primeira parte de *A era da razão*. Para piorar, não tinha o Antigo nem o Novo

Testamento aos quais recorrer em busca de referência, embora fosse escrever contra ambos; e não podia procurá-los tampouco. Apesar disso, consegui produzir um trabalho que nenhum adepto da Bíblia é capaz de refutar — nem mesmo quando contam com todas as comodidades para escrever, e com uma biblioteca de livros da Igreja à sua disposição. No final de dezembro daquele ano, foi feita e apresentada uma moção para excluir os estrangeiros da Convenção. Havia apenas dois deles, Anacharsis Cloots e eu, e percebi que fui citado por Bourdon de L'Oise em seu discurso sobre a moção.

Depois disso, compreendi que me restavam apenas alguns dias de liberdade. Sentei-me e tratei de terminar o trabalho o mais rápido possível. E passava das três da manhã — nem seis horas depois que cheguei ao fim do trabalho — quando uma escolta veio a mim, com uma ordem assinada pelos dois Comitês de Segurança Pública, a fim de me deter como estrangeiro, e me levou para a prisão de Luxemburgo. A caminho da prisão, consegui entrar em contato com Joel Barlow e lhe entreguei o manuscrito em mãos. Com ele o trabalho estaria mais seguro do que comigo, na prisão.

É justo dizer que a guarda que executou essa ordem, bem como o intérprete do Comitê de Segurança Geral que a acompanhou para examinar os meus papéis, trataram-me não apenas com civilidade, mas também com respeito. O administrador da prisão de Luxemburgo, Benoit, homem de bom coração, tratou-me da maneira mais amigável possível, bem como a sua família, enquanto permaneceu em seu posto. Ele foi removido do cargo, preso e levado às barras do tribunal mediante uma acusação nefasta, mas foi absolvido posteriormente.

Eu estava na prisão de Luxemburgo fazia três semanas quando os americanos que se encontravam em Paris na ocasião foram à Convenção e pediram minha soltura, como amigo e conterrâneo deles. Mas o presidente Vadier — também presidente do Comitê de

Segurança Geral, que havia assinado a ordem para a minha prisão — respondeu-lhes que eu era inglês por nascimento. Depois disso não soube mais nada a respeito de ninguém fora dos muros da prisão, até a queda de Robespierre, o 9 de Termidor, em 27 de julho de 1794.

Cerca de dois meses antes desse fato, eu caí doente e fui acometido de uma febre que quase custou minha vida, e de cujos efeitos não consegui me recuperar. Nessa ocasião me lembrei, com grande satisfação, de que já havia escrito a primeira parte de *A era da razão*, e me parabenizei muito sinceramente por isso. Eu tinha então uma expectativa muito pequena de sobreviver, e os que estavam próximos de mim tinham menos ainda. Portanto sei, por experiência, que realizei um julgamento escrupuloso dos meus próprios princípios.

Eu tinha na ocasião três colegas de cela: Joseph Van Huele, de Bruges; Charles Bastini e Michael Rubyns, de Lovaina. A incessante e preocupada atenção que esses três amigos dirigiram a mim, dia e noite, é algo de que me lembro com gratidão e menciono com prazer. Por acaso, um médico (Dr. Graham) e um cirurgião (Dr. Bond), instalados nos "aposentos" do general O'Hara, também estavam em Luxemburgo na época. Como homens sob os auspícios do governo inglês, não sei se seria conveniente expressar-lhes minha gratidão; se não o fizesse, porém, não me perdoaria. E também expresso meus agradecimentos ao médico da prisão de Luxemburgo, Dr. Markoski.

Tenho razões para acreditar que essa doença me manteve vivo, pois não posso pensar em nenhuma outra explicação para tanto. Entre os documentos de Robespierre que foram examinados e apresentados à Convenção por um comitê de deputados, havia uma anotação, escrita de próprio punho, com os seguintes dizeres: *"Demander que Thomas Paine soit decrete d'accusation, pour l'interet de l'Amerique autant que de la France"* [Solicitação para que Thomas Paine seja decretado sob acusação, pelo interesse da América, bem como da França].

Não sei por que essa intenção não foi executada, nem consigo me informar a respeito, portanto atribuo isso à impossibilidade, tendo em vista que eu estava muito doente.

A fim de reparar do melhor modo possível a injustiça que eu havia sofrido, a Convenção, em peso, convidou-me publicamente a retornar aos seus quadros. Aceitei, para mostrar que poderia suportar um grande revés sem que isso afetasse meus princípios ou minha disposição. Não é porque princípios corretos foram violados que devemos abandoná-los.

Desde que recuperei a liberdade, deparei-me com várias publicações escritas — algumas na América, outras na Inglaterra — em resposta à primeira parte de *A era da razão*. Se os autores estiverem se divertindo nessa atividade, não pretendo detê-los. Eles podem escrever contra o meu trabalho e contra mim, se desejarem; isso me favorece, na verdade, então não tenho objeção que o façam. Contudo, encontrarão na segunda parte — que não foi escrita como resposta a eles — mais motivos para dar tratos à bola. Veremos como se sairão.

Noto que os meus oponentes costumam buscar ajuda no que chamam de evidência da Escritura e autoridade da Bíblia. Dominam tão parcamente o assunto que chegam a confundir um debate sobre autenticidade com um sobre doutrinas. Vou, contudo, ajudá-los a se corrigir; assim, talvez, se eles estiverem dispostos a escrever mais, saberão por onde começar.

SEGUNDA PARTE

CAPÍTULO 1

O Antigo Testamento

COSTUMA-SE DIZER QUE QUALQUER COISA PODE SER PROvada por meio da Bíblia, mas, antes que isso possa ser aceito, deve-se provar que a própria Bíblia é verdadeira — porque, se não for, ou se a sua verdade for duvidosa, ela deixa de ser confiável e não pode ser admitida como prova de coisa alguma.

Todos os comentaristas cristãos da Bíblia, bem como todos os padres e pregadores cristãos, têm como prática impô-la ao mundo como se fosse a própria verdade, e como a Palavra de Deus. Defendendo a sua própria interpretação de determinadas partes e passagens da Bíblia, eles entravam em disputas uns com os outros, discutiam e se ofendiam. Um insistia que determinada passagem tinha determinado significado; outro interpretava essa mesma passagem de forma totalmente oposta; e um terceiro afirmava que os dois anteriores estavam errados e o significado da passagem era diferente. Para eles, compreender a Bíblia se resumia a isso.

Todas as respostas (de que tomei conhecimento) ocasionadas pela primeira parte de *A era da razão* foram escritas por padres; e esses homens devotos, assim como os seus predecessores, discordaram e discutiram ferozmente, fingindo compreender a Bíblia. Cada um a interpretou a seu modo, mas cada um a interpretava melhor que o outro. Concordaram entre si somente em um ponto: dizer aos seus leitores que Thomas Paine não sabia do que estava falando.

Em vez de perder tempo em discussões encarniçadas a respeito de pontos da doutrina retirados da Bíblia, esses homens deviam saber — e, se porventura ainda não sabem, é uma questão de civilidade informá-los — que a primeira coisa a se compreender é se temos ou não evidências suficientes para crer que a Bíblia é a Palavra do Senhor.

Há passagens nesse livro, atribuídas ao comando expresso de Deus, que são tão chocantes para a humanidade e para a ideia que temos de justiça moral quanto qualquer coisa feita por Robespierre, por Carrier, por Joseph Le Bon na França, pelo governo inglês nas Índias Orientais e por qualquer assassino nos tempos modernos. Quando lemos nos livros atribuídos a Moisés, Josué etc. que eles (os israelitas) se lançaram sobre nações inteiras, as quais, como mostra a própria história, não lhes fizeram mal; que conquistaram todas essas nações pelo poder da espada; que não pouparam a ancianidade nem a infância; que destruíram totalmente homens, mulheres e crianças; que não poupariam nada que respirasse — expressões repetidas muitas e muitas vezes nesses livros, e com ferocidade triunfante —, enfim, quando lemos essas passagens, acreditamos mesmo que tais coisas aconteceram? Podemos mesmo acreditar que o Criador do homem ordenaria que tais coisas fossem feitas? E podemos crer de verdade que os livros que contêm tais relatos foram escritos com a Sua autorização?

A antiguidade de uma história não é evidência da sua veracidade; pelo contrário, é sinal do seu caráter fantasioso, pois, quanto mais antiga uma história parece ser, mais semelhança com uma fábula ela terá. A tradição da fábula está firmemente arraigada na origem de cada nação, e a história dos judeus é tão suspeita quanto a de qualquer outro povo.

É motivo de séria preocupação atribuir a Deus a culpa pela perpetração de atos que, por sua própria natureza, e segundo todas as regras de justiça moral, são crimes — assim como todo assassinato o é, principalmente o de crianças. A Bíblia nos diz que eles foram cometidos sob ordem expressa do Senhor. Portanto, para crer que esses relatos são verídicos, nós devemos abandonar a nossa crença na justiça moral de Deus — afinal, qual ofensa crianças podem ter cometido quando só fazem rir e brincar? Para ler a Bíblia sem horror, devemos abolir tudo o que é terno, caloroso e benévolo ao coração do homem. Falando por mim: se a minha única evidência de que a Bíblia é fantasiosa fosse o sacrifício que preciso fazer para acreditar que ela é verdadeira, só isso e mais nada já seria suficiente para determinar a minha escolha.

Porém, além de todas as evidências morais contra a Bíblia, ao longo deste livro produzirei evidências que nem mesmo um sacerdote poderá negar. A partir delas, mostrarei que a Bíblia não tem legitimidade para ser considerada a Palavra de Deus.

Mas, antes de dar início à minha investigação, mostrarei em que a Bíblia — a respeito da natureza da evidência necessária para estabelecer a sua autenticidade — difere de todos os outros escritos antigos. E isso é o mais apropriado a ser feito, porque os defensores da Bíblia, em suas respostas à primeira parte de *A era da razão*, encarregaram-se de dizer (e enfatizaram isso) que a autenticidade da Bíblia é tão bem estabelecida quanto a de qualquer outro livro antigo — como se a nossa crença em um livro pudesse se tornar regra para a nossa crença em outro.

Contudo, conheço pelo menos um livro antigo que desafia com autoridade a crença e o consenso universais: *Os elementos*, de Euclides.[10] Inteiramente independente do seu autor, trata-se de um livro cujas propostas são demonstradas, e em tudo relacionado ao tempo, ao lugar e às circunstâncias. As questões contidas ali teriam a mesma importância atual se fossem escritas por outra pessoa, ou se o trabalho fosse anônimo, ou se o autor jamais viesse a ser conhecido. Isso é muito diferente do que acontece com os livros atribuídos a Moisés, a Josué, a Samuel etc., que são testemunhos, atestando coisas naturalmente inacreditáveis. Portanto, toda a nossa crença na autenticidade desses livros reside, em primeiro lugar, na certeza de que foram escritos por Moisés, Josué e Samuel, e, em segundo, no crédito que damos ao testemunho deles. Podemos acreditar no livro de Euclides, na legitimidade da sua autoria, e ainda assim não precisamos confiar no testemunho dele; isso equivale a dizer que podemos acreditar que certa pessoa forneceu evidência sobre um caso, e ainda assim não aceitar a evidência que ela forneceu. Porém, se for revelado que os livros atribuídos a Moisés, Josué e Samuel não foram escritos por eles, tudo o que conferia importância e autenticidade a esses livros desaparece imediatamente, pois testemunho forjado ou inventado é algo que não pode existir, nem pode existir testemunho anônimo, especialmente com relação a coisas naturalmente inacreditáveis — tais como falar diretamente com Deus, ou ter (um homem) o poder de ordenar que o Sol e a Lua não se movam.

Os outros livros antigos são, em sua maior parte, trabalhos de gênios; entre essas obras estão as atribuídas a Homero, a Platão, a Aristóteles, a Demóstenes, a Cícero etc. Novamente aqui o autor não é essencial para que essas obras tenham o nosso reconhecimento, pois, como são geniais, teriam o mesmo mérito se fossem anônimas. Ninguém acredita que a história de Troia, como relatada por Homero, seja verdadeira — porque apenas o poeta é admirado, e o mérito dele perdurará, embora a história seja inverossímil. Contudo, se deixarmos de acreditar nas coisas relatadas pelos autores da Bíblia (Moisés, por exemplo), nada restará deles para avaliar, exceto que eram impostores. Quanto aos historiadores da Antiguidade, de Heródoto a Tácito, o crédito que lhes damos se restringe aos seus relatos plausíveis e críveis, nada além disso. Se fôssemos além, acreditaríamos nos dois milagres que, segundo Tácito, foram realizados por Vespasiano — a cura de um coxo e de um cego —, e é dessa mesma forma que os historiadores de Jesus Cristo contam os feitos dele. Nós deveríamos também acreditar no milagre, citado por Josefo, de que o Mar da Panfília se abriu para que Alexandre passasse com o seu exército, assim como no relato do Mar Vermelho encontrado no Êxodo. Esses milagres são tão bem estabelecidos quanto os da Bíblia, e ainda assim não acreditamos neles. Consequentemente, o grau de evidência para consolidar a nossa crença no inacreditável, na Bíblia ou em qualquer outra parte, é muito maior do que o exigido para acreditarmos no que é natural e provável. Os defensores da Bíblia, portanto, não reivindicam a nossa crença nela porque acreditamos nas coisas declaradas nesses escritos antigos, afinal, acreditamos nessas coisas porque são prováveis e críveis; ou porque são patentes, como em Euclides; ou as admiramos porque são elegantes, como em Homero; ou as aprovamos porque são sóbrias, como em Platão, ou criteriosas, como em Aristóteles.

Após apresentar essas premissas, passo a examinar a autenticidade da Bíblia, e começo com os trabalhos conhecidos como os cinco livros de Moisés: Gênesis, Êxodo, Levítico, Números e Deuteronômio. Minha intenção é mostrar que eles são espúrios, e que Moisés não é o seu autor. Além disso, que eles não foram escritos no tempo de Moisés, e que não passam de um esboço da história da vida dele e dos tempos nos quais se diz que ele viveu (e também dos tempos anteriores a esses). São trabalhos de algum pretendente a autor bastante ignorante e estúpido muitas centenas de anos após a morte de Moisés, assim como pessoas agora escrevem histórias sobre eventos que aconteceram (ou supõe-se que tenham acontecido) várias centenas ou vários milhares de anos atrás.

A evidência que devo atestar nesse caso provém dos próprios livros (de Moisés), e devo me limitar somente a ela. Se para provar a minha argumentação eu me referisse a qualquer um dos autores antigos considerados profanos pelos defensores da Bíblia, eles contestariam a autoridade desse autor, assim como eu contesto a dos autores bíblicos. Assim, vou enfrentar esses defensores em seu próprio território e usar contra eles sua própria arma, a Bíblia.

Em primeiro lugar, não há evidência incontestável de que Moisés é o autor desses livros; e que seja ele o autor é uma opinião totalmente infundada, saída sabe-se lá de onde. O estilo e o método inerentes à escrita desses livros não dão ensejo para que se acredite, e nem ao menos se suponha, que foram produzidos por Moisés, pois sem dúvida se trata do estilo e método de outra pessoa falando dele. No Êxodo, no Levítico e nos Números (uma vez que tudo no Livro do Gênesis é anterior ao tempo de Moisés, portanto nem a menor alusão é feita a ele nesse livro) sempre é usada a terceira pessoa: "O Senhor disse a Moisés", "Disse Moisés ao Senhor", "Moisés disse ao povo" ou "O povo disse a Moisés" — e os historiadores empregam esse estilo para falar das pessoas sobre cuja vida e cujos atos eles escrevem. Não é impossível que um homem fale de si mesmo na terceira pessoa, então é válido supor que Moisés tenha feito isso, mas essa suposição não prova coisa alguma — e se os defensores da crença de que o próprio Moisés escreveu esses livros não tiverem nada melhor para apresentar do que esse argumento, então será melhor que fiquem em silêncio.

Ainda que reconheçamos o direito gramatical de Moisés de falar de si mesmo na terceira pessoa, porque qualquer homem pode fazê-lo, não se pode admitir como fato que é Moisés quem fala nesses livros — não sem torná-lo bastante ridículo e irracional. Tomemos como exemplo Números, capítulo 12, versículo 3. Aqui, Moisés, o homem, era muito humilde, o mais humilde de todos os homens da Terra. Se Moisés dissesse isso de si mesmo, em vez de ser o mais humilde, ele seria o mais vaidoso e arrogante entre os arrogantes. Agora, os defensores desses livros podem escolher qual lado preferem, pois ambos os desmentem: se Moisés não foi o autor, os livros não têm confiabilidade; e se Moisés foi o autor, então não têm crédito, porque ostentar humildade é o contrário de ser humilde, e é mentir quanto aos sentimentos.

Em Deuteronômio, o estilo e o método de escrita mostram, de maneira mais evidente do que nos outros livros, que Moisés não é o escritor. A escrita desse livro é dramática; o autor aborda o assunto por meio de um breve discurso introdutório, e então permite que Moisés realize a sua fala. Depois, o escritor reinicia o próprio papel e discursa até trazer Moisés à cena novamente. Por fim, ele encerra a cena com um relato sobre a morte, o funeral e a índole de Moisés.

Essa alternância de narradores ocorre quatro vezes nesse livro. Do capítulo 1, versículos 1 a 5, é o escritor quem fala; ele introduz Moisés, que passa a fazer seu discurso, e prossegue até o capítulo 4, versículo 40. O escritor então volta a tomar a palavra e expõe o que historicamente aconteceu como consequência do que Moisés, quando vivo, teria supostamente dito, e o faz de forma dramática.

O assunto volta a ser abordado no capítulo 5, versículo 1, embora seja apenas para dizer que Moisés convocou todo o povo de Israel. O escritor então introduz Moisés como antes, e o mantém em cena discursando até o final do capítulo 26. E o repete no início do capítulo 27, para que Moisés prossiga com sua fala até o término do 28. No capítulo seguinte, o escritor volta a falar durante todo o versículo 1 e a primeira linha do versículo 2, quando então introduz Moisés pela última vez, que realiza a sua fala até o final do capítulo 33.

Após encerrar os relatos da parte de Moisés, o escritor prossegue durante o último capítulo inteiro. Ele começa contando ao leitor que Moisés foi até o topo do Fasga, de onde viu a terra que (segundo o autor) havia sido prometida a Abraão, Isaac e Jacó. Conta também que Moisés morreu ali, na terra de Moab, mas que ninguém conhecia o local do seu sepulcro até então (isto é, até o tempo em que viveu a pessoa que escreveu o Livro do Deuteronômio). Ele nos revela que Moisés tinha 120 anos quando morreu — sem que as suas vistas estivessem debilitadas e que seu vigor o tivesse abandonado —, e conclui afirmando que não mais surgiu em Israel profeta comparável a ele, o qual, diz esse escritor anônimo, o Senhor conheceu face a face.

Tendo assim mostrado, com base em evidências gramaticais, que Moisés não foi o autor desses livros, passarei — depois de tecer algumas observações a respeito das inconsistências do escritor do Livro do Deuteronômio — a mostrar, agora a partir de evidências históricas e cronológicas contidas nesses livros, que Moisés não foi (porque não poderia ser) o escritor deles, e consequentemente que não existe confiabilidade para se acreditar que as desumanas e horrendas carnificinas de homens, mulheres e crianças relatadas ali tenham sido feitas — como é afirmado que foram — sob o comando de Deus. É dever de todo verdadeiro deísta defender a justiça moral de Deus contra as calúnias da Bíblia.

O escritor do Livro do Deuteronômio, seja quem for (porque se trata de uma obra anônima), é obscuro e também contraditório a respeito do relato que faz de Moisés.

Depois de afirmar que Moisés foi até o topo do Fasga (e não parece haver nenhum relato de que ele tenha descido de volta), conta-nos que Moisés morreu na terra de Moab, onde ELE o enterrou num vale ali situado. Mas, como o pronome "ele", nesse caso, não tem antecedente, não é possível saber quem foi que o enterrou. Se o escritor quis sugerir que Ele (Deus) enterrou Moisés, como poderia ele (o escritor) ter conhecimento disso? E por que deveríamos nós, os leitores, acreditar nele? Afinal, não sabemos quem foi o escritor que nos revelou isso, já que Moisés não poderia por conta própria nos dizer onde estava enterrado.

O autor também nos informa que ninguém sabia onde se encontrava o sepulcro de Moisés "até hoje" (ou seja, até a época na qual esse escritor viveu). Sendo assim, como é que ele sabia que Moisés estava enterrado num vale na terra de Moab? Não poderia saber, porque, tendo vivido muito tempo depois da época de Moisés — coisa que se torna evidente devido ao uso da expressão "até hoje", que indica um grande intervalo —, ele certamente não compareceu ao seu funeral. De mais a mais, é impossível que o próprio Moisés pudesse dizer que nenhum homem sabia onde se encontrava o seu sepulcro "até hoje". Fazer de Moisés o narrador seria uma versão melhorada da brincadeira em que uma criança se esconde e grita que ninguém pode encontrá-la. "Ninguém pode encontrar Moisés!"

Esse escritor não nos explica em nenhum momento de onde vieram as falas que atribuiu a Moisés, o que nos dá o direito de concluir que ele mesmo as elaborou, ou então que as retirou da tradição oral. Uma dessas duas alternativas é a mais provável, já que no quinto capítulo ele apresentou uma tábua de Mandamentos, em que o quarto é diferente do quarto Mandamento do vigésimo capítulo do Livro do Êxodo, no qual a razão apresentada para guardar o sétimo dia é: "Porque Deus fez o céu e a terra em seis dias, e descansou no sétimo". Em Deuteronômio, porém, a razão dada foi que se tratava do dia no qual os filhos de Israel saíram do Egito, portanto, segundo diz esse Mandamento, "o Senhor teu Deus ordena que santifiques o dia de sábado". Esse trecho não faz menção à criação, e o do Êxodo não cita a saída do Egito.

Também há muitas coisas apresentadas como leis de Moisés nesse livro que não são encontradas em nenhum dos demais — entre as quais aquela lei desumana e brutal (Ex 21,18-21) que autoriza os pais a entregarem seus filhos rebeldes e desobedientes para serem mortos por apedrejamento. Apesar disso, os padres sempre gostaram de fazer o sermão sobre Deuteronômio, pois ali é pregado o dízimo;

e é desse livro (Ex 25,4) que retiraram — e aplicaram ao pagamento do dízimo — a frase: "Não atarás a boca ao boi quando ele estiver debulhando". É preciso observar que eles notaram isso na tábua de Mandamentos no início do capítulo, embora não passe de um simples versículo de menos de duas linhas. Oh, padres, padres! Em nome do dízimo, estão dispostos até a ser comparados a um boi. Embora seja impossível saber exatamente quem foi o escritor do Livro do Deuteronômio, não é difícil descobri-lo por meio da sua profissão; provavelmente foi algum sacerdote judeu que viveu — como devo mostrar a seguir — pelo menos 350 anos depois da época de Moisés.

Passo agora a falar da evidência histórica e cronológica. A cronologia que devo usar é a da Bíblia — pois não tenho a intenção de buscar evidência de coisa alguma fora dela, e sim de deixar que a própria Bíblia prove, histórica e cronologicamente, que Moisés não é o autor dos livros atribuídos a ele. Assim, é apropriado que eu informe aos leitores (mais precisamente àqueles que ainda não sabem disso) que, nas Bíblias maiores, e também em algumas menores, há uma linha cronológica impressa na margem das páginas, com o objetivo de mostrar há quanto tempo os eventos históricos relatados em cada uma aconteceram — ou se supõe que tenham acontecido — antes de Cristo, e, consequentemente, o intervalo entre uma circunstância histórica e outra.

Começo com o Livro do Gênesis. No capítulo 14, o escritor explica que Ló foi feito prisioneiro numa batalha de quatro reis contra cinco. Quando essa notícia chegou a Abraão, ele reuniu os servos de sua casa e marchou para resgatar Ló das mãos dos seus captores, os quais Abraão perseguiu até Dã (Gn 14,14).

Para demonstrar de que maneira a expressão "perseguiu(-os) até Dã" se aplica ao caso em questão, farei referência a duas circunstâncias; uma na América, outra na França. A cidade que agora tem o nome de Nova York, na América, foi originalmente batizada como Nova Amsterdã. Já a cidade na França, que recentemente teve o nome alterado para Le Hâvre Marat, chamava-se antes Le Hâvre de Grâce. Nova Amsterdã teve o nome alterado para Nova York em 1664; Le Hâvre de Grace passou a se chamar Le Hâvre Marat em 1793. Portanto, se fosse encontrado, mesmo sem data, algum escrito em que o nome da cidade de Nova York aparecesse, essa seria uma evidência de que tal registro não poderia ter sido feito antes que Nova Amsterdã se tornasse Nova York, e sim depois — consequentemente, não poderia ter sido feito antes de 1664 ou, na melhor das hipóteses, precisava ser feito ao longo daquele ano. Do mesmo modo, qualquer escrito sem data com o nome de Le Hâvre Marat obviamente só poderia ter sido elaborado depois que a cidade se tornou Le Hâvre Marat — consequentemente, não poderia ter sido feito antes de 1793 ou, na melhor das hipóteses, teria de ser feito ao longo daquele ano.

Passo agora a mostrar por que mencionei esses casos, e a demonstrar que não houve nenhum lugar de nome Dã até muitos anos depois da morte de Abraão — motivo pelo qual Moisés não poderia ser o escritor do Livro do Gênesis, no qual o relato da perseguição até Dã é fornecido.

O lugar que na Bíblia recebe o nome de Dã foi originalmente uma cidade dos gentios chamada Laís; e, quando a tribo de Dã se apoderou dessa cidade, mudou seu nome em homenagem ao patriarca homônimo dessa tribo e bisneto de Abraão.

Para confirmar isso, é necessário recorrer ao 18º capítulo do Livro dos Juízes. Nele se lê que os danitas atacaram Laís (Jz 18,27), cujo povo era pacífico e tranquilo, e a passaram a fio de espada (a Bíblia está repleta de assassinato), além de queimarem a cidade. E então a reconstruíram (Jz 18,28) e passaram a viver nela, dando-lhe o nome de Dã, em homenagem ao patriarca.

No Livro dos Juízes, essa passagem sobre os danitas tomarem posse de Laís e mudarem seu nome para Dã situa-se imediatamente após a morte de Sansão. Consta que a morte dele aconteceu em 1120 a.C., e a de Moisés, em 1451 a.C.; portanto, segundo a disposição histórica dos fatos, o lugar não recebeu o nome de Dã antes que 331 anos se passassem desde a morte de Moisés.

Existe uma confusão evidente entre a ordenação histórica e a cronológica no Livro dos Juízes. Os cinco últimos capítulos, como estão dispostos ali, do 17 ao 21, são situados cronologicamente antes de todos os capítulos anteriores — suas histórias se desenrolam 28 anos antes do capítulo 16; 266 anos antes do 15; 245 antes do 13; 195 antes do 9; 90 antes do 4; e 15 anos antes do capítulo 1. Isso mostra o grau de incerteza e fantasia que cerca a Bíblia. De acordo com a disposição cronológica, 20 anos depois da morte de Josué, sucessor de Moisés, Laís foi conquistada e teve seu nome mudado para Dã; já segundo a ordenação histórica, como está no livro, esse evento ocorreu 306 anos depois da morte de Josué, e 331 anos depois da morte de Moisés. Mas ambos os casos eliminam a possibilidade de que Moisés tenha escrito o Livro do Gênesis, pois, segundo eles, não existia nenhum lugar chamado Dã na época de Moisés. Portanto, o escritor do Gênesis deve ter sido alguém que viveu depois da época em que a cidade de Laís teve o nome trocado para Dã. Ninguém sabe quem pode ter sido essa pessoa, o que nos leva a concluir que o Livro do Gênesis é anônimo e desprovido de confiabilidade.

Passo agora a comentar outro aspecto da evidência histórica e cronológica, e a mostrar, a partir dele, como no caso anterior, que Moisés não é o autor do Livro do Gênesis.

O capítulo 36 do Gênesis oferece uma genealogia dos filhos e descendentes de Esaú, chamados de edomitas, e também uma lista nominal dos reis de Edom, anunciada no versículo 31: "E esses são os reis que reinaram em Edom antes que os filhos de Israel tivessem rei".

Ora, se fossem encontrados escritos sem data nos quais, mencionando eventos passados, o escritor dissesse "Isso aconteceu antes de determinado Congresso na América" ou "Aquilo aconteceu antes de determinada Convenção na França", ficaria claro que tais escritos não poderiam ter sido produzidos antes de o Congresso na América ou a Convenção na França acontecerem. Disso se conclui que esses escritos não poderiam ter sido produzidos por uma pessoa que morreu antes de haver esse Congresso em um país, ou aquela Convenção em outro.

Nada é mais comum, tanto nas narrativas quanto nas conversações, do que mencionar um fato no lugar de uma data; é a atitude mais natural, em primeiro lugar, porque um fato se fixa na memória melhor do que uma data, e, em segundo, porque o fato abarca a data e serve para despertar duas ideias ao mesmo tempo. E essa forma de falar indicando circunstâncias transmite a ideia de pretérito tão eficazmente quanto o uso do pretérito propriamente dito. Quando alguém, ao tratar sobre qualquer assunto, diz "Isso aconteceu antes do meu casamento", ou "Antes do nascimento do meu filho", ou "Antes da minha chegada à América", ou "Antes da minha chegada à França", não resta dúvida — e a intenção é essa — de que essa pessoa é casada, de que tem um filho, de que esteve na América ou na França. A linguagem não permite que se empregue essa forma de expressão em nenhum outro sentido; e onde quer que se encontre, ela só pode ser compreendida no sentido em que foi usada.

Portanto, a passagem do versículo 31 que mencionei antes — "E esses são os reis que reinaram em Edom antes que os filhos de Israel tivessem rei" — só pode ter sido escrita depois que o primeiro rei começou a reinar sobre eles; disso se conclui que o Livro do Gênesis, longe de ter sido escrito por Moisés, pode não ter sido escrito até a época de Saul pelo menos. Esse é o sentido objetivo da passagem. Mas a expressão "tivessem rei" supõe mais de um, pelo menos dois deles, e isso remete à época de Davi. Se for tomada no sentido geral, porém, compreende toda a época da monarquia judaica.

Se nós tivéssemos encontrado esse versículo em qualquer parte da Bíblia que supostamente foi escrita depois de os reis começarem a governar em Israel, teria sido impossível não perceber a sua pertinência. Ocorre que os dois Livros das Crônicas, que contam a história de todos os reis de Israel, foram declaradamente escritos depois de iniciada a monarquia judaica; e o trecho que venho mencionando, o versículo 31 do Gênesis, e todos os demais versículos do capítulo 36, estão, praticamente, palavra por palavra, no primeiro capítulo das Crônicas, começando no versículo 43.

Foi com propriedade que o escritor pôde dizer no primeiro Livro das Crônicas, capítulo 1, versículo 43: "Eis os reis que reinaram na terra de Edom antes que um rei governasse os israelitas"; porque ele daria, como de fato deu, uma lista dos reis que haviam reinado em Israel. Como é inviável que a mesma frase tenha sido usada antes desse período, pode-se afirmar com segurança que é possível provar, com base na linguagem histórica, de que essa parte do Gênesis foi tirada das Crônicas, por isso não é tão antigo quanto elas, e provavelmente não é tão antigo quanto a obra de Homero, ou as fábulas de Esopo — partindo-se do pressuposto de que Homero tenha sido, como determinam as tabelas cronológicas, contemporâneo de Davi ou de Salomão, e de que Esopo tenha vivido no final da monarquia judaica.

Se afastarmos a crença de que Moisés foi o autor do Gênesis — crença essa que só se sustenta na estranha afirmação de que esse registro guarda a Palavra de Deus —, ele não passará de um livro anônimo de histórias, fábulas, disparates tradicionais ou inventados e mentiras rematados. As histórias de Eva e a serpente e de Noé e sua arca estão em pé de igualdade com os contos árabes, exceto pelo fato de não serem divertidas; e o relato de homens vivendo até 800 e 900 anos é comparável à imortalidade fabulosa dos gigantes da mitologia.

De mais a mais, a índole de Moisés, como atesta a Bíblia, é mais horrenda do que se poderia imaginar. Se esses relatos forem verdadeiros, ele foi a criatura abominável que iniciou e fomentou guerras usando a religião como pretexto; e sob esse disfarce, ou capricho, cometeu as mais terríveis atrocidades, sem precedentes na história de qualquer nação. Citarei como exemplo apenas um desses atos bárbaros.

Quando o exército judeu retornou de uma de suas campanhas de saques e assassinatos, os seguintes acontecimentos foram narrados (Nm 31,13-8):

> E Moisés, o sacerdote Eleazar e todos os líderes da congregação saíram ao encontro deles fora do acampamento. Moisés, enraivecido contra os generais, com os comandantes de milhares e os comandantes de centenas que voltavam da batalha, disse-lhes: "Quê? Deixastes com vida todas essas mulheres? Mas foram justamente elas que levaram os israelitas a serem infiéis ao Senhor no caso de Peor, que foi também o motivo da calamidade que atingiu a Congregação do Senhor! Matai, portanto, todos os filhos varões e todas as mulheres que se deitaram com homens; mas as jovens que não conheceram homem, deixai-as vivas para vós mesmos".

Se essa passagem for verdadeira, mostra que é impossível encontrar um vilão mais abominável do que Moisés; de todos os facínoras que já desgraçaram a humanidade mundo afora, Moisés é o pior. Ele ordena que meninos sejam abatidos, que as mães sejam massacradas, e que as filhas sejam degradadas.

Ponha-se uma mãe no lugar dessas mães: uma criança assassinada, outra destinada à violação, e ela própria nas mãos de um carrasco. Ponha-se uma filha no lugar dessas filhas, entregues como presas aos assassinos de suas mães e de seus irmãos — o que elas sentiriam? É inútil tentar impor-se sobre a natureza, pois ela seguirá seu curso, e a religião que destrói todos os laços sociais naturais é falsa.

Depois dessa detestável ordem, segue-se um relato (Nm 31,37-40) sobre o saque obtido e a maneira de dividi-lo. Nesse ponto, a crueldade da hipocrisia sacerdotal aumenta o catálogo de crimes.

> E seiscentas e setenta e cinco ovelhas para o tributo do Senhor; e trinta e seis mil bois, dos quais setenta e dois para o tributo do Senhor; e trinta mil e quinhentos jumentos, sessenta e um deles para o tributo do Senhor; e dezesseis mil pessoas, trinta e duas das quais para o tributo do Senhor.

Em resumo, a matéria contida nesse capítulo, assim como em muitas outras partes da Bíblia, é tenebrosa demais para que a humanidade possa ler ou a decência possa ouvir — pois, segundo o versículo 35 desse capítulo, parece que 32 mulheres foram entregues aos seus algozes para lhes saciar a luxúria.

De modo geral, as pessoas não sabem quanta maldade há nessa suposta Palavra de Deus. Moldadas por hábitos de superstição, tomam como certo de que a Bíblia é verdadeira e boa. Não desconfiam da Bíblia, não duvidam dela e associam a ela as suas ideias a respeito da benevolência do Todo-Poderoso. Foram educadas para acreditar que foi escrita segundo a vontade Dele. Que Deus nos ajude, pois nada pode estar mais distante da verdade! É um livro de mentiras, perversidades e blasfêmias — afinal, o que pode ser mais blasfemo do que atribuir a maldade do homem às ordens do Todo-Poderoso?

Voltemos, porém, ao assunto de que eu tratava, ou seja, mostrar que Moisés não é o autor dos livros atribuídos a ele, e que a Bíblia é espúria. Os dois exemplos que já apresentei seriam suficientes, sem o auxílio de nenhuma evidência adicional, para invalidar a autenticidade de qualquer livro que pretendesse ser quatro ou cinco centenas de anos mais antigo do que os eventos de que fala, ou aos quais se refere, como fatos. Como nos casos da perseguição até Dã e dos reis que reinaram sobre os filhos de Israel, nem mesmo uma pálida alegação de profecia pode ser considerada. As frases no pretérito tornariam pura estupidez afirmar que um homem profetizaria expressando-se no passado.

Há muitas outras passagens espalhadas por esses livros que reforçam as evidências. Entre os livros atribuídos a Moisés, lemos: "E os israelitas comeram o maná durante quarenta anos, até chegarem a uma terra inabitada. Comeram o maná até alcançarem os limites da terra de Canaã" (Ex 16,35).

Se os israelitas comeram ou não do maná, ou o que era maná, ou se maná era algo parecido com um tipo de fungo, um pequeno cogumelo ou outra substância vegetal comum àquela parte da região, de nada importa na minha argumentação. Minha intenção é tão somente mostrar que Moisés não pode ter escrito um relato que se estende para além da sua vida e da sua época, que, de acordo com a Bíblia (livro com tantas mentiras e contradições que não é possível saber em qual parte acreditar, se é que existe alguma), morreu num território deserto e nunca chegou às fronteiras da terra de Canaã; consequentemente, Moisés não poderia ter dito o que os israelitas fizeram ou o que comeram quando chegaram lá. O relato a respeito de comer o maná, que nos afirmam ter sido escrito por Moisés, estende-se à época de Josué, seu sucessor; é o que faz parecer o relato contido no Livro de Josué, depois de os israelitas atravessarem o Rio Jordão e alcançarem as fronteiras da terra de Canaã (Js 5,12): "E o maná parou um dia depois de terem comido os grãos da terra. Os israelitas já não tinham mais maná, mas comeram naquele ano o alimento colhido na terra de Canaã".

Porém, no Deuteronômio há um exemplo mais notável que, além de mostrar a impossibilidade de Moisés ser o escritor desse livro, revela as ideias fantasiosas sobre gigantes que prevaleciam naquele tempo. Entre as conquistas atribuídas a Moisés, há um relato da derrota de Og, rei de Basã (Dt 3,11): "Porque apenas Og, rei de Basã, restava da raça dos gigantes. Ainda se pode ver a sua cama feita de ferro; sua cama não está em Rabá, cidade dos amonitas? Tem nove côvados de comprimento e quatro de largura". Um côvado tem de 40 a 50 cm, portanto, o comprimento da cama em questão era de cerca de cinco metros, e a largura de aproximadamente dois metros — medidas feitas para um gigante. Agora a parte histórica que, embora não traga evidências tão diretas e positivas como nos casos anteriores, é muito plausível e substancial, e supera a melhor evidência em contrário.

O escritor, no intuito de provar a existência desse gigante, refere-se à sua cama como uma relíquia antiga, dizendo: "Sua cama não está em Rabá, cidade dos amonitas?". Significa que está; esse é um método usado com muita frequência na Bíblia para se afirmar algo. Porém Moisés não pode ter dito isso, porque nada sabia sobre Rabá nem sobre o que havia lá. A cidade de Rabá não pertencia a esse rei gigante, tampouco era uma das cidades que Moisés havia conquistado. A informação de que essa cama estava em Rabá, bem como os detalhes das suas dimensões, remete provavelmente à época em que a cidade foi tomada, e isso só aconteceu 400 anos depois da morte de Moisés. A respeito disso fala o segundo Livro de Samuel, capítulo 12, versículo 26: "E Joab [general de Davi] cercou Rabá, dos amonitas, e tomou a cidade".

É difícil levar a cabo a tarefa de apontar todas as contradições de tempo, lugar e circunstância que abundam nos livros atribuídos a Moisés, provando que não foram escritos por ele.

Em primeiro lugar, o Livro de Josué, assim como os anteriores, está escrito em terceira pessoa; é o historiador quem fala, pois teria sido absurdo e presunçoso que Josué escrevesse a respeito de si mesmo o que se lê dele no último versículo do capítulo 6: "E a sua fama se espalhou por toda a terra". Passo agora imediatamente à minha demonstração.

No capítulo 24, versículo 31, desse livro, lê-se: "E Israel serviu o Senhor durante todos os dias da vida de Josué, e também enquanto viveram os anciãos depois de Josué". Em nome do bom senso, é possível que o próprio Josué tenha relatado o que as pessoas fizeram depois de sua morte? Esse relato deve ter sido escrito por um historiador que viveu não apenas depois de Josué, mas também depois dos anciãos que sobreviveram a ele.

Encontram-se espalhadas pelo Livro de Josué diversas passagens indicativas de tempo, as quais impõem distância entre a época em que o livro foi escrito e a época de Josué, porém sem registrar expressamente nenhum período em particular, como na passagem citada no parágrafo anterior. Nela, não há descrição de espécie alguma do intervalo que separa a morte de Josué da morte dos anciãos, mas as informações comprovam que o livro não poderia ser escrito antes da morte desses anciãos.

Embora as passagens às quais me refiro, e que vou citar, não especifiquem nenhum período de modo exato, indicam uma época muito mais distante dos dias de Josué do que a que está registrada entre a morte dele e a dos anciãos. Tomemos a passagem (Js 10,13) na qual, depois do relato de que o sol se deteve sobre Gibeão e a lua sobre o Vale de Aijalom, sob o comando de Josué (uma história que poderia entreter apenas crianças), se lê no próximo versículo: "Não houve nem antes nem depois um dia como aquele, em que o Senhor tenha dado ouvidos à voz de um homem".

Essa história a respeito do sol parando imóvel sobre o Monte Gibeão e da lua sobre o Vale de Aijalom é uma fábula das mais evidentes. Tal circunstância não poderia acontecer sem que o mundo inteiro tomasse conhecimento dela. Metade das pessoas no mundo teria se perguntado por que o sol não nasceu, e a outra metade por que ele não se pôs. E assim a tradição seria universal, embora não exista no mundo nenhuma nação que saiba desse fenômeno. Mas por que a lua precisaria ficar parada? Por qual motivo haveria a lua de brilhar durante o dia, junto com o sol? Como linguagem poética, o todo funciona bem; é semelhante àquela passagem do cântico de Débora e Barac (Jz 5,20): "No céu as estrelas combateram, de suas órbitas lutaram contra Sísara". É inferior, contudo, à declaração metafórica de Maomé às pessoas que o censuraram por sua pregação: "Ó meu tio, se em minha mão direita colocassem o sol e em minha mão esquerda a lua, ainda assim eu não abandonaria a minha missão". Para superar Maomé, Josué teria de enfiar o sol em um bolso e a lua no outro e carregá-los consigo (como Guy Fawkes[11] carregava a sua lanterna escura), tirando-os dali para que brilhassem quando assim desejasse.

O sublime e o ridículo muitas vezes estão tão ligados que é difícil avaliar cada um separadamente. Um milímetro acima do sublime o transforma em ridículo, e um milímetro acima do ridículo o transforma em sublime de novo. O relato, contudo, livre da fantasia poética, mostra a ignorância de Josué, pois ele devia ter ordenado que a Terra parasse.

Na passagem "Não houve nem antes nem depois um dia como aquele, em que o Senhor tenha dado ouvidos à voz de um homem" (Js 10,13), a expressão "nem depois" — isto é, depois daquele dia —, se comparada com todo o tempo que transcorreu antes, deve, a fim de conferir algum significado à passagem, representar um grande intervalo. Por exemplo, teria sido ridículo dizer "nem no próximo dia", ou "nem na próxima semana", ou "nem no próximo mês", ou "no próximo ano". Portanto, para dar significado à passagem, segundo o mistério ao qual está relacionada e o tempo ao qual se refere, deve sugerir centenas de anos; menos de um ano seria insignificante, e menos de dois seria pouco plausível.

Um tempo distante, porém indefinido, também é expresso no relato após a tomada da cidade de Hai, no qual se lê (Js 8,28): "Josué incendiou a cidade de Hai, transformando-a para sempre num monte de cinzas, numa desolação que permanece até hoje". E novamente no versículo seguinte, em que, a respeito do rei de Hai (que Josué enforcara e enterrara na entrada da cidade), se lê: "E Josué empilhou sobre o cadáver um grande monte de pedras, que lá permanece até o dia de hoje", isto é, até o dia ou a época em que o escritor do Livro de Josué viveu. E de novo no capítulo 10, no qual, depois do relato sobre os cinco reis que Josué havia pendurado um em cada árvore e mais tarde atirado numa caverna, se lê: "E amontoaram na entrada da caverna grandes pedras, que lá se encontram até hoje".

O capítulo 15 enumera as várias proezas de Josué, assim como as tribos e os lugares que conquistou ou tentou conquistar. Lê-se no versículo 63: "Quanto aos jebuseus que habitavam Jerusalém, eles não foram expulsos pelos filhos de Judá, mas os jebuseus ainda habitam em Jerusalém com os filhos de Judá". Eis a dúvida sobre essa passagem: em que época os jebuseus e os filhos de Judá viveram juntos em Jerusalém? Essa questão volta a surgir no primeiro capítulo dos Juízes, por isso cessarei minhas observações a respeito do assunto até chegarmos a tal abordagem.

Assim, depois de demonstrar — usando o próprio Livro de Josué, sem nenhuma outra evidência adicional — que ele não é o seu autor, sendo uma produção anônima (desprovida de confiabilidade), passo a abordar o Livro dos Juízes, como mencionei há pouco.

Ao que parece, o Livro dos Juízes é anônimo, portanto é pura pretensão querer encontrar nele a Palavra de Deus. Não conta nem mesmo com uma testemunha, é totalmente ilegítimo.

A expressão encontrada no início do Livro de Josué, capítulo 1, versículo 1 — "Depois da morte de Moisés" etc. —, também consta no Livro dos Juízes: "Depois da morte de Josué" etc. Isso, e a similaridade de ambos os livros quanto ao estilo, indica que são trabalho do mesmo autor; trata-se, porém, de um autor totalmente desconhecido. O único aspecto que o Livro dos Juízes prova é que o seu autor viveu muito tempo depois da época de Josué. Isso porque, embora inicie indicando um momento imediatamente seguinte ao da sua morte, o segundo capítulo é um resumo do livro inteiro, o qual, de acordo com a cronologia bíblica, apresenta uma história que se estende por um período de 306 anos — ou seja, desde a morte de Josué, em1426 a.C., até a morte de Sansão, em1120 a.C., e apenas 25 anos antes de Saul ter saído em busca dos jumentos do pai e ser consagrado rei. Mas há uma boa razão para acreditar que o livro não tenha sido escrito até o tempo de Davi, pelo menos, e que o Livro de Josué não foi escrito antes dessa mesma época.

No primeiro capítulo dos Juízes, depois de anunciar a morte de Josué, o autor passa a contar o que aconteceu entre os juditas e os habitantes da terra de Canaã. Nesse relato, tendo abruptamente mencionado Jerusalém (Jz 1,7), o autor diz, no versículo seguinte, a título de explicação: "E os juditas investiram contra Jerusalém e a tomaram". Esse livro, portanto, não pode ter sido escrito antes de Jerusalém ser invadida. O leitor deve se lembrar da citação que fiz, alguns momentos atrás, sobre os jebuseus habitarem com os juditas em Jerusalém até esse dia (Js 15,63), significando a época na qual o Livro de Josué foi escrito.

As evidências que apresentei provam que os livros abordados até então não foram escritos pelas pessoas às quais foram atribuídos, e sim muitos anos depois da morte delas — se é que tais pessoas existiram de fato. Essas evidências são tão abundantes que posso me dar ao luxo de reconhecer que essa passagem carrega menos importância do que estava decidido a conferir a ela. O caso é que, a julgar pelo que nos conta a Bíblia, a cidade de Jerusalém não foi tomada até a época de Davi; consequentemente, os Livros de Josué e dos Juízes não foram escritos até o início do reinado de Davi, 370 anos depois da morte de Josué.

O nome da cidade mais tarde chamada de Jerusalém era originalmente Jebus, a capital dos jebuseus. O relato da tomada dessa cidade por Davi consta em 2 Samuel, capítulo 5, versículo 4 etc., e também no 2 Livro das Crônicas, capítulo 14, versículo 4 etc. Não há menção na Bíblia de que a cidade fora tomada antes, tampouco algum relato que favoreça essa opinião. Não consta em Samuel nem em Crônicas que massacraram homens, mulheres e crianças; que não pouparam da morte nenhuma criatura que respirasse, como vemos nas narrativas de suas outras conquistas. E o silêncio observado nesse caso indica que a cidade foi conquistada por rendição, e que os jebuseus, os habitantes originais, continuaram a viver no lugar após a conquista. Portanto, o relato contido no Livro de Josué de que os jebuseus coabitaram com os juditas em Jerusalém, até esse dia, corresponde à época posterior à conquista da cidade por Davi.

Depois de demonstrar que todos os livros que compõem o Antigo Testamento, desde Gênesis até Juízes, são desprovidos de autenticidade, passo ao Livro de Rute, uma história claudicante e de má qualidade, narrada tolamente por sabe-se lá quem, sobre uma camponesa que se deita sorrateira ao lado do parente Boaz. Nada mal para um livro que pretende ser a Palavra de Deus! Contudo, é um dos melhores livros da Bíblia, já que não contém assassinato nem devastação.

Em seguida abordo ambos os livros de Samuel, os quais procuro mostrar que não foram escritos por ele, pois surgiram muito tempo após a sua morte. São, ainda, como todos os livros anteriores: anônimos e desprovidos de confiabilidade.

Para constatar que esses livros foram escritos muito tempo depois da época em que Samuel viveu, impossibilitando-o de ser o seu autor, basta ler o relato de Saul que, em busca dos jumentos do pai, encontra-se com Samuel para lhe perguntar sobre eles — assim como fazem as pessoas tolas, nos dias de hoje, que vão ter com um feiticeiro para lhes dizerem onde estão suas coisas perdidas.

O escritor, ao relatar essa história de Saul, Samuel e os jumentos, não o faz como se ocorresse em sua própria época, e sim como se pertencesse a um período antigo. Para contá-la, ele emprega uma linguagem usada nos tempos em que Samuel viveu, o que o obriga a explicar a história segundo os termos ou a linguagem usada na época em que ele próprio, o escritor, viveu.

Samuel, segundo é contado no primeiro dos seus livros, no capítulo 9, é chamado de "vidente"; e Saul refere-se assim a ele quando o procura: "E enquanto subiam [Saul e seu servo] a encosta da cidade, encontraram algumas moças que iam buscar água. Perguntaram a elas: 'O vidente se encontra aqui?'" (1 Sm 9,2). Saul então segue as orientações delas, encontra Samuel e, sem saber de quem se tratava, lhe diz: "'Rogo-te que me digas onde fica a casa do vidente'. E Samuel respondeu a Saul, dizendo: 'Eu sou o vidente'" (1 Sm 9,18).

Tendo em vista que o escritor do Livro de Samuel relata essas perguntas e respostas na linguagem ou maneira de falar da época, e que elas estavam fora de uso quando as redigiu, ele acreditou ser necessário explicá-las a fim de tornar a história compreensível ao longo dessas perguntas e respostas. Faz isso no versículo 9, por exemplo, quando diz: "Antigamente, em Israel, quando alguém ia consultar a Deus dizia: 'Vamos ao vidente', pois na época o vidente era o que hoje denominamos profeta". Isso prova, como já disse anteriormente, que essa história de Saul, Samuel e os jumentos era antiga na época em que o Livro de Samuel foi escrito, portanto não é de autoria dele, e esse livro não possui legitimidade.

Se nos aprofundarmos melhor nesses livros, contudo, veremos que são ainda mais positivas as evidências de que Samuel não é seu autor, pois relatam coisas que só aconteceram muitos anos após a sua morte. Samuel morreu antes de Saul, como lemos em 1 Samuel, capítulo 28, quando Saul e a curandeira de Endor invocaram a presença dele depois de morto. A história das situações contidas nesses livros, porém, estende-se pela parte restante da vida de Saul e alcança a parte final da vida de Davi, que o sucedeu. O relato da morte e do enterro de Samuel (evento sobre o qual ele mesmo não poderia ter escrito) é oferecido em 1 Samuel, capítulo 25, e a cronologia firmada para esse capítulo o situa em 1060 a.C. — embora a história desse primeiro livro o situe em 1056 a.C. —, ou seja, a morte de Saul ocorreria apenas quatro anos após a morte de Samuel.

O segundo livro de Samuel inicia relatando coisas que só aconteceram quatro anos após a sua morte. Ele inicia com o reinado de Davi, que sucedeu a Saul, e segue até o final desse reinado, 43 anos após a morte de Samuel. Portanto, os próprios livros fornecem uma evidência clara de que Samuel não os escreveu.

Até agora examinei todos os livros da primeira parte do Antigo Testamento, associados a nomes apresentados como os de seus autores — a Igreja que se denomina Igreja Cristã impôs ao mundo a ideia de que foram escritos por Moisés, Josué e Samuel, porém detectei e provei a falsidade dessa imposição. Agora, sacerdotes de todas as denominações religiosas, vocês que discursam e escrevem contra a primeira parte de *A era da razão*, o que têm a dizer? Com essa quantidade de evidências contra vocês, será que ainda terão coragem de marchar rumo aos seus púlpitos e continuar impondo à sua congregação esses livros, apresentando-os como obras de escritores inspirados e como a Palavra de Deus, quando está claro como água que as pessoas que afirmam ser seus autores não o são, e que vocês não sabem quem são? Que tipo de pretexto usarão para prosseguir com a fraude blasfema? Que argumentos vocês ainda têm a contrapor à religião pura e moral do Deísmo para sustentar o seu sistema de hipocrisia, idolatria e falsa revelação? Se as ordens cruéis e sanguinárias fartamente presentes na Bíblia — e as incontáveis execuções atrozes de homens, mulheres e crianças em consequência dessas ordens — tivessem sido atribuídas a seus amigos cuja memória vocês reverenciavam, vocês se encheriam de satisfação ao detectar a falsidade da acusação, e sem pensar duas vezes defenderiam a sua reputação manchada. Por que se interessam pelas horríveis histórias da Bíblia, ou as escutam com solene indiferença? É porque estão mergulhados na crueldade da superstição, ou não se importam com a honra do seu Criador?

As evidências que obtive — e ainda devo obter no curso deste trabalho — para provar que a Bíblia não tem legitimidade irão (embora sejam recebidas como ofensa pela intransigência dos sacerdotes) aliviar e tranquilizar a mente de milhões de pessoas. Essas evidências as libertarão de todos os pensamentos ruins sobre o Todo-Poderoso introduzidos na cabeça delas pela artimanha clerical e pela Bíblia — pensamentos que mantêm eterna oposição a todas as ideias de justiça moral e de benevolência do Senhor.

Abordarei agora os dois Livros dos Reis, e os dois Livros das Crônicas, que são históricos e abarcam principalmente a vida e os atos dos reis judeus, um bando de canalhas, de modo geral. Mas esses assuntos despertam menos o nosso interesse do que os imperadores romanos ou o relato de Homero a respeito da guerra de Troia. Além disso, tendo em vista que essas obras (os Livros dos Reis) são anônimas, e que nada sabemos sobre quem as escreveu nem sobre a sua índole, é impossível considerarmos que grau de crédito dar às questões nelas relatadas. Como todas as histórias antigas, os Livros dos Reis parecem ser uma mistura de fantasia e fatos, e de coisas prováveis e improváveis, que, devido ao seu distanciamento no tempo e no espaço, bem como à mudança do cenário mundial, acabaram obsoletas e desinteressantes.

Minha abordagem principal com relação a esses livros será compará-los uns com os outros, e com outras partes da Bíblia, a fim de mostrar a confusão, a contradição e a crueldade nessa suposta Palavra de Deus.

O primeiro Livro dos Reis começa com o reino de Salomão, o qual, de acordo com a cronologia bíblica, existiu em 1015 a.C. O segundo Livro dos Reis termina em 588 a.C., pouco depois do reino de Zedequias. Nabucodonosor, após tomar Jerusalém e submeter os judeus, levou Zedequias como prisioneiro para a Babilônia. Os dois livros compreendem um intervalo de 427 anos.

Os dois Livros das Crônicas trazem histórias que se repetem em outros livros da Bíblia, porém contadas por um autor diferente; pois seria absurdo supor que o mesmo autor tenha escrito a mesma história duas vezes. O primeiro Livro das Crônicas (depois de expor a genealogia de Adão a Saul, o que toma os nove primeiros capítulos) inicia com o reino de Davi, e o segundo termina como no último Livro dos Reis, logo depois do reinado de Zedequias, em cerca de 588 a.C. Os dois últimos versículos do último capítulo fazem a história avançar mais 52 anos, isto é, até 536. Mas esses versículos não pertencem ao livro, como pretendo demonstrar quando comentar o Livro de Esdras.

Os dois Livros dos Reis, além da história de Saul, Davi e Salomão, que reinou sobre toda Israel, contêm um resumo das vidas de dezessete reis e uma rainha de Judá, e de dezenove reis de Israel. Isso porque, imediatamente após a morte de Salomão, a nação judaica dividiu-se em duas partes, que escolheram cada qual seu rei, e se envolveram nas mais rancorosas guerras uma com a outra.

Não se pode esperar muito mais do que histórias de assassinatos, traição e guerras em ambos os Livros dos Reis. As crueldades que os judeus estavam acostumados a praticar contra os cananeus — cujo país os judeus haviam invadido de maneira selvagem sob o pretexto de que Deus lhes prometera Canaã —, mais tarde, passaram a ser praticadas uns contra os outros com a mesma fúria. Grande parte dos seus reis não teve morte natural, e em alguns casos famílias inteiras foram destruídas para que a posse do sucessor fosse assegurada; e ele próprio, após alguns poucos anos, às vezes poucos meses (ou até menos), acabava também sendo morto.

No décimo capítulo do segundo Livro dos Reis há um relato a respeito de duas cestas cheias de cabeças de crianças — setenta no total — expostas na entrada da cidade. Essas crianças eram os filhos de Acabe, e foram assassinadas por ordem de Jeú; ocorre que Eliseu, suposto homem de Deus, ungira Jeú rei de Israel, com o propósito de cometer essa proeza sanguinária e assassinar o seu predecessor. E no relato sobre o reinado de Manaém, o rei de Israel que havia matado Selum (que reinara não mais de um mês), lê-se que (2 Reis 15,16) Manaém arrasou a cidade de Tapsa porque os portões não lhe foram abertos; e todas as mulheres grávidas que lá se encontravam tiveram o ventre rasgado por ele.

Se nós nos permitíssemos supor que o Todo-Poderoso resolveu conceder a uma nação a honra de ser o Seu povo escolhido, haveríamos de presumir que esse povo representasse um exemplo da mais pura piedade e humanidade a todo o resto do mundo — e não uma nação de facínoras e degoladores como foram os antigos judeus, um povo que, corrompido por monstros e impostores como Moisés, Aarão, Josué, Samuel e Davi, se destacou de todos os outros povos então existentes na Terra por sua barbaridade e perversidade. Se não insistíssemos teimosamente em fechar os olhos e endurecer o coração, seria impossível não vermos — apesar de toda a superstição desde sempre imposta à nossa mente — que a denominação bajuladora de "povo escolhido" não passa de uma mentira que os sacerdotes e líderes dos judeus inventaram para encobrir a sua própria baixeza de caráter; e os sacerdotes cristãos, às vezes tão corruptos e com frequência tão cruéis quanto os judeus, professaram esse credo.

Os dois Livros das Crônicas são uma repetição dos mesmos crimes, mas a história é truncada em diversos pontos pelo autor, deixando de fora o reinado de alguns dos seus reis. Nessa obra, assim como nos Livros dos Reis, são tão frequentes as transições de reis de Judá para reis de Israel, e vice-versa, que a narrativa é obscura quando lida. Às vezes, vemos a mesma história como contraditória. Por exemplo, no segundo Livro dos Reis, capítulo 1, versículo 17, somos informados (em termos um tanto vagos) que depois da morte de Ocozias, rei de Israel, Jorão (que era da casa de Acabe) reinou em seu lugar, no segundo ano de Jorão, filho de Josafá, rei de Judá. E no mesmo livro, no capítulo 8, versículo 16, lê-se: "E no quinto ano de Jorão, filho de Acabe, rei de Israel, sendo Josafá rei de Judá, Jorão tornou-se rei de Judá". Ou seja: em um capítulo lemos que Jorão de Judá começou a reinar no segundo ano de Jorão de Israel; e no outro capítulo lemos que Jorão de Israel começou a reinar no quinto ano de Jorão de Judá.

Muitos dos mais extraordinários relatos de uma história ocorridos durante o reinado desse ou daquele rei não são encontrados em outra história envolvendo o reinado do mesmo rei. Por exemplo, os dois primeiros reis rivais depois da morte de Salomão foram Jeroboão e Roboão; e em 1 Reis, nos capítulos 12 e 13, é relatado que Jeroboão fazia uma oferenda subindo ao altar para queimar incenso, quando alguém, chamado na ocasião de "homem de Deus", começou a bradar contra o altar:

"Altar! Altar! Assim diz o Senhor: 'Uma criança nascerá na casa de Davi, e se chamará Josias. E sobre ti ele imolará os sacerdotes dos lugares altos que queimam incenso sobre ti, e ossos humanos serão queimados sobre ti'." E ao ouvir as palavras de ameaça proferidas pelo homem de Deus contra o altar de Betel, o rei Jeroboão levantou a mão que mantinha no altar e disse: 'Prendei-o'. Porém a mão que ele estendeu na direção do homem secou, de maneira que Jeroboão não pôde trazê-la de volta para si. (1 Rs 13,2-4)

Seria de esperar que um caso tão extraordinário assim (descrito em tom de condenação), tendo acontecido ao líder de uma das partes, passasse a figurar (se fosse mesmo verdadeiro) em ambas as histórias assim que ocorresse a separação dos israelitas em duas nações. Contudo, embora os homens antigamente tenham acreditado em tudo o que os profetas lhes disseram, não parece que esses profetas ou historiadores acreditassem uns nos outros; eles certamente se conheciam bem.

Também em Reis, há um longo relato sobre Elias. Estende-se por vários capítulos e se encerra desta maneira: "Seguiam o seu caminho, e conversavam, quando de súbito surgiu um carro de fogo com cavalos de fogo e os separou, e num turbilhão Elias foi alçado ao céu" (2 Reis 2,11). Hum, muito estranho o autor das Crônicas não ter mencionado uma história tão miraculosa, embora tenha mencionado Elias pelo nome. Ele também nada disse sobre a história relatada no segundo capítulo do mesmo Livro dos Reis, na qual um bando de garotos gritou "Eliseu careca! Careca!" e esse "homem de Deus", conforme lemos no versículo 24, "Voltou-se para eles, fitou-os e os amaldiçoou em nome do Senhor; e nesse mesmo instante duas ursas saíram da floresta e fizeram em pedaços quarenta e duas dessas crianças". O autor das Crônicas também ignora a história de que, quando enterravam um homem, em dado momento, o morto foi atirado no túmulo de Eliseu, tocou os ossos dele, voltou à vida e se levantou (2 Reis 13,21). Embora tenha revivido e ficado em pé, o relato não nos diz se o homem foi enterrado ou puxado novamente para cima e retirado da cova. Sobre todas essas histórias, o escritor das Crônicas mantém tanto silêncio quanto manteria um autor atual que não quereria ser acusado de mentir ou até de cometer exageros na narrativa.

Embora esses dois historiadores possam divergir um do outro a respeito de seus relatos, ambos silenciam sobre os chamados profetas, cujos escritos tomam conta da parte final do Antigo Testamento. Isaías, contemporâneo de Ezequias, é mencionado em Reis e em Crônicas quando os historiadores falam desse reinado; contudo, exceto por uma ou duas ocasiões no máximo, e mesmo assim muito superficialmente, nenhum dos profetas restantes é sequer comentado, não há nem uma pista sobre a existência deles. Ocorre que, de acordo com a cronologia da Bíblia, eles viveram na época em que essas histórias foram escritas, e alguns deles viveram muito antes. Se na sua época esses profetas, como são chamados, tivessem de fato a enorme importância que lhes foi atribuída por compiladores da Bíblia, sacerdotes e exegetas, como se explica que nada seja dito sobre eles nessas histórias?

A história nos Livros dos Reis e das Crônicas foi apresentada, como já expliquei anteriormente, até 588 a.C. Portanto, é recomendável investigar quais desses profetas viveram antes desse período.

Segue-se uma tabela reunindo todos os profetas, e também os períodos nos quais viveram antes de Cristo, de acordo com a cronologia acrescentada ao primeiro capítulo de cada um dos livros deles. Essa tabela mostra também o intervalo entre o período em que eles viveram e que os Livros dos Reis e das Crônicas foram escritos.

TABELA DOS PROFETAS

NOMES	ANO A.C.	ANO ANTES DAS OBSERVAÇÕES EM REIS E NAS CRÔNICAS	
Isaías	760	172	Mencionado
Jeremias	629	41	Mencionado apenas no último capítulo das Crônicas
Ezequiel	595	7	Não mencionado
Daniel	607	19	Não mencionado
Oseias	785	97	Não mencionado
Joel	800	212	Não mencionado
Amós	78	199	Não mencionado
Abdias	78	199	Não mencionado
Jonas	862	274	Ver nota 12
Miqueias	750	162	Não mencionado
Naum	713	125	Não mencionado
Habacuc	620	38	Não mencionado
Sofonias	630	42	Não mencionado
Ageu	Depois de 588		
Zacarias	Depois de 588		
Malaquias	Depois de 588		

Ou essa tabela não é muito digna de confiança para os historiadores da Bíblia, ou não é muito digna de confiança para os profetas da Bíblia; e deixo para os sacerdotes e os estudiosos, tão versados nas pequenas coisas, a tarefa de estabelecer a etiqueta entre os dois, e de informar um motivo para que os autores dos Livros dos Reis e das Crônicas tenham tratado esses profetas — os quais descrevi como "poetas" na primeira parte de *A era da razão* — com um silêncio verdadeiramente degradante.

Tenho apenas mais uma observação a fazer sobre o Livro das Crônicas, e então voltarei a minha atenção para os demais livros da Bíblia.

Nas minhas observações sobre o Livro do Gênesis, mencionei uma passagem do capítulo 36, versículo 31, que se refere claramente a uma época posterior àquela que os reis começaram a reinar sobre os israelitas. Mostrei que esse versículo 31 é idêntico ao versículo 43 do primeiro capítulo das Crônicas, no qual a passagem se ajusta à sequência da história de modo consistente, diferente do que ocorre no Gênesis. Tendo isso em vista, mostrei também que esse versículo do Gênesis e uma grande parte do capítulo 36 foram tirados do Livro das Crônicas; e que Gênesis, embora seja o livro que inicia a Bíblia, atribuído a Moisés, foi elaborado por uma pessoa desconhecida depois que o Livro das Crônicas foi escrito — e esse livro só foi escrito, pelo menos, 860 anos depois da época de Moisés.

A evidência pela qual me orientei para apresentar essa questão é consistente e possui apenas duas vertentes. Em primeiro lugar, a passagem que consta no Gênesis remete ao tempo das Crônicas. Em segundo, o Livro das Crônicas, no qual essa passagem está inserida, só começou a ser escrito pelo menos 860 anos depois do tempo de Moisés. Para provar isso, nós só precisamos consultar o capítulo 3, versículo 13, do primeiro Livro das Crônicas, no qual o escritor menciona Zedequias ao oferecer a genealogia dos descendentes de

Davi. E foi na época de Zedequias que Nabucodonosor conquistou Jerusalém, 588 anos antes de Cristo e, consequentemente, mais de 860 anos depois de Moisés. Aqueles que de modo supersticioso exaltaram a antiguidade da Bíblia, particularmente a antiguidade dos livros atribuídos a Moisés, o fizeram sem investigação e evidência, a não ser a de um homem crédulo contando a outro — porque, em termos de evidências histórica e cronológica, o primeiro livro da Bíblia surgiu cerca de 300 anos depois da obra de Homero, e apresenta aproximadamente a mesma idade que as fábulas de Esopo.

Eu não estou argumentando a favor da moralidade de Homero. Pelo contrário, vejo em sua obra uma falsa glória, e acredito que inspire noções de honra imorais e perversas. Quanto a Esopo, embora a sua moral seja justa de maneira geral, a fábula é cruel na maioria das vezes; e o dano que sua crueldade causa ao coração — sobretudo das crianças — supera o bem que a moral faz ao discernimento.

Deixo agora de lado os Livros dos Reis e das Crônicas, e passo a tratar do livro seguinte: o de Esdras.

Como uma prova — entre outras que fornecerei — da confusão que caracteriza a elaboração dessa pretensa Palavra de Deus, a Bíblia, e também da incerteza a respeito da sua autoria, basta que consultemos os três primeiros versículos de Esdras e os dois últimos das Crônicas. Que tipo de corte e desordem transportou os três primeiros versículos de Esdras para os dois últimos versículos das Crônicas, ou os dois últimos versículos das Crônicas para os três primeiros de Esdras? Ou os autores não conheciam os próprios trabalhos ou os compiladores não conheciam os autores.

O último versículo das Crônicas é interrompido abruptamente no meio da frase com a palavra "suba", sem que se possa saber para onde. Essa súbita interrupção, e o aparecimento dos mesmos versículos em livros diferentes, revela (como eu já havia observado) a confusão e a ignorância presentes na elaboração da Bíblia, e que os seus compiladores não tinham legitimidade para fazer o que estavam fazendo, nem nós temos legitimidade por acreditar no trabalho que eles fizeram[13].

Os dois últimos versículos das Crônicas:

> No primeiro ano de Ciro, rei da Pérsia, para que fosse cumprida a profecia do Senhor, colocada na boca de Jeremias, o Senhor despertou o espírito de Ciro, rei da Pérsia, e em todo o seu reino Ciro mandou fazer, pela palavra escrita e falada, esta proclamação: Assim fala Ciro, rei da Pérsia: "Todos os reinos da terra foram dados a mim pelo Senhor, Deus do céu; e Ele me encarregou de Lhe construir um templo em Jerusalém, que está em Judá. Quem entre vós faz parte do Seu povo? Que o seu Deus esteja com ele, e que ele suba".

Os três primeiros versículos de Esdras:

> No primeiro ano de Ciro, rei da Pérsia, a fim de que se cumprisse a profecia do Senhor colocada na boca de Jeremias, o Senhor despertou o espírito de Ciro, rei da Pérsia, o qual mandou que se fizesse em todo o seu reino, pela palavra escrita e pela falada, esta proclamação: Assim fala Ciro, rei da Pérsia: "Todos os reinos da terra foram dados a mim pelo Senhor, Deus do céu; e Ele me encarregou de Lhe construir um templo em Jerusalém, que está em Judá. Quem entre vós pertence a Seu povo? Que seu Deus o acompanhe, e suba a Jerusalém, que está em Judá, e construa o templo do Senhor, Deus de Israel, o Deus que está em Jerusalém".

A única coisa na qual se pode acreditar com alguma segurança no Livro de Esdras é a época em que foi escrito — imediatamente depois do retorno dos judeus do cativeiro na Babilônia, em cerca de 536 a.C. Esdras estava entre os que retornaram, e foi quem provavelmente escreveu o relato desse episódio. Neemias, cujo livro se segue ao de Esdras, foi outro dos que retornaram. E também é provável que tenha sido ele quem escreveu o relato do mesmo episódio no livro que traz seu nome. Mas esses relatos não significam nada para ninguém exceto os judeus, pois são parte da história da sua nação; e a Palavra de Deus está tão presente nesses livros quanto em *História da Inglaterra*, de Paul de Rapin, ou em qualquer livro sobre a história da França, ou sobre a história de qualquer outro país.

Nenhum desses escritores, porém, deve ser levado a sério nem mesmo em questões de registro histórico. No segundo capítulo de Esdras, o escritor fornece uma lista de tribos e famílias, bem como o número exato de membros de cada uma que havia retornado da Babilônia para Jerusalém. Esse registro de pessoas repatriadas parece ter sido um dos principais objetivos desse livro, mas há nisso um erro que destrói a intenção da tarefa.

O escritor inicia a sua lista da seguinte maneira: "Filhos de Faros: dois mil cento e setenta e dois. Filhos de Safatias: trezentos e setenta e dois" (Esd 2,3-4). E assim o escritor prossegue registrando todas as famílias, até que, no versículo 64, soma o número total e diz: "O número de membros total da congregação era de quarenta e duas mil e trezentas e sessenta pessoas".

Contudo, quem se der ao trabalho de somar os muitos números verá que o total não passa de 29.818 pessoas, um erro de 12.542. Será que existe alguma informação na Bíblia em que se possa confiar?

Da mesma forma, Neemias forneceu uma lista das famílias repatriadas, e do número de membros de cada família. Como em Esdras, ele começa dizendo: "Filhos de Faros, dois mil e cento e setenta e dois" (Ne 7,8); e faz o mesmo com todas as famílias. Essa lista difere bastante da de Esdras. No versículo 66, Neemias faz a soma total e diz, como Esdras: "O número de membros total da congregação era de quarenta e duas mil e trezentas e sessenta pessoas". Mas o número de pessoas nessa lista na verdade soma 31.089, ou seja, o erro nesse caso chega a 11.271 indivíduos. Esses escritores são eficientes quando se trata de fazer Bíblias, mas são uma negação quando é necessário aplicar a verdade e a precisão.

O próximo livro a ser abordado é o Livro de Ester. Se a Sra. Ester considerou que havia honra em se oferecer como amante regular de Assuero, ou em se tornar rival da rainha Vasti — que havia recusado se juntar a um rei bêbado e a um bando de gente bêbada para servir-lhes de atração (segundo os relatos, eles haviam bebido e estavam alegres) —, isso é problema dela e de Mordecai, não nosso. Não meu, pelo menos. Além do mais, há fortes indícios de que a história seja fantasiosa e, como se não bastasse, anônima. Passemos ao livro seguinte.

O Livro de Jó tem características diferentes de todos os livros de que já falamos até agora. Traição e assassinato não figuram nele; encontram-se as reflexões de uma mente fortemente marcada pelas dificuldades da vida humana, que ora sucumbe ante a adversidade, ora luta contra ela. É uma obra complexa em sua elaboração, que oscila entre a submissão voluntária e a insatisfação involuntária, e mostra um homem incapaz de ser tão resignado quanto gostaria (como às vezes acontece). A paciência não é uma característica relevante no personagem de que trata o livro; pelo contrário, muitas vezes há impaciência em sua dor, mas ele ainda se esforça para mantê-la sob controle e parece determinado a impor a si mesmo o duro dever do contentamento, mesmo em meio às desgraças acumuladas em sua vida.

Eu havia falado sobre esse livro respeitosamente na parte anterior de *A era da razão*, porém não sabia naquela ocasião o que sei agora — que o Livro de Jó não faz parte da Bíblia, como mostram todas as evidências que pude reunir.

Examinei a opinião de dois comentaristas judeus, Abenezra e Espinosa, sobre esse assunto. Ambos afirmam que o Livro de Jó não exibe evidências internas de que seja judeu. Também afirmam que o gênio dramático que criou a obra não é judeu, que a obra foi traduzida de outra língua para o hebraico e que o autor do livro era um gentio. Afirmam, ainda, que o personagem denominado Satanás (naquela que é a primeira e única vez que esse nome é mencionado na Bíblia) não corresponde a nenhum conceito hebreu, e que são o mesmo caso as duas convocações que a Deidade supostamente faz daqueles chamados "filhos de Deus" no poema e a familiaridade com que Satanás presumivelmente teria com a Deidade.

Também é possível observar que o livro é produto de uma mente instruída na ciência; e os judeus, longe de serem conhecidos nesse sentido, eram bastante ignorantes nele. As alusões a questões de filosofia natural são frequentes e robustas, e diferentes de qualquer coisa nos livros tipicamente hebreus. Os nomes ligados à astronomia — Plêiades, Orion e Arcturus — são gregos, não hebreus, e não parece haver nada na Bíblia que indique que os judeus conhecessem algo sobre astronomia, ou que a tenham estudado. Eles não tinham a tradução desses nomes na própria língua, mas os adotaram como encontraram no poema.

Não há dúvida de que os judeus traduziram para o hebraico as produções literárias das nações gentias, e as misturaram com as suas próprias produções. O capítulo 31 de Provérbios é uma evidência disso; nele se lê, no versículo 1: "As palavras do rei Lamuel, que lhe foram ensinadas por sua mãe". Esse versículo corresponde a um prefácio para os Provérbios seguintes, e que não são de Salomão, e sim de Lamuel, o qual não foi um dos reis de Israel nem de Judá, mas de algum outro país — consequentemente, um gentio. Os judeus, contudo, adotaram os provérbios dele. Porém, não podem informar quem foi o autor do Livro de Jó, como o livro surgiu, por que tem características diferentes dos escritos dos hebreus e por que não tem ligação alguma com outro livro ou capítulo da Bíblia, anterior ou posterior a ele — desse modo, todas as evidências circunstanciais indicam que se trata originalmente de um livro dos gentios[14].

Os responsáveis pela Bíblia e os versados em datação, os cronologistas, aparentemente não souberam ao certo onde situar o Livro de Jó e qual destino dar a ele, porque não contém nenhuma circunstância histórica e nenhuma alusão a nada que possa determinar o seu lugar entre os demais livros. Contudo, não estava nos planos desses homens deixar que o mundo tomasse conhecimento da sua ignorância, por isso o situaram no ano de 1520 a.C. aproximadamente (época na qual os israelitas estavam no Egito) — e tinham tanta legitimidade para fazê-lo quanto eu tenho para afirmar que o livro data de mil anos antes desse período. Contudo, é bem provável que o Livro de Jó seja mais antigo do que qualquer outro na Bíblia, e o único que pode ser lido sem indignação ou desgosto.

Nós não sabemos como era o mundo pagão (como é chamado) antes da época dos judeus, que costumavam caluniar e denegrir a reputação de todas as outras nações; e foi com base nos relatos deles que passamos a chamá-las de bárbaras. Mas a verdade, pelo contrário, é que esses outros povos eram justos e dotados de princípios morais — diferente dos judeus que, sem hesitação, se entregavam à crueldade e à vingança —, porém adeptos de uma fé com a qual não estamos familiarizados. Os gentios aparentemente tinham o costume de representar tanto a virtude quanto o vício por meio de estátuas e pinturas, mas isso não significa que cultuassem tais imagens mais do que nós o fazemos.

Passo a tratar agora do Livro dos Salmos, sobre o qual não é necessário fazer muitas observações. Alguns dos Salmos têm cunho moral, outros são bastante vingativos. A maior parte deles diz respeito a determinadas circunstâncias locais da nação judaica no período em que foram escritos, com as quais não temos relação. Contudo, é um erro ou uma imposição chamá-los de "Salmos de Davi". Eles são, assim como os cancioneiros de hoje, uma coletânea de diferentes compositores que viveram em épocas diferentes. O Salmo 137 pode ter sido escrito cerca de 400 anos depois do tempo de Davi, porque foi escrito em tributo a um evento — o cativeiro dos judeus na Babilônia — que aconteceu após esse intervalo: "Às margens dos rios da Babilônia nós nos sentávamos, a chorar, e nos lembrávamos de Sião. Nós pendurávamos nossas harpas nos salgueiros daquele chão, porque os que nos haviam feito cativos pediam-nos um cântico, dizendo: 'Cantai-nos um cântico de Sião'". Assim como um homem pediria a um americano, ou a um francês, ou a um inglês: "Cante-nos uma das suas canções americanas, ou das suas canções francesas, ou das suas canções inglesas", essa observação a respeito da época em que o Salmo foi escrito tem o objetivo de mostrar como os autores da Bíblia eram impostos ao mundo. Não foram levados em conta o tempo, o lugar e a circunstância, nem os nomes dos personagens vinculados aos vários livros; ou seja, seria mais fácil um homem caminhar em procissão em seu próprio funeral do que os autores da Bíblia terem escrito esses livros.

Agora, o Livro dos Provérbios. Esse, como Salmos, é uma coletânea de autores pertencentes não à nação judaica, mas a outras, como mostrei nas observações a respeito do Livro de Jó. Além disso, alguns dos Provérbios atribuídos a Salomão só aparecem 250 anos após a sua morte, como podemos ler no capítulo 25, versículo 1: "Esses são também provérbios de Salomão, copiados pelos homens de Ezequias, rei de Judá". Porém há um intervalo de 250 anos entre a época de Salomão e a de Ezequias. Quando um homem é famoso e seu nome é conhecido em todo o mundo, são atribuídas a ele coisas que jamais disse ou fez; o que provavelmente aconteceu no caso de Salomão. Fazer provérbios parece ter sido moda naqueles tempos.

O Livro do Eclesiastes, ou o Pregador, também é atribuído a Salomão — o que nesse caso faz sentido, e provavelmente é verdadeiro. Contém o que seriam as reflexões solitárias de um libertino fatigado (como Salomão era), que, ao relembrar um passado de diversão do qual não pode mais desfrutar, clama: "Tudo é vaidade!". A metáfora e o sentimento estão em grande parte obscuros, muito provavelmente em virtude da tradução, mas há o suficiente para mostrar que são extremamente expressivos no original.[15] Quanto aos atributos de Salomão, chegou ao nosso conhecimento de que era brilhante, magnificente, dissoluto e melancólico. Viveu intensamente, e morreu, cansado do mundo, com 58 anos.

Ter setecentas esposas e trezentas concubinas é pior do que não ter nenhuma; e, embora esse arranjo possa parecer intensamente prazeroso, destrói toda a felicidade da afeição porque a deixa de lado completamente. Amor dividido jamais traz felicidade. Foi o que aconteceu com Salomão. E se ele, com todo o seu desejo por sabedoria, não conseguiu descobrir isso a tempo, então mereceu realmente a mortificação que mais tarde sofreu. Sob esse ponto de vista, a sua pregação é desnecessária, pois, para se conhecer as consequências, só é preciso conhecer a causa. Setecentas esposas e trezentas concubinas são números mais eloquentes que o livro inteiro. Depois disso, não havia necessidade de dizer que tudo é vaidade e tormento para o espírito, pois é impossível obter felicidade na companhia de pessoas as quais privamos dela.

Para sermos felizes na velhice, é preciso que nos acostumemos a finalidades que possam acompanhar a mente durante toda a vida, e que aproveitemos o restante da melhor forma possível em cada etapa. O homem que baseia a sua vida no prazer se torna miserável na velhice, e o mero trabalho duro é apenas um pouco melhor. Por outro lado, a filosofia natural, as ciências mecânica e matemática são fontes contínuas de prazer tranquilo, e, apesar dos dogmas sombrios sacerdotais e supersticiosos, o estudo dessas coisas é a verdadeira teologia; elas ensinam o homem a conhecer e a admirar o Criador, pois os princípios da ciência estão na criação, e são imutáveis, e sua origem é divina.

Aqueles que conheceram Benjamin Franklin se lembrarão de que a sua mente era sempre jovem e seu temperamento sempre sereno; a ciência, que nunca envelhece, foi a sua amante. O objetivo dele o acompanhou a todo o momento; pois, quando deixamos de ter um objetivo, passamos a ser como um inválido num hospital à espera da morte.

Os Cânticos de Salomão são bastante ternos e tolos, mas o fanatismo considerou-os divinos. Os compiladores da Bíblia situaram esses Cânticos após o Livro do Eclesiastes, e os cronologistas os estabeleceram cerca de 1014 anos a.C., contudo, Salomão — segundo essa mesma cronologia — tinha 19 anos e, na época, estava formando o seu harém de esposas e concubinas. Os fazedores de Bíblia e os cronologistas deveriam ter lidado com essa questão com um pouco mais de cuidado, seja evitando fazer referência ao tempo, seja escolhendo um período menos incompatível com a suposta divindade desses cânticos — afinal, na ocasião, Salomão estava em sua lua de mel orgiástica de mil prazeres.

Existe também outro detalhe que eles deveriam ter percebido: como Salomão escreveu (se é que o fez) o Livro do Eclesiastes muito tempo depois desses Cânticos, e nele declarou que "tudo é vaidade", pode-se concluir que nessa declaração ele considera também seus Cânticos. Isso é o mais provável porque Salomão diz, ou alguém diz por ele: "Servi-me de cantores e cantoras [muito provavelmente para interpretar esses cânticos], assim como de instrumentos musicais de todos os tipos" (Ecl 2,8); mas em seguida conclui: "Tudo é vaidade e aflição de espírito" (Ecl 2,11). Os compiladores, contudo, fizeram o seu trabalho pela metade porque nos deram os poemas, mas deveriam nos dar também as músicas, para que pudéssemos cantá-las.

Os denominados Livros dos Profetas preenchem todas as partes restantes do Antigo Testamento. São dezesseis, iniciando com Isaías e terminando com Malaquias; já forneci uma lista de todos em minhas observações a respeito das Crônicas. Desses dezesseis profetas, todos (exceto os três últimos) viveram na época em que os Livros dos Reis e das Crônicas foram escritos, mas apenas dois — Isaías e Jeremias — são mencionados. Vou começar com eles, e reservarei para outra parte do trabalho o que tenho a dizer sobre as características gerais dos homens denominados profetas.

Quem quer que se dê ao trabalho de ler o livro atribuído a Isaías irá se deparar com um dos textos mais loucos e desorganizados já escritos — não apresenta começo, meio ou fim. Exceto por uma breve parte histórica, e por alguns poucos registros em dois ou três dos primeiros capítulos, não passa de um desvario incoerente e efusivo, repleto de metáforas extravagantes, inúteis e destituídas de sentido. Um garoto em idade escolar dificilmente seria perdoado se escrevesse uma coisa dessas. É o tipo de obra (pelo menos a sua tradução) de gosto duvidoso que poderíamos classificar de "prosa tresloucada".

A parte histórica começa no capítulo 13 e se estende até o final do 23. Ela aborda alguns eventos que, segundo consta, aconteceram durante o reino de Ezequias, rei de Judá, em cuja época Isaías viveu. Esse fragmento começa e termina abruptamente, sem a menor ligação com o capítulo precedente e com o capítulo seguinte, nem com nenhuma outra parte do livro. É provável que o próprio Isaías tenha escrito esse fragmento, porque foi um ator nas circunstâncias descritas. Mal conseguimos identificar, porém, dois capítulos que tenham conexão entre si. Alguns títulos no início de cada versículo se assemelham: "A agonia da Babilônia"; "A agonia de Moab"; "A agonia de Damasco"; "A agonia do Egito"; "A agonia do deserto do Mar Vermelho"; "A agonia do Vale da Visão",[16] que soam como "A história do rei da montanha em chamas", "A história de Cinderela", "As crianças na floresta" etc.

No exemplo dos dois últimos versículos das Crônicas, e dos três primeiros de Esdras, mostrei que os compiladores da Bíblia misturaram e confundiram os escritos dos diferentes autores. Se não houvesse outra causa, isso seria suficiente para destruir a autenticidade de qualquer compilação, porque é evidência determinante de que eles não sabiam quem eram os autores. Um exemplo bastante gritante ocorre no Livro de Isaías: o final do capítulo 44 e o início do 45, longe de terem sido escritos por Isaías, só podem ser da autoria de alguém que viveu pelo menos 150 anos depois da morte dele.

Esses capítulos prestam homenagem a Ciro, que permitiu que os judeus retornassem para Jerusalém após o cativeiro na Babilônia, a fim de reconstruírem a cidade e o templo, como está registrado em Esdras. O último versículo do capítulo 44 e o início do 45 são assim: "Digo de Ciro: 'É meu pastor, realizará tudo o que for da minha vontade'. Falando de Jerusalém: 'Que seja reconstruída!'. E do templo: 'Que seja reedificado'. Eis o que o Senhor diz a Ciro, seu ungido, a quem tomo pela mão direita para subjugar nações diante dele, para desatar os cintos dos reis, para abrir-lhe as portas a fim de que nenhuma lhe fique fechada: 'Eu mesmo irei diante de ti etc.'".

Que audácia da Igreja, e que ignorância dos sacerdotes, impor esse livro ao mundo como se fosse escrito por Isaías quando, de acordo com a própria cronologia da Igreja, ele morreu logo depois do falecimento de Ezequias, em 693 a.C. O decreto de Ciro permitindo o retorno dos judeus a Jerusalém foi feito, de acordo com a mesma cronologia, em 536 a.C., o que estabelece entre os dois um intervalo de 162 anos. Não acredito que os compiladores da Bíblia tenham feito esses livros, mas que escolheram alguns ensaios anônimos perdidos e os reuniram sob os nomes desses autores da maneira que lhes foi conveniente.

Quando nós percebemos a intenção dos criadores do Evangelho de submeter cada uma das partes desse romântico livro de eloquência escolar à ideia monstruosa de um Filho de Deus gerado por um espírito no corpo de uma virgem, é razoável termos toda e qualquer suspeita de que estejamos sofrendo uma imposição da parte deles. Cada frase e circunstância têm a marca da mão bárbara da tortura supersticiosa, e por imposição recebem significados que nunca poderiam ter. O título de cada capítulo e o topo de cada página são adornados com os nomes de Cristo e da Igreja — antes de começar a ler, o leitor descuidado pode achar que se trata de um erro.

"O próprio Senhor vos dará um sinal: uma virgem dará à luz um filho", consta no Livro de Isaías, capítulo 7, versículo 14, cuja interpretação atribui significado ao chamado Jesus Cristo e à sua mãe, Maria. Essa passagem repercutiu pela cristandade por mais de mil anos, causando tanto fascínio que, mesmo sem conter nenhuma nódoa, foi manchada de sangue e marcada pela desolação em consequência disso. Eu não tenho a intenção de entrar numa controvérsia a respeito desses assuntos, e sim de mostrar que a Bíblia é espúria, eliminando a sua base para, então, derrubar de uma só vez toda a estrutura de superstição que se ergueu a partir dela. Contudo, vou parar por um momento a fim de expor a aplicação falaciosa dessa passagem.

Se Isaías estava pregando uma peça em Acaz, rei de Judá (a quem essa passagem é dirigida), não é da minha conta. Meu objetivo é apenas enfatizar a inadequação desse trecho, e mostrar que não faz referência a Cristo e à sua mãe mais do que faz a mim e à minha mãe. A história é simplesmente esta:

O rei da Síria e o de Israel (já mencionei que os judeus se dividiram em duas nações, uma das quais foi denominada Judá, cuja capital era Jerusalém, e a outra denominada Israel) declararam guerra conjuntamente contra Acaz, rei de Judá, e fizeram seus exércitos marcharem rumo a Jerusalém. Acaz e seu povo se apavoraram e, de acordo com o relato: "O temor perturbou o coração do rei e de seu povo, agitando-os, como o vento agita as árvores das florestas" (Is 7,2).

Nesse estado de coisas, Isaías vai ter com Acaz e lhe assegura, em nome do Senhor (o jargão preferido dos profetas), que esses dois reis não teriam êxito contra ele. Para convencê-lo de que falava sério, Isaías lhe diz para escolher um sinal, mas o rei preferiu negar-se a fazer isso, alegando não querer persuadir o Senhor. Isaías, que é o narrador, assim responde: "O próprio Senhor vos dará um sinal: uma virgem dará à luz um filho" (Is 7,14). No versículo 16, por sua vez, lê-se: "Porque, antes que o menino saiba recusar o mal e escolher o bem, a terra dos dois reis que tu abominas [ou temes, que são a Síria e o reino de Israel] será assolada". Esse então foi o sinal, e o limite de tempo para que findasse a garantia ou promessa — qual seja, antes que o menino soubesse recusar o mal e acatar o bem.

Depois de se comprometer com esse acordo, torna-se necessário para Isaías — a fim de evitar a acusação de ser um falso profeta e a consequência disso — tomar providências para fazer esse sinal aparecer. Certamente não era uma tarefa difícil, em época nenhuma da história, encontrar uma jovem com uma criança ou mesmo "criar uma". E talvez Isaías conhecesse uma de antemão, pois não acredito que os profetas daqueles tempos fossem mais confiáveis do que os sacerdotes de hoje. Seja como for, ele diz no capítulo seguinte (Is 8,2): "Tomai por testemunhas confiáveis o sacerdote Urias e

Zacarias, filho de Baraquias. E eu me aproximei da profetisa, e ela concebeu e deu à luz um filho".

Eis, então, toda a história — que não poderia ser mais ridícula — dessa criança e dessa virgem; e foi sobre a distorção descarada dela que o Livro de Mateus, bem como o cinismo e os interesses sórdidos de sacerdotes nos tempos antigos, fundaram uma teoria religiosa. Depois de 700 anos, essa história tola foi usada para dar significado à personalidade que chamam de Jesus Cristo, gerado — por um espírito, segundo eles, santo — no corpo de uma mulher prometida em casamento, e depois casada, que eles dizem ser virgem. Eu afirmo sem hesitar que não acredito nessa teoria, para mim tão fantasiosa e falsa quanto Deus é verdadeiro.[17]

Para constatar a imposição e a falsidade de Isaías, nós só precisamos acompanhar os desdobramentos dessa história, os quais, embora passem despercebidos em seu livro, são relatados no 28º capítulo do segundo Livro das Crônicas. Nele, lê-se que esses dois reis não fracassaram em sua investida contra Acaz, rei de Judá — como Isaías alegou que aconteceria ao vaticinar em nome do Senhor —, pelo contrário, tiveram êxito. Acaz foi derrotado e destruído, 120 mil pessoas do seu povo foram mortas, Jerusalém foi saqueada e 200 mil mulheres, filhos e filhas foram levados prisioneiros. E não é preciso dizer mais nada sobre Isaías, esse profeta mentiroso e impostor, e o livro de falsidades que leva o seu nome.

Passo agora ao Livro de Jeremias. Esse profeta, como é denominado, viveu na época em que Nabucodonosor conquistou Jerusalém, no reino de Zedequias, o último rei de Judá; e houve fortes suspeitas sobre ele ser um traidor que favoreceu esse feito. Tudo o que diz respeito a Jeremias indica que foi um homem de caráter duvidoso. Na sua metáfora do vaso e do oleiro (Jr 18), ele protege suas profecias de forma tão ardilosa que sempre deixa para si mesmo uma porta pela qual possa escapar, caso os acontecimentos tomem um rumo oposto ao que previra. Nos versículos 7 e 8 desse capítulo, Jeremias faz o Todo-Poderoso dizer: "Ora falo contra um reino, ou contra uma nação, e anuncio que vou derrubá-la e destruí-la. Porém, se essa nação contra a qual falo se afastar da sua maldade, também me arrependerei do castigo que havia resolvido aplicar-lhe". Essa é uma condição para uma das situações, falemos agora da outra.

Nos versículos 9 e 10 desse capítulo, lê-se: "No momento em que falo de um reino ou de uma nação, a fim de edificá-lo e plantá-lo, se essa nação praticar o mal diante dos meus olhos e não escutar as minhas palavras, então me arrependerei do bem que havia decidido lhe fazer". Essa é a condição para a situação oposta e, de acordo com essa maneira de profetizar, não seria possível ao profeta errar, por mais enganado que Deus estivesse. Esse subterfúgio absurdo, e esse modo de falar do Todo-Poderoso como se falasse de um homem, são perfeitamente compatíveis com a estupidez da Bíblia.

Quanto à autenticidade do livro, basta lê-lo para que se chegue à conclusão de que Jeremias não é o seu autor, embora algumas passagens ali registradas possam pertencer à sua narrativa. As partes históricas, se é que podemos chamá-las assim, não poderiam estar em situação mais confusa. Os mesmos eventos são repetidos várias vezes, de formas diferentes, às vezes contradizendo-se uns aos outros; e esse desajuste prossegue até o último capítulo, no qual a história que ocupou a maior parte do livro se inicia de novo e termina de modo abrupto. O livro parece definitivamente uma miscelânea de anedotas daquela época, como se vários relatos contraditórios a respeito de pessoas e coisas dos dias atuais, encontrados numa pilha de jornais, fossem reunidos sem data, sem ordem e sem explicação. Eu darei dois ou três exemplos disso.

De acordo com o relato do capítulo 37, parece que o exército de Nabucodonosor, chamado de exército dos caldeus, cercou Jerusalém durante algum tempo. Ao saber que o exército do Faraó do Egito estava marchando contra eles, desfizeram o cerco e se retiraram temporariamente. Para que se compreenda essa confusa história, é apropriado mencionar que Nabucodonosor sitiou e conquistou Jerusalém durante o reino de Joaquim, o predecessor de Zedequias. Foi Nabucodonosor quem tornou Zedequias rei, ou mais precisamente vice-rei, e esse segundo cerco — do qual trata o Livro de Jeremias — deu-se em consequência da revolta de Zedequias contra Nabucodonosor. Isso ajuda a alimentar as suspeitas de que Jeremias era um traidor ligado aos interesses de Nabucodonosor, a quem chama de servo de Deus (Jr 43,10).

No capítulo 37 do Livro de Jeremias, os versículos 11-14 dizem:

> Quando o exército dos caldeus se afastou de Jerusalém, devido à aproximação do exército do Faraó, Jeremias quis sair da cidade para ir à terra de Benjamim a fim de lá se reabastecer no meio do povo. Porém havia um guarda à porta de Benjamim, de nome Jerias, filho de Selemias, neto de Hananias, que deteve Jeremias, o profeta, dizendo: "Tu foges para os caldeus!". E o profeta retorquiu: "Isso é falso! Não fujo para os caldeus". Mas Jerias não lhe deu ouvidos; prendeu Jeremias e o levou à presença dos príncipes.

Então, depois de ser açoitado, Jeremias foi levado à prisão sob suspeita de ser um traidor, e lá permaneceu, como se lê nos últimos versículos desse capítulo.

O capítulo seguinte, porém, traz um relato do aprisionamento de Jeremias sem conexão com o relato do parágrafo anterior, atribuindo a prisão dele a outra circunstância, em virtude da qual nós teremos de voltar ao capítulo 21. Nele se lê que Zedequias enviou Fassur, filho de Melquias, e Sofonias, filho de Maasias, o sacerdote, para Jeremias a fim de o interrogarem a respeito de Nabucodonosor, cujo exército estava então atacando Jerusalém (Jr 21,1). Disse-lhes Jeremias, no capítulo 21, versículos 8 e 9: "E a este povo dirás — Oráculo do Senhor: 'Eis que coloco diante de vós os caminhos da vida e da morte. Aquele que ficar na cidade morrerá pela espada, pela fome ou pela peste; mas aquele que sair e se entregar aos caldeus, que vos sitiam, viverá e terá a sua vida como espólio'".

Essa reunião é subitamente interrompida no capítulo 21, no final do versículo 10; e a desordem nesse livro é tamanha que precisamos atravessar dezesseis capítulos, com vários assuntos contidos, para chegar à continuação e à conclusão dela. Isso nos conduz ao capítulo 38, versículo 1, como comentei pouco antes:

> Então Safatias, filho de Matã, Gedalias, filho de Fassur, Jucal, filho de Selemias, e Fassur, filho de Melquias [aqui são mencionadas mais pessoas do que no capítulo 21], ouviram as palavras que Jeremias dissera diante de todo o povo. Ele disse: "Oráculo do Senhor: Aquele que permanecer na cidade morrerá pela espada, pela fome e pela peste; mas aquele que sair e se entregar aos caldeus viverá, e sua vida terá como espólio".

Essas foram as palavras ditas na reunião, e então eles falam a Zedequias: "Suplicamos vossa permissão para que esse homem seja eliminado, pois com as palavras que profere ele desencoraja os guerreiros que restam entre o povo na cidade; porque esse homem não busca a salvação para esse povo, e sim a sua danação". Ainda, lê-se no versículo 6: "Então tomaram Jeremias e o lançaram na cisterna de Melquias, aprisionando-o lá".

São dois relatos diferentes e contraditórios: um deles atribui o aprisionamento de Jeremias à tentativa de escapar da cidade, e o outro à pregação e aos vaticínios dele pela cidade. Em um relato consta que Jeremias foi dominado por um guarda nos portões, no outro, que ele foi acusado por Zedequias, por meio de um dos seus enviados.[18]

No capítulo seguinte (Jr 39), encontramos outro exemplo da confusão que predomina nesse livro. Embora o cerco à cidade imposto por Nabucodonosor tenha sido um assunto tratado em vários dos capítulos anteriores — particularmente o 37 e o 38 —, o capítulo 39 inicia como se nenhuma palavra sobre o assunto tivesse sido dita: "No nono ano de Zedequias, rei de Judá, no décimo mês, Nabucodonosor, rei da Babilônia, sitiou Jerusalém com todo o seu exército".

O exemplo no último capítulo do livro (Jr 52), no entanto, é ainda mais gritante. Apesar de a história ter sido contada várias vezes, ele ainda supõe que o leitor nada sabe sobre ela porque começa da seguinte forma: "Zedequias tinha vinte e um anos quando começou a reinar, e seu reinado durou onze anos em Jerusalém. Sua mãe se chamava Amital, filha de Jeremias de Lebna". No versículo 4, completa: "E sucedeu que, no nono ano do seu reinado, no décimo dia do décimo mês, Nabucodonosor lançou todo o seu exército contra Jerusalém, e ao redor dela acamparam e ergueram trincheiras" etc.

Não é possível que um homem, principalmente Jeremias, tenha sido o autor desse livro. Qualquer pessoa que se dispusesse a escrever um livro não poderia ter cometido erros tão grotescos. Se eu, ou qualquer outro, tivesse escrito tão confusamente, ninguém leria o texto; e todos suspeitariam da sanidade mental do autor. Portanto, a única maneira de justificar essa confusão é considerar que esse livro é uma miscelânea de anedotas separadas, apócrifas, que algum autor estúpido reuniu sob o nome de Jeremias, uma vez que muitas dessas anedotas dizem respeito a ele e a circunstâncias de época em que viveu.

Vou agora apresentar dois exemplos da duplicidade e da falsa previsão de Jeremias, e então passarei a examinar o restante da Bíblia.

A julgar pelo capítulo 38, parece que, quando Jeremias estava na prisão, Zedequias mandou buscá-lo para conversarem reservadamente. Nessa conversa, Jeremias insistiu com veemência para que Zedequias se rendesse ao inimigo: "Se te entregares aos oficiais do rei da Babilônia, tua vida será salva" etc. (Jr 38,17). Zedequias receava que alguém tomasse conhecimento do que ambos haviam conversado, e então disse a Jeremias:

> "Se os ministros [de Judá] souberem que conversamos, e se vierem te procurar para perguntar-te, sob ameaça de morte, tudo o que o que o rei te disse, sem nada esconder — então tu lhes dirás: 'Fui suplicar ao rei que não permitisse que me enviassem de volta à casa de Jônatas, onde a morte me aguardava'." De fato, todos os ministros foram interrogar o profeta, que lhes respondeu exatamente como o rei lhe ordenara. (Jr 38,25)

Portanto, como se vê, esse homem de Deus (como é chamado) podia contar uma mentira ou prevaricar desenfreadamente quando supunha que isso serviria aos seus propósitos. Afinal, com certeza Jeremias não foi se encontrar com Zedequias para fazer-lhe súplica nenhuma, e sim por ter sido levado até ele, aproveitando-se da oportunidade para aconselhá-lo a render-se a Nabucodonosor.

No capítulo 34, versículos 2 a 5, há a seguinte profecia de Jeremias para Zedequias:

> Eis o que diz o Senhor: "Vou entregar essa cidade ao rei da Babilônia, e ele a fará queimar. Nem tu lhe escaparás. Serás

> preso e entregue a ele. Verás face a face o rei da Babilônia, e ele te falará de viva voz, e entrarás na Babilônia". Contudo, Zedequias, rei de Judá, escuta a Palavra do Senhor! Assim diz o Senhor a respeito de ti: "Não morrerás pela espada. Em paz haverás de morrer, e assim como houve queimas perfumadas em honra de teus pais, os reis antigos que te precederam, da mesma maneira haverá queimas por ti. E também haverão de prantear-te. Quem prediz isso sou eu, o Senhor".

Agora, em vez de Zedequias contemplar o rei da Babilônia face a face, e falar com ele de viva voz, e morrer em paz, e com o cheiro de perfumes, como no funeral dos seus pais (conforme Jeremias havia declarado que o próprio Senhor decidira), acontece o contrário, de acordo com o capítulo 52, versículo 10, no qual se lê: "E o rei da Babilônia degolou os filhos de Zedequias diante dos seus olhos, e degolou também todos os chefes de Judá. Em seguida os olhos de Zedequias foram-lhe arrancados, e ele foi atado com cadeias; depois foi levado para a Babilônia, e o rei da Babilônia o manteve no cárcere até o dia da sua morte".

Diante disso, quem poderia negar que esses profetas não passavam de impostores mentirosos?

Jeremias, por sua vez, não precisou suportar nenhum desses tormentos. Nabucodonosor o favoreceu, entregando-o aos cuidados do capitão da guarda: "Toma-o [disse Nabucodonosor] e põe sobre ele os teus olhos, mas não lhe faças mal nenhum; procederás com ele conforme os seus desejos" (Jr 39,12). Mais tarde, Jeremias juntou-se a Nabucodonosor e profetizou a seu favor contra os egípcios, que haviam marchado em socorro de Jerusalém durante o cerco à cidade. É o bastante a se dizer sobre mais um dos profetas mentirosos, e sobre o livro que leva o seu nome.

Eu tenho abordado detalhadamente os livros atribuídos a Isaías e Jeremias porque figuram nos Livros dos Reis e das Crônicas, o que não acontece com os outros. Quanto ao restante dos livros atribuídos aos homens denominados profetas, não me dou ao trabalho de investigá-los em detalhes; apenas os considero um todo nas observações que teço sobre as características daqueles que supostamente são profetas.

Na parte anterior de *A era da razão*, disse que a palavra "profeta" era utilizada na Bíblia para "poeta", e que os floreios e as metáforas dos poetas judeus foram tolamente transformados no que nós agora chamamos de profecias. Tenho justificativas suficientes para expressar essa opinião, não apenas devido ao fato de os livros das profecias serem escritos em linguagem poética, mas porque não há palavra na Bíblia — a não ser a própria palavra "profeta" — que descreve o que hoje entendemos como um poeta. Também disse que a palavra significa uma apresentação com instrumentos musicais, e sugeri alguns exemplos, tais como um grupo de profetas profetizando com saltérios, flautas, harpas etc., e que Saul usou-os ao profetizar em 1 Samuel, capítulo 10, versículo 5. Essa passagem, bem como outras partes desse livro, nos leva a crer que a palavra "profeta" dizia respeito unicamente à poesia e música; a suposta pessoa com vislumbres de coisas misteriosas e ocultas não era profeta, e sim vidente (1 Sm 9,9). Foi apenas depois de a palavra "vidente" sair de uso (muito provavelmente após Saul banir aqueles a quem chamava de "bruxos") que a "profissão de vidente", ou a "arte da adivinhação", foi vinculada à palavra "profeta".

Nos tempos modernos, as palavras "profeta" e "profetizar" associam-se à previsão de eventos num grande espaço de tempo, e torna-se necessário aos inventores dos quatro Evangelhos do Novo Testamento lhes dar essa extensão de significado, a fim de aplicar ou estender aos tempos do Novo Testamento as chamadas profecias do Antigo. De acordo com o Antigo Testamento, porém, o ato de profetizar do vidente, e mais tarde do profeta — no que se refere ao significado da palavra "vidente" incorporado ao da palavra "profeta" —, limita-se apenas às coisas da época vigente, ou muito ligadas a ela, tais como alguma batalha ou jornada na qual se engajariam, um negócio no qual se envolveriam, alguma circunstância então pendente ou alguma dificuldade que enfrentavam. As referências a todas essas situações limitam-se apenas a elas mesmas (como no caso já mencionado de Acaz e Isaías, a respeito da expressão "uma virgem dará à luz um filho"), e não se estendem a um futuro distante. Esse tipo de profecia corresponde ao que hoje chamamos de "adivinhação": prever riqueza, casamentos bons ou ruins, encantamentos para que bens perdidos sejam encontrados etc. Foi a fraude da Igreja Cristã, não a dos judeus, assim como a ignorância e a superstição dos tempos modernos, não dos antigos, que elevaram essa elite poética, musical, sonhadora e errante ao nível em que se encontram desde então.

Contudo, além dessa característica geral, todos os profetas possuíam uma particular. Eles pertenciam a grupos, e realizavam profecias favoráveis ou desfavoráveis de acordo com esses grupos, do mesmo modo que escritores políticos ou de literatura hoje escrevem em defesa do partido ao qual estão associados e contra os outros.

Depois que os judeus foram divididos em duas nações, a de Judá e a de Israel, cada uma teve seus profetas, que acusavam uns aos outros de serem profetas falsos, mentirosos, impostores etc.

Os profetas de Judá profetizavam contra os de Israel, e os de Israel contra os de Judá. Essa profetização partidária iniciou imediatamente após a separação dos dois primeiros reis rivais, Roboão e Jeroboão. O profeta que amaldiçoou ou profetizou contra o altar que Jeroboão havia construído em Bethel era do partido de Judá, onde Roboão era rei, e, ao retornar para casa, foi surpreendido por um profeta de Israel, que lhe disse: "'És tu o homem de Deus que veio de Judá?' E o homem respondeu: 'Sim, sou'" (1 Reis 13,14). Então o profeta de Israel lhe disse: "'Eu também sou profeta, como tu. Um anjo me falou da parte do Senhor: 'Leva-o contigo para a tua casa e dá-lhe de comer e de beber'. Mas ele mentiu" (1 Reis 13,18). De acordo com a história, porém, o profeta de Judá jamais voltou para casa — foi encontrado morto na estrada, graças à maquinação do profeta de Israel que, sem dúvida, foi chamado por sua gente de "verdadeiro profeta", enquanto o de Judá foi chamado de "mentiroso".

No terceiro capítulo do segundo Livro dos Reis, relata-se uma história de profetização ou bruxaria que mostra, com riqueza de detalhes, a índole de um profeta. Josafá, rei de Judá, e Jeorão, rei de Israel, haviam cessado por algum tempo a animosidade entre seus grupos e celebrado uma aliança; e esses dois, junto com o rei de Edom, envolveram-se numa guerra contra o rei de Moab. Depois de integrarem seus exércitos e os colocarem em marcha, viram-se em grandes dificuldades por falta de água. Por esse motivo, Josafá disse: "'Não temos aqui um profeta do Senhor, para que possamos por meio dele consultá-Lo?' E um dos servos do rei de Israel respondeu: 'Sim, temos. É Eliseu'". Eliseu fazia parte da nação de Judá, e Josafá disse: "A palavra do Senhor está com ele". Então, segundo a história, esses três reis foram até Eliseu (que, diga-se de passagem, foi um profeta judaíta). Quando Eliseu viu o rei de Israel, disse-lhe: "'Que tenho eu a tratar contigo? Vai procurar os profetas de teu pai e os profetas de tua mãe'. E o rei de Israel disse-lhe em resposta: 'Não, porque o Senhor reuniu aqui esses três reis para entregá-los aos moabitas'". Ele se referia à enorme dificuldade que estavam enfrentando devido à falta de água, ao que Elias retrucou: "'Pela vida do Senhor dos Exércitos, em cuja presença estou, se não fosse por respeito a Josafá, rei de Judá, eu não te daria atenção alguma, nem mesmo olharia para ti'". Vemos aqui todo o veneno e a vulgaridade de um profeta partidário. Observemos agora o desempenho, ou a forma de profetizar.

No versículo 15, diz Eliseu: "'Trazei-me agora um tocador de harpa'". E quando o tocador começou a fazer vibrarem as cordas, veio sobre Eliseu a mão do Senhor. Eis aqui a encenação do clarividente. Agora passemos à profecia feita por Eliseu, provavelmente sendo cantada ao som da música que tocava: "Eis o que diz o Senhor: 'Cavai nesse vale fossas, muitas fossas!'". Ou seja, Eliseu disse aos outros o que qualquer aldeão poderia ter dito, sem fundo musical nem encenação — para conseguir água, era necessário cavar em busca dela.

Assim como os clarividentes, contudo, os profetas não se tornam famosos apenas por uma habilidade. Embora todos eles — ou pelo menos aqueles que mencionei — fossem famosos por mentir, alguns se sobressaíam na arte de amaldiçoar. Eliseu, ao qual me referi há pouco, foi incomparável nesse ramo da profecia; foi ele quem amaldiçoou as 42 crianças em nome do Senhor, duas das quais foram atacadas e devoradas por duas ursas que surgiram de repente — é provável que essas crianças fossem da nação de Israel. Porém, tendo em vista que aqueles que amaldiçoavam eram os mesmos que mentiam, a história das ursas de Eliseu merece tanto crédito quanto a fábula do Dragão de Wantley, que devorou três crianças pobres.

Existiam, porém, profetas de espécie diferente, que se ocupavam de sonhos e visões; durante a noite ou o dia, contudo, nós não sabemos. Eles não eram exatamente inofensivos, mas não chegavam a ser malignos. São dessa classe Ezequiel e Daniel; e a pergunta mais importante sobre seus livros, assim como todos os outros, é: são genuínos, ou seja, foram mesmo escritos por eles?

Não há provas quanto a isso, mas, se eu tivesse de opinar, diria estar mais inclinado a acreditar que eles próprios foram os autores do que o contrário. Minhas razões para essa opinião, em primeiro lugar, se fundamentam no fato de que esses livros não contêm evidência interna que revela não serem de autoria de Ezequiel e Daniel, diferente dos livros atribuídos a Moisés, Josué, Samuel e outros que contêm provas de que não foram escritos por eles.

Em segundo lugar, esses livros não foram escritos até depois do início do cativeiro na Babilônia, e há boas razões para acreditar que nenhum livro na Bíblia tenha sido escrito antes desse período. Pelo menos é provável, de acordo com os próprios livros, como já mostrei, que não foram escritos até depois do início da monarquia judaica.

A forma como foram escritos os livros atribuídos a Ezequiel e Daniel, inclusive, é compatível com a condição na qual esses homens se encontravam na época de sua escrita.

Se os diversos comentaristas e sacerdotes — os quais tolamente empregaram ou perderam tempo fingindo explicar e interpretar esses livros — tivessem sido encarcerados, a exemplo de Ezequiel e Daniel, a experiência teria aprimorado muito os seus intelectos, dando-lhes a possibilidade de compreender o motivo dessa forma de escrita, o que talvez lhes tivesse poupado o trabalho de desperdiçar imaginação inutilmente, como de fato fizeram. Isso porque descobririam que eles mesmos seriam obrigados a escrever de modo dissimulado — como fizeram Ezequiel e Daniel — o que quer que fosse a respeito das suas próprias questões, ou das questões dos seus amigos ou do seu país.

Esses dois livros diferem de todos os demais, pois são os únicos que contam com muitos relatos de sonhos e visões. Essa diferença se deve à situação em que os escritores se encontravam — eram prisioneiros de guerra ou prisioneiros do Estado num país estrangeiro, o que os obrigava a comunicar em termos obscuros e metafóricos até a informação mais insignificante que trocavam entre si, bem como todos os seus planos ou suas opiniões políticas. Eles fingiam tratar de sonhos e visões, porque correriam perigo se falassem sobre fatos ou com uma linguagem objetiva. Contudo, devemos supor que as pessoas para as quais eles escreviam compreendiam o que queriam dizer, e que havia a intenção de que ninguém mais compreendesse. Mas esses ocupados comentaristas e sacerdotes desperdiçaram seu tempo e sua inteligência para descobrirem coisas que não se pretendia fazer descobrir, coisas das quais eles nem fazem ideia.

Ezequiel e Daniel foram levados como prisioneiros para a Babilônia na primeira deportação, na época de Joaquim, nove anos antes do segundo cativeiro, nos tempos de Zedequias. Os judeus de então eram ainda numerosos e tinham força considerável em Jerusalém. Como é natural supor que homens na situação de Ezequiel e Daniel estariam pensando na recuperação do seu país e na sua própria libertação, é razoável supor ainda que os muitos relatos de sonhos e visões em seus livros não passem de uma camuflada correspondência, para facilitar os objetivos mencionados — uma escrita cifrada ou secreta. Se a sua escrita não apresenta uma linguagem cifrada, então se constitui de contos, devaneios e divagações, talvez um modo peculiar de passar o tempo e enfrentar as agruras do cativeiro. A hipótese da linguagem secreta, contudo, parece a mais certa.

Ezequiel dá início ao seu livro descrevendo uma visão de querubins e de uma roda dentro de uma roda, a qual diz ter visto no Rio Quebar, na terra onde era prisioneiro. Não é razoável supor que a menção dele aos querubins seria uma referência ao templo em Jerusalém, onde havia esse tipo de imagem? E a roda dentro de uma roda (imagem sempre interpretada como estratagema político) não seria uma referência ao projeto ou aos meios de recuperar Jerusalém? Na última parte desse livro, Ezequiel se imagina transportado para dentro do templo, de modo que diz, no capítulo 43, versículo 3, que essa última visão foi como aquela no Rio Quebar. Isso indica que os supostos sonhos e visões tinham como objetivo a recuperação de Jerusalém, e nada mais.

Quanto às interpretações e associações românticas — extravagantes como os sonhos e as visões que elas prometem explicar — feitas pelos comentaristas e sacerdotes desses livros, convertendo-os em algo que chamam de profecias e forçando-os a se amoldar a tempos e circunstâncias remotas como os dias atuais, evidenciam a fraude ou a extrema insensatez a que pode chegar a credulidade ou a astúcia da classe clerical.

É um rematado absurdo supor que homens que se encontravam na situação de Ezequiel e Daniel — cujo país havia sido invadido e tomado pelo inimigo, e cujos amigos e parentes estavam aprisionados no exterior, ou eram mantidos como escravos, ou haviam sido massacrados ou corriam esse risco continuamente — se interessassem tão somente em dedicar seu tempo e seus pensamentos à atividade de imaginar o que aconteceria a outras nações mil ou dois mil anos depois de morrerem. Por outro lado, seria muito natural que eles refletissem sobre a recuperação de Jerusalém e sobre a sua própria libertação, e que esse fosse o único objetivo de todos os obscuros e aparentemente frenéticos escritos contidos em seus livros.

Dessa forma, o tipo de linguagem usado nesses dois livros, forçado pela necessidade (não adotado por escolha), não é irracional; porém, esses livros serão falsos se utilizados como profecias. No capítulo 29 de Ezequiel, versículo 2, lê-se sobre o Egito: "Nenhum pé humano por ele passará, nem também nenhum pé de animal; ele ficará deserto durante quarenta anos". Isso nunca aconteceu, e consequentemente é falso, como são todos os livros que já examinei. Encerro aqui esse tópico do assunto.

Na parte anterior de *A era da razão* falei sobre Jonas, e sobre o que se passa entre ele e a baleia. Uma história absolutamente deprimente, se a intenção do autor foi que acreditássemos nela; ou engraçada, se a intenção foi forçar a credulidade ao limite máximo — pois quem engole Jonas e a baleia é capaz de engolir qualquer coisa.

Porém, como já foi demonstrado nas observações sobre os Livros de Jó e de Provérbios, não se sabe com certeza quais dos livros da Bíblia são originalmente hebreus e quais são apenas traduções dos livros dos gentios. E como o Livro de Jonas, longe de tratar das questões judaicas, nada diz sobre o assunto, mas se dedica totalmente aos gentios, é mais provável que seja gentio a judeu e que tenha sido escrito como uma fábula, a fim de expor o absurdo e satirizar a índole viciosa e maligna de um profeta da Bíblia, ou de um sacerdote adivinho.

A princípio, Jonas é representado como um profeta desobediente, que foge da sua missão e se refugia a bordo de um navio gentio que parte de Jope para Társis — como se ele acreditasse, em sua ignorância, que com esse artifício conseguiria se esconder num lugar onde Deus não o acharia. O navio é surpreendido por uma tempestade no mar, e os marinheiros, todos gentios, acreditando se tratar de um julgamento devido a um crime cometido por alguém a bordo, resolvem tirar a sorte para descobrir o culpado — e a sorte cai sobre Jonas. Antes disso, porém, eles haviam atirado ao mar todas as suas mercadorias e seus bens para aliviar o peso da carga, enquanto Jonas dormia profundamente no porão.

Depois que a sorte apontou Jonas como o culpado, os marinheiros o interrogaram para saber quem ele era e qual era a sua profissão. Jonas lhes disse que era hebreu, e a história indica que ele confessou a culpa. Mas esses gentios, em vez de sacrificá-lo de imediato, sem piedade — como uma companhia de profetas ou sacerdotes da Bíblia teria feito contra um gentio na mesma situação, a exemplo do que fez Samuel com Agag e Moisés com mulheres e crianças —, esforçaram-se para salvar Jonas, sob o risco de perderem a própria vida, pois, segundo o relato, "mesmo assim, os homens remaram incansavelmente para tentar alcançar a costa, mas não conseguiram, porque o mar cada vez mais tempestuoso os impediu", isto é, mesmo que Jonas fosse judeu e estrangeiro, e se revelasse a causa de todos os infortúnios desses marinheiros e da perda de sua carga, eles hesitaram em executar o que a sorte havia determinado e clamaram (segundo o relato) ao Senhor, dizendo: "Senhor, ó Senhor, suplicamos que não nos façais perecer por causa da vida desse homem, nem nos torneis responsáveis por derramar o sangue desse inocente. Vós, ó Senhor, fizestes como foi do vosso agrado" (Jn 1,14). Isso significa que os marinheiros não estavam inclinados a julgar Jonas culpado, já que ele poderia ser inocente; no entanto, consideraram como decreto divino, ou como vontade de Deus, a sorte que havia recaído sobre ele. As orações feitas pelos gentios mostram que cultuavam um Ser Supremo, e que não eram idólatras, como os judeus os representavam. Mas a tempestade continuava e o perigo aumentava, por isso executaram o que o destino determinara para Jonas: lançaram-no ao mar, onde, de acordo com a história, um enorme peixe o engoliu inteiro, e vivo.

Consideremos agora que Jonas está alojado em segurança dentro da barriga da baleia, a salvo da tempestade. Nesse ponto somos informados de que ele rezou; mas a oração é artificial, tirada de várias partes dos Salmos, sem nenhum nexo ou consistência. Foi adaptada para um momento de perigo, mas está longe de ser adequada à situação na qual ele se encontrava. Trata-se de uma oração que até mesmo um gentio que conhecesse algo dos Salmos poderia copiar. Essa circunstância por si só, se não houvesse nenhuma outra, é suficiente para indicar que a história toda é inventada. A oração, contudo, parece servir ao seu propósito, e o relato continua (introduzindo ao mesmo tempo o jargão costumeiro de um profeta da Bíblia): "E o Senhor ordenou ao peixe, que vomitou Jonas na praia" (Jn 2,11).

Jonas então recebeu uma segunda missão, e partiu para Nínive a fim de cumpri-la; e agora nós temos de considerá-lo um pregador. Os apuros pelos quais o vimos passar, a lembrança da sua própria desobediência como causa disso, bem como a superação miraculosa que ele supostamente teve, tudo isso, alguém poderia pensar, foi suficiente para imbuí-lo de simpatia e benevolência na execução da sua missão. Em vez disso, porém, ele entrou na cidade com palavras de acusação e maledicência jorrando da sua boca, bradando: "Daqui a quarenta dias, Nínive será destruída" (Jn 3,4).

Observemos agora esse suposto missionário no último ato da sua missão. É aqui que o espírito malévolo de profetas da Bíblia, ou de sacerdotes clarividentes, surge em toda a sordidez de caráter que os homens atribuem ao ser que chamam de "demônio".

Depois de anunciar suas previsões, Jonas se retira — conta a história — para a parte leste da cidade. E o faz não para refletir, em tranquilo isolamento, sobre a misericórdia do seu Criador para com ele e com os outros, mas para esperar, com impaciência maligna, a destruição de Nínive. Porém aconteceu que os habitantes de Nínive se regeneraram, e que Deus (segundo o que lemos na Bíblia) se arrependeu do mal que faria a eles e não o realizou. Isso, diz o último capítulo, versículo 1, "deixou Jonas extremamente indignado e bastante zangado". Seu coração empedernido deixaria que toda Nínive fosse destroçada — e que todas as almas, tanto as jovens quanto as velhas, perecessem nas ruínas da cidade —, se isso lhe trouxesse a satisfação de ver cumpridas as suas previsões. Para expor ainda mais a natureza do profeta, o Senhor faz crescer um pé de mamona à noite para proporcionar uma agradável sombra sobre o lugar onde Jonas se recolhera, porém, no dia seguinte, a planta morre.

Aqui a raiva do profeta se torna excessiva, e ele está pronto para se destruir: "Prefiro morrer a continuar vivo". Isso leva a uma suposta discussão entre o Todo-Poderoso e Jonas, em que o primeiro diz:

> "Crês que fazes bem em te agastares por causa de uma planta?" E Jonas respondeu: "Sim, tenho razão em me enraivecer até a morte". E o Senhor retorquiu: "Tiveste pena de uma planta que não fizeste crescer, pela qual não fizeste coisa alguma, que nasceu numa noite e numa noite morreu. E eu não hei de ter compaixão de Nínive, essa grande cidade, na qual vivem mais de cento e vinte mil pessoas que não são capazes de diferenciar a sua mão esquerda da sua mão direita?". (Jn 4,9-11)

Temos aqui uma conclusão satírica e a moral típicas de uma fábula. Como uma sátira, a história ataca o caráter de todos os profetas da Bíblia, e também todos os julgamentos indiscriminados contra homens, mulheres e crianças — julgamentos que encontramos em abundância neste livro mentiroso, a Bíblia, quando vemos, por exemplo, o dilúvio de Noé, a destruição das cidades de Sodoma e Gomorra ou a erradicação dos cananeus, inclusive bebês, crianças e mulheres —, porque a mesma reflexão, de que há mais de 120 mil pessoas que não são capazes de diferenciar a mão esquerda da direita (significando crianças pequenas), se aplica a todos os casos mencionados. A história satiriza também a suposta preferência do Criador por uma nação do que por outra.

A moral da história é que ela depõe contra o espírito maligno da previsão, pois, quando um homem prevê uma doença, seguramente torna-se inclinado a desejá-la. O orgulho de ter razão no julgamento endurece seu coração, até que finalmente ele contempla com satisfação, ou com desapontamento, a realização ou o fracasso das suas previsões. Esse livro termina com o mesmo tipo de crítica vigorosa e certeira aos profetas, às profecias e aos julgamentos indiscriminados que o capítulo feito por Benjamin Franklin sobre a Bíblia, sobre Abraão e o estrangeiro, cujo desfecho se opõe ao espírito intolerante da perseguição religiosa. E terminamos aqui a nossa análise do Livro de Jonas.

Na parte anterior de *A era da razão*, bem como nesta parte, falei a respeito das passagens poéticas da Bíblia; afirmei que "profeta" é a palavra bíblica para "poeta", e que os devaneios e as metáforas desses poetas — muitos dos quais se tornaram obscuros devido ao tempo e à mudança de circunstâncias — foram ridiculamente elevados à condição de profecias e utilizados em propósitos que os escritores jamais tiveram em mente. Quando um sacerdote cita uma dessas passagens, ele a ajusta como convém ao seu próprio ponto de vista e impõe a explicação à sua congregação como se fosse perfeitamente fiel aos escritos originais. A prostituta da Babilônia foi a prostituta comum a todos os sacerdotes, e cada um acusou o outro de mantê-la— tão bem que eles concordam em suas explicações.

Restam agora apenas alguns livros a analisar, denominados "livros de profetas menores", mas, como já demonstrei que os profetas maiores são impostores, seria covardia perturbar o repouso dos demais. Vamos então deixar que eles durmam nos braços dos seus enfermeiros, os sacerdotes, e que sejam todos esquecidos.

Passei pela Antigo Testamento como um homem passa por uma floresta com um machado no ombro, derrubando árvores. Eis que elas estão aqui, tombadas, e os sacerdotes, se puderem, que as replantem. Talvez consigam enfiá-las no solo e deixá-las de pé, mas nunca farão com que cresçam. Passo em seguida a examinar os livros do Novo Testamento.

CAPÍTULO 2

O Novo Testamento

O NOVO TESTAMENTO, SEGUNDO CONSTA, BASEIA-SE NAS profecias do Antigo. Se for assim, deve seguir o destino dos livros que lhe serviram de base.

Não é algo extraordinário que uma mulher engravide antes de se casar, e que o filho que ela carrega tenha de ser executado, ainda que injustamente; por isso não vejo motivo para não acreditar que tenham existido uma mulher como Maria e homens como José e Jesus. A própria existência deles é uma questão sem importância, sobre a qual não há fundamento que nos leve a crer ou não, e sobre a qual pensamos: "Pode ser que sim, mas e daí?". No entanto, é possível que tenham existido tais pessoas, ou pessoas que se assemelhassem a essas em algumas circunstâncias, já que quase todas as histórias românticas foram baseadas por alguma situação real. Nas *Aventuras de Robinson Crusoé*, por exemplo, nada do que se conta é verdadeiro, mas a história foi baseada no caso verídico de Alexander Selkirk.

Se essas pessoas existiram ou não, isso não me preocupa; o que me preocupa é como a fábula de Jesus Cristo é contada no Novo Testamento e a doutrina visionária e feroz que dela emerge, e contra a qual eu luto. Como é contada, a história é obscena de um modo blasfemo. Trata-se de uma mulher jovem que está prestes a se casar, e nessa situação ela é — para falar claramente — corrompida por um espírito sob um pretexto ímpio: "O Espírito Santo descerá sobre ti, e o poder do Altíssimo te envolverá com a sua sombra" (Lc 1,35). Apesar disso, mais tarde, José se casa com ela, vão morar juntos como marido e mulher, e o espírito se torna o seu rival. Essa é uma linguagem realista para descrever a situação, e, quando a história é contada desse modo, não há um padre que não se envergonhe de admiti-la.[19]

Em questões de fé, a obscenidade (mesmo velada) é sempre indício de ficção e de embuste, pois, para que a nossa crença em Deus seja séria, nós não podemos vinculá-la a histórias que permitam interpretações risíveis. É fácil perceber que essa narrativa se assemelha a histórias como a de Júpiter e Leda, ou como a de Júpiter e Europa, ou qualquer das aventuras amorosas de Júpiter; e mostra, como já foi declarado na parte anterior de *A era da razão*, que a fé cristã foi edificada sobre os pilares da mitologia pagã.

As partes históricas do Novo Testamento relacionadas a Jesus Cristo estão confinadas num espaço de tempo muito breve — menos de dois anos — e ocorrem dentro do mesmo país, próximo ao mesmo local. Assim, as discordâncias de tempo, lugar e circunstância que expõem a falácia dos livros do Antigo Testamento e provam que são embustes não se repetem no Novo Testamento com a mesma abundância. Comparado com o Antigo Testamento, o Novo é como uma farsa de um ato, na qual não há lugar para violações tão numerosas de coerência. Há contradições claras, entretanto, ligadas exclusivamente à falácia das supostas profecias, e que são suficientes para mostrar que a história de Jesus Cristo é falsa.

Eu tenho como certo que, em primeiro lugar, a harmonia entre todas as partes de um relato não o prova verdadeiro, porque o todo pode ser falso mesmo que haja concordância entre as partes; em segundo lugar, o desacordo entre as partes de uma história prova que o todo não pode ser verdadeiro. A concordância não prova que a história é verdadeira, mas o desacordo prova que é definitivamente falsa.

A história de Jesus Cristo é contada nos quatro livros atribuídos a Mateus, Marcos, Lucas e João. O primeiro capítulo de Mateus começa fornecendo uma genealogia de Jesus Cristo, assim como o terceiro capítulo de Lucas. Se houvesse concordância entre elas, ainda não se provaria que a genealogia é verdadeira, porque poderia ser uma invenção, porém, como ambas se contradizem em todos os aspectos, a falsidade delas fica absolutamente comprovada. Se Mateus fala a verdade, Lucas mente, e se Lucas diz a verdade, Mateus mente; e como não há elementos preponderantes para que acreditemos mais em um do que no outro, também não há para acreditarmos em ambos. Ainda, se não é possível crer nem na primeira coisa que eles dizem e buscam provar, então não merecem que acreditemos em nada do que dizem depois. A verdade é uniforme; e em matéria de inspiração e revelação, se a admitirmos, é impossível supor que possa ser contraditória. Desse modo, ou os homens que chamamos de apóstolos são impostores ou os livros atribuídos a eles foram escritos por outras pessoas e entregues a eles, como no caso do Antigo Testamento.

O Livro de Mateus oferece, no capítulo 1, versículo 6, uma genealogia de Davi até Cristo, passando por José, esposo de Maria, e apresentando um total de 28 gerações. O Livro de Lucas fornece também uma genealogia de Cristo, passando por José até Davi, num total de 43 gerações. Além disso, apenas dois nomes (Davi e José) figuram nas duas listas. Insiro a seguir as duas listas genealógicas e, por uma questão de clareza e comparação, orientei ambas na mesma direção, de José até Davi.

GENEALOGIA SEGUNDO MATEUS		GENEALOGIA SEGUNDO LUCAS	
Cristo	15 - Josias	Cristo	22 - Salatiel
2 - José	16 - Amon	2 - José	23 - Neri
3 - Jacó	17 - Manassés	3 - Heli	24 - Melqui
4 - Matã	18 - Ezequias	4 - Matat	25 - Adi
5 - Eleazar	19 - Acaz	5 - Levi	26 - Cosã
6 - Eliud	20 - Joatão	6 - Melqui	27 - Elmadão
7 - Aquim	21 - Ozias	7 - Jané	28 - Her
8 - Sadoc	22 - Jorão	8 - José	30 - Eliezer
9 - Azor	23 - Josafá	9 - Matatias	31 - Jorim
10 - Eliacim	24 - Asa	10 - Amós	32 - Matat
11 - Abiud	25 - Abias	11 - Naum	33 - Levi
12 - Zorobabel	26 - Roboão	12 - Hesli	34 - Simeão
13 - Salatiel	27 - Salomão	13 - Nagé	35 - Judá
14 - Jeconias	28 - Davi[20]	14 - Maat	36 - José
		15 - Matatias	37 - Jonão
		16 - Semei	38 - Eliacim
		17 - José	39 - Meleia
		18 - Judá	40 - Mena
		19 - Joanã	41 - Matata
		20 - Resa	42 - Natan
		21 - Zorobabel	43 - Davi

Se esses dois homens, Mateus e Lucas, descreveram uma inverdade (como os relatos mostram que fizeram) logo no princípio da sua narrativa sobre a história de Jesus Cristo, sobre quem ele foi, o que nos garante (como já comentei antes) que devemos acreditar nas estranhas coisas que nos dizem posteriormente? Se não conseguem elaborar um relato crível sobre a genealogia natural de Cristo, como poderíamos acreditar quando afirmam que Jesus foi o Filho de Deus gerado por um espírito, e que um anjo anunciou isso em segredo à mãe dele? Se mentiram em uma genealogia, por que acreditar que mostrariam a verdade em outra? Isto é, se a sua genealogia natural for inventada — e ela certamente é —, por que não supor que a sua genealogia celestial é também inventada, sendo o todo uma ficção? Pode um homem sensato de fato arriscar seu futuro abraçado à crença em uma história naturalmente impossível, repugnante à toda ideia de decência e relatada por pessoas cuja mentira já foi detectada? Não é mais seguro abraçarmos a plena, pura e imaculada crença em um Deus — o Deísmo — do que nos comprometermos com um oceano de histórias improváveis, irracionais, indecentes e contraditórias?

Contudo, a primeira pergunta a se fazer a respeito dos livros do Novo Testamento — e também a respeito dos do Antigo — é: eles são genuínos? Foram escritos pelas pessoas às quais são atribuídos? Afinal, as estranhas coisas relatadas neles têm como fundamento apenas esses elementos. Não há evidência direta a favor disso nem contra, e tudo o que se prova nesse caso é duvidoso — e dúvida é o oposto de crença. O estado em que se encontram esses livros, portanto, mostra negativamente aonde esse tipo de evidência pode levar.

À parte disso, porém, presume-se que os livros conhecidos como Evangelhos, atribuídos a Mateus, Marcos, Lucas e João, não foram escritos por eles, sendo imposições. A desordem que se constata na história relatada nesses quatro livros, o silêncio de um livro quanto a questões correspondentes no outro e o desacordo que existe entre eles indica que foram elaborados por pessoas sem ligação entre si, muitos anos depois de acontecer o que elas fingem relatar, e que cada uma delas produziu sua própria lenda. Esses livros não foram escritos por homens que conviviam com Jesus Cristo, como se acreditava que fizeram aqueles chamados de apóstolos, ou seja, foram criados, assim como os livros do Antigo Testamento, por pessoas diferentes daquelas cujos nomes ostentam.

A história do anjo que anuncia o que a Igreja chama de "imaculada conceição" não é tão semelhante nos livros atribuídos a Marcos e a João, sendo inclusive relatada de forma diferente em Mateus e Lucas. O primeiro diz que o anjo apareceu para José; o último, que foi para Maria. Mas tanto José como Maria foram a pior evidência a se considerar, pois outros é que deveriam ter testemunhado por eles, e não eles por si próprios. Hoje, se uma garota grávida dissesse (ou até jurasse) que gerou uma criança por meio de um espírito, e que um anjo lhe disse isso, quem acreditaria nela? Ninguém, certamente. Por que, então, deveríamos acreditar na mesma história envolvendo outra garota, a qual jamais vimos, contada por sabe-se lá quem, quando e onde? É muito estranho e incoerente que a mesma circunstância que enfraqueceria a crença até numa história plausível seja oferecida como motivo para que se acredite nessa história de Maria, que traz sinais visíveis de absoluta impossibilidade e impostura!

A história de Herodes exterminando todas as crianças com menos de dois anos pertence inteiramente ao Livro de Mateus; nenhum dos livros restantes menciona algo a respeito. Se um evento desses realmente tivesse acontecido, por sua incalculável importância, teria chegado ao conhecimento de todos os escritores e seria um fato impressionante demais para ser negligenciado por qualquer um deles. Esse autor nos conta que Jesus escapou do seu assassino porque José e Maria foram alertados por um anjo, que lhes disse para fugirem com Jesus para o Egito, mas o autor se esqueceu de tomar providências a respeito de João, que tinha então menos de dois anos. João, que havia ficado para trás, acabou se saindo bem, assim como Jesus, que fugiu; portanto, a história acidentalmente cai em contradição.

Nenhum desses autores relatou da mesma forma, exatamente com as mesmas palavras, a breve inscrição colocada na cruz de Jesus quando foi crucificado. Além disso, Marcos diz que ele foi crucificado na terceira hora (às nove da manhã), e João diz ter sido na sexta hora (ao meio-dia).[21]

A inscrição é registrada nesses livros da seguinte forma:

MATEUS: Este é Jesus, o rei dos judeus.
MARCOS: O rei dos judeus.
LUCAS: Este é o rei dos judeus.
JOÃO: Jesus de Nazaré, rei dos judeus.

Nós podemos inferir, a partir dessas circunstâncias — triviais como são —, que esses escritores, fossem quem fossem, e seja lá em que tempo viveram, não estavam presentes no momento dos acontecimentos. O único entre os denominados apóstolos que parece ter estado próximo à cena foi Pedro, que, quando acusado de ser um dos seguidores de Jesus, disse o seguinte: "Então ele [Pedro] começou a praguejar e a jurar, dizendo 'Não conheço esse homem!'" (Mt 26,74). Porém, agora nos é dito para acreditar nesse mesmo Pedro acusado pelos próprios apóstolos de perjúrio. Por qual razão ou autoridade deveríamos fazer isso?

Os relatos que os apóstolos nos transmitem sobre as circunstâncias que levaram à crucificação são registrados de modo diferente nesses quatro livros.

O livro atribuído a Mateus diz, no capítulo 27, versículo 45: "A terra inteira se cobriu de trevas, desde a hora sexta até a nona". Ainda, lê-se nos versículos 51 a 53: "E então o véu do templo se rasgou em dois, de alto a baixo; e a terra tremeu, e as rochas se fenderam; e os sepulcros se abriram, e os corpos dos justos ressuscitaram, muitos deles. Eles saíram das suas sepulturas depois da ressurreição de Jesus, e entraram na cidade santa; e muitos testemunharam a sua aparição". É esse o relato oferecido pelo espirituoso escritor do Livro de Mateus, não confirmado pelos dos demais livros.

Ao detalhar as circunstâncias da crucificação, o autor do livro atribuído a Marcos não faz menção alguma a respeito de terremoto, nem de rochas se quebrando, nem de sepulturas se abrindo, muito menos de mortos saindo delas e caminhando. O escritor do Livro de Lucas também silencia sobre esses mesmos detalhes. Quanto ao escritor do Livro de João, embora descreva em detalhes todas as circunstâncias dos eventos, desde a crucificação até o sepultamento de Cristo, nada diz a respeito desses elementos: a escuridão, o véu do templo, o terremoto, as rochas, as tumbas e os mortos.

Se essas coisas tivessem acontecido realmente, e se de fato os escritores desses livros tivessem vivido na época em aconteceram, e tivessem sido aqueles que se tornaram conhecidos como os quatro apóstolos — Mateus, Marcos, Lucas e João —, não lhes seria possível, como verdadeiros historiadores — ainda que desprovidos de inspiração —, não tê-las registrado. Supondo-se que sejam verdade, esses acontecimentos ganhariam notoriedade demais para serem ignorados, e seriam importantes demais para não serem contados. Todos esses supostos apóstolos deveriam ter testemunhado o tremor da terra, se é que houve algum, afinal, não seria possível que não fossem afetados por ele. A abertura dos túmulos e a ressurreição dos mortos, bem como a caminhada desses mortos pela cidade, são eventos mais importantes do que o terremoto. Um terremoto é sempre possível e natural, por isso não prova nada, mas essa abertura dos túmulos é sobrenatural e diretamente ligada à doutrina, à causa e ao apostolado dos supostos autores. Se tivesse acontecido, se fosse verdade, teria tomado capítulos inteiros desses livros e se tornado o assunto principal de todos os escritores, que o transformariam num bordão. Em vez disso, porém, coisas pequenas e triviais, e conversas que não passam de tagarelice e disse me disse, são descritas com tediosa frequência em detalhes, enquanto o acontecimento mais importante de todos (supondo-se que tenha sido real) é mencionado com negligência numa rápida pincelada, e isso apenas por um escritor — os outros não fazem a mais leve insinuação a respeito.

Contar uma mentira é fácil, mas é difícil sustentá-la depois de contada. O escritor do Livro de Mateus devia ter-nos relatado quem eram os justos que voltaram à vida novamente e foram à cidade, e o que aconteceu com eles depois, e quem foi que os viu — já que ele não tem coragem suficiente para dizer que os viu com os próprios olhos. Devia ter descrito, por exemplo, se surgiram nus, homens justos e mulheres justas, ou se estavam totalmente vestidos (e onde conseguiram suas roupas); se foram para as suas antigas moradias e reclamaram suas mulheres, seus maridos, suas propriedades, e como foram recebidos; se entraram com ações de despejo ou queixa de crime de adultério contra os intrusos rivais; se permaneceram na terra e deram prosseguimento às suas antigas ocupações de oração e trabalho, ou se voltaram a morrer, ou retornaram com vida para os seus túmulos e neles se enterraram por conta própria.

É realmente estranho que um exército de justos retorne à vida e ninguém saiba quem são nem quem os viu; que nem uma palavra mais seja dita sobre o assunto; e que esses justos não tenham nada a nos dizer! Se eles tivessem sido os profetas que (segundo nos afirmaram) profetizaram essas coisas em tempos passados, teriam muito a compartilhar. Eles poderiam ter nos contado tudo, e poderíamos ter recebido profecias póstumas, com notas e comentários; ao menos seria algo um pouco melhor do que temos agora.

Se tivessem sido Moisés e Aarão e Josué e Samuel e Davi, não restaria um só judeu infiel em toda Jerusalém. Se tivessem sido João Batista e os santos de então, todos os teriam reconhecido, e eles teriam superado todos os outros apóstolos. Em vez disso, porém, esses justos (tal como a planta de Jonas à noite) apareceram para nada mais que definhar com a chegada da manhã. E aqui se encerra essa parte da história.

A fábula da ressurreição segue-se à da crucificação, e nela, assim como na da crucificação, o desacordo entre os escritores — sejam lá quem forem — é tão grande que se torna evidente que nenhum deles estava presente durante os acontecimentos narrados.

O Livro de Mateus afirma que, quando Cristo foi colocado na sepultura, os judeus solicitaram a Pilates para manter alguma vigilância no local do sepultamento, a fim de evitar que o corpo fosse roubado pelos discípulos enlutados. Em consequência desse pedido, a pedra na entrada do sepulcro foi selada e uma guarda passou a vigiá-lo. Mas os outros livros não mencionam nada a respeito dessa solicitação, tampouco sobre o ato de selar a pedra, nem de montar guarda ou vigiar o sepulcro; de acordo com os seus relatos, não havia nada disso. Mateus, entretanto, dá continuidade à história da guarda ou vigilância ao sepulcro com uma segunda parte a respeito desse assunto — eu a abordarei no final deste capítulo, pois ela ajuda a detectar a falácia contida nesses livros.

A narrativa no Livro de Mateus prossegue e nela se lê que, depois do sábado, quando começou a amanhecer o primeiro dia da semana, Maria Madalena e a outra Maria chegaram para ver o túmulo (Mt 28,1). Marcos diz que o sol estava nascendo, e João, que estava escuro. Lucas diz que Maria Madalena, Joana, Maria (mãe de Tiago) e outra mulher visitavam o sepulcro. João, por sua vez, afirma que Maria Madalena estava sozinha. Bem, enfim eles concordam em alguma coisa! Todos parecem bem informados a respeito de Maria Madalena, mas, sendo uma mulher muito bem relacionada, seria razoável supor que estivesse apenas passeando pelas redondezas.

O Livro de Mateus continua da seguinte maneira: "E eis que ocorreu um grande tremor de terra; um anjo do Senhor desceu do céu, fez a pedra do sepulcro rolar e se sentou sobre ela" (Mt 28,2). Os outros livros, contudo, não dizem nada a respeito de um tremor de terra, nem sobre o anjo rolando a pedra. A posição do anjo também é fator de discordância: Marcos diz que o anjo estava dentro do sepulcro, sentado do lado direito; Lucas diz que havia dois anjos, e ambos estavam de pé; e João igualmente afirma serem dois, mas sentados um à cabeceira e o outro aos pés de Jesus.

Mateus relata que o anjo sentado sobre a pedra do lado de fora do sepulcro avisou às duas Marias que Cristo havia ressuscitado, e então elas se afastaram do local rapidamente. Marcos, porém, afirma que as mulheres viram a pedra rolar, sentiram-se curiosas e entraram no sepulcro, e então o anjo sentado à direita lhes falou sobre a ressurreição. Lucas diz que dois anjos contaram o fato a elas, e ambos estavam de pé. E João diz que foi o próprio Jesus Cristo quem contou à Maria Madalena, e que ela não entrou no sepulcro, mas apenas se abaixou e olhou lá dentro.

Se os autores desses quatro livros tivessem ido a um tribunal para provar um álibi (já que seria necessário ter pelo menos um álibi para provar nada mais, nada menos que um cadáver sumiu devido a causas sobrenaturais) e apresentassem suas evidências da mesma forma contraditória que os registros em seus livros, correriam o risco de ter as orelhas cortadas por perjúrio, e mereceriam exatamente isso. Não obstante, essas são as evidências, e esses são os livros que foram impostos ao mundo como obras engendradas pela inspiração divina, e como a imutável Palavra de Deus.

O autor do Livro de Mateus, depois do relato sobre a chegada das mulheres ao sepulcro, narra uma história que não é encontrada em nenhum dos outros livros — e esta é a segunda parte à qual me referi há pouco. Depois da conversa que as mulheres tiveram com o anjo sentado sobre a pedra, diz Mateus:

> Então alguns homens da guarda [a vigilância que, segundo ele, havia sido colocada no local do sepulcro] chegaram à cidade para relatar os acontecimentos aos príncipes dos sacerdotes. E quando os soldados se reuniram em conselho com os anciãos, receberam uma considerável quantia em dinheiro e uma ordem: "Vós direis que os discípulos de Jesus o levaram durante a noite, enquanto dormíeis. E se isso chegar aos ouvidos do governador, nós o acalmaremos e vos livraremos de problemas". Então os soldados pegaram o dinheiro e seguiram as suas instruções. E essa versão [a de que os seus discípulos o retiraram do sepulcro] é até os dias de hoje espalhada entre os judeus.

A expressão "até os dias de hoje" é uma evidência de que o livro atribuído a Mateus não foi escrito por ele, e que foi feito bem depois da época e das coisas das quais simula tratar — pois pressupõe um grande intervalo decorrido. Seríamos incoerentes se falássemos assim sobre qualquer fato ocorrido em nossa própria época. Portanto, para que o significado da expressão se torne inteligível, é necessário supor uma distância de pelo menos algumas gerações, pois essa referência conduz a mente de volta a tempos antigos.

Também vale a pena frisar o caráter absurdo da história, pois mostra que o autor do Livro de Mateus foi extremamente confuso e tolo. A história é contraditória do ponto de vista da probabilidade. Seria possível fazer os soldados — se realmente existiu algum

— alegarem que o corpo fora levado enquanto dormiam, e usarem isso como pretexto para não terem evitado o incidente; contudo, esse mesmo pretexto deveria também tê-los impedido de saber como e por quem o ato fora cometido — e mesmo assim os obrigaram a dizer que os discípulos de Jesus foram os autores. Se alguém apresentasse suas evidências a respeito de algo que deveria dizer que foi feito, como foi feito e por quem foi feito, essas evidências não seriam aceitas se ele dormia no momento do ocorrido e nada soubesse do que se passou. Isso serviu perfeitamente como evidência para o Novo Testamento, mas em nada beneficiou a verdade.

Vou abordar agora as informações que constam nesses livros a respeito da suposta aparição de Cristo após a comentada ressurreição.

O escritor do Livro de Mateus relata que o anjo sentado sobre a pedra na entrada do sepulcro disse às duas Marias: "'E eis que Cristo vai adiante de vós na Galileia; lá o vereis, eu vo-lo disse'" (Mt 28,7). E nos dois próximos versículos (8 e 9), esse escritor faz com que o próprio Jesus transmita a essas mulheres a mesma mensagem que o anjo comunicou pouco antes, e peça-lhes também que procurem sem demora os discípulos e os avisem. E no versículo 16 se lê: "Então os onze discípulos foram para a Galileia, rumo à montanha que Jesus lhes havia designado. Quando o viram, eles o adoraram".

O autor do Evangelho de João, por sua vez, nos conta uma história bem diferente. Segundo ele (Jo 20,19): "Na tarde do mesmo dia, o primeiro dia da semana [isto é, o mesmo dia no qual se diz que Cristo ressuscitou], quando os discípulos, por medo dos judeus, fecharam as portas do lugar onde estavam reunidos, Jesus veio e se pôs no meio deles".

Segundo Mateus, os onze apóstolos marcharam para a Galileia a fim de encontrar Jesus numa montanha (seguindo a indicação dada pelo próprio Jesus), ao mesmo tempo que, de acordo com

João, eles estavam reunidos em outro lugar, dessa vez não como encontro marcado, mas em segredo, por medo dos judeus.

O autor do Livro de Lucas contraria o de Mateus mais enfaticamente do que João, pois diz com veemência que o encontro se deu em Jerusalém, na tarde do mesmo dia em que Cristo ressuscitou, e que os onze discípulos estavam lá — veja Lucas, capítulo 24, versículos 13.33-36.

Ocorre que não é possível que o escritor desses livros seja um dos onze indivíduos chamados de discípulos, a menos que consideremos que esses supostos discípulos tinham o direito de mentir intencionalmente. Isso porque, de acordo com Mateus, se os onze foram à Galileia para encontrar Jesus numa montanha seguindo a própria indicação dele, no mesmo dia em que se diz que ele ressuscitou, Lucas e João devem ter sido dois desses onze. Todavia, o autor de Lucas diz expressamente que o encontro se deu naquele dia em uma casa em Jerusalém, e João sugere a mesma coisa. Por outro lado, se (de acordo com Lucas e João) os onze se reuniram numa casa em Jerusalém, Mateus deve ter sido um desses onze, porém ele afirma que o encontro aconteceu em uma montanha na Galileia. As evidências apresentadas nesses livros, portanto, se destroem umas às outras.

O escritor do Livro de Marcos não menciona nada a respeito de um encontro na Galileia, mas diz que Cristo, depois de ressuscitar, apareceu sob outra forma para dois discípulos que se dirigiam ao campo, e que eles relataram o ocorrido aos demais, mas não conseguiram convencê-los (Mc 16,12). Lucas também narra uma história na qual ele mantém Cristo ocupado durante todo o dia da sua alegada ressurreição; história essa que invalida o relato da ida à montanha na Galileia. Diz que dois dos discípulos (sem especificar quais) foram naquele mesmo dia a uma aldeia chamada Emaús, a mais de doze quilômetros de Jerusalém, e que Cristo os acompanhou disfarçado, permaneceu com eles até a noite, ceou com eles, e então desapareceu das suas vistas, reaparecendo naquela mesma noite no encontro dos onze em Jerusalém.

Dessa forma contraditória é que as evidências do suposto reaparecimento de Cristo são apresentadas. O único ponto no qual os escritores concordam é a esquiva privacidade desse reaparecimento — fosse no recesso de uma montanha na Galileia, fosse numa casa fechada em Jerusalém, ainda seria esquiva. A que devemos atribuir essa atitude furtiva? Por um lado, é francamente incompatível com o suposto ou fingido objetivo de convencer o mundo de que Cristo havia ressuscitado. Por outro lado, tornar isso público teria exposto os autores desses livros à possibilidade de localização, por isso se viram diante da necessidade de ter privacidade nesse assunto.

Quanto ao relato de que Cristo teria sido visto por mais de quinhentas pessoas ao mesmo tempo, apenas Paulo dá testemunho disso; não se sabe de qualquer comentário feito a respeito do assunto por nenhuma das quinhentas pessoas em questão. Trata-se, portanto, do testemunho de um homem apenas, e de um homem que — segundo o mesmo relato — não acreditou em uma só palavra sobre o evento na ocasião em que supostamente teria acontecido. Essa evidência dele, supondo-se que tenha sido o autor do 15º capítulo de Coríntios — no qual esse relato é apresentado —, assemelha-se à de um homem que comparece a um tribunal de Justiça para jurar que era falso o que ele havia jurado antes. Muitas vezes um homem vê motivo para mudar de opinião, e mudá-la é um direito dele, mas essa liberdade não é cabível quando se trata de fatos.

Passo agora à última cena, a da ascensão ao céu. Aqui o temor aos judeus, e a todo o resto, deve ter sido obrigatoriamente deixado de lado. A cena da ascensão, se verdadeira, veio selar o conjunto dos relatos; e a realidade da futura missão dos discípulos encontraria nesse evento a sua legitimação. Palavras trocadas em ambiente privado, seja em declarações, seja em promessas — tanto no recesso de uma montanha na Galileia como numa casa fechada em Jerusalém —, mesmo que se suponha que foram ditas, não podem servir de evidência no ambiente público. Portanto, era necessário que essa última cena eliminasse a possibilidade de negação e controvérsia, e que fosse, como afirmei na parte anterior de *A era da razão*, tão pública e visível quanto o sol do meio-dia. Pelo menos deveria ter sido tão pública quanto foi, segundo consta, a crucificação. Mas vamos ao que interessa.

Em primeiro lugar, o autor do Livro de Mateus não diz uma sílaba a respeito disso. Nem o autor do Livro de João. Sendo assim, se fosse verdade, é possível supor que esses escritores, que parecem até detalhistas em outros assuntos, silenciariam a respeito desse? O autor do Livro de Marcos aborda esse episódio descuidada e negligentemente, como se estivesse cansado de romancear ou envergonhado da história. O autor do Livro de Lucas faz o mesmo. E nem entre eles parece haver consenso quanto ao local onde a última despedida teria acontecido.

O Livro de Marcos diz que Cristo apareceu para os onze enquanto estavam à mesa, referindo-se ao encontro em Jerusalém. Ele descreve a conversação ocorrida nesse encontro e diz, em seguida (como um garoto de escola concluindo uma história banal): "E depois que o Senhor Jesus lhes falou, foi levado ao céu e está sentado à direita de Deus". Mas o autor de Lucas diz que a ascensão se deu quando se encontravam em Betânia; que Cristo os levou até Betânia, separou-se deles e foi levado ao céu. Foi assim também com Maomé. No caso de Moisés, o apóstolo Judas disse: "Miguel discutiu com o demônio, disputando com ele o corpo de Moisés" (Jd 1,9). Enquanto acreditarmos em fábulas como essas, a nossa crença no Todo-Poderoso será manchada pelo desrespeito.

Até agora já submeti a exame os quatro Evangelhos atribuídos a Mateus, Marcos, Lucas e João. Levando-se em conta que todo o intervalo desde a crucificação até o evento que chamamos de ascensão se resume a poucos dias, aparentemente não mais do que três ou quatro, e que todas as circunstâncias se deram supostamente perto do mesmo lugar — Jerusalém —, acredito que seja impossível encontrar, em qualquer história já registrada, disparates, contradições e falsidades tão gritantes e numerosas quanto as que há nesses livros. Tais disparates são mais frequentes e impressionantes do que eu esperava encontrar quando comecei este estudo, e muito mais do que eu imaginava que fossem quando escrevi a primeira parte de *A era da razão*. Na ocasião, não tinha nem Bíblia para consultar, nem podia procurar por uma. A minha própria situação estava cada vez mais precária, até mesmo para sobreviver, e como eu desejava deixar algo sobre esse assunto como legado, fui obrigado a ser rápido e conciso. As citações que fiz então foram apenas de memória, mas são corretas; e as opiniões que expus neste trabalho são efeito da mais clara e consolidada convicção de que a Bíblia foi imposta à humanidade — convicção de que não passam de invenções fantasiosas a queda do homem, a história de que Jesus Cristo é o Filho de Deus e de que a sua agonia aplacou a ira de Deus, e a salvação obtida por esses estranhos meios. Tudo isso não passa de fantasia que desonra a sabedoria e a força do Todo Poderoso. Clara e consolidada é também a minha convicção de que a única religião verdadeira é o Deísmo, que eu considerava, e ainda considero, a crença no Deus único. Foi sobre o Deísmo apenas (no que diz respeito à religião) que depositei todas as minhas esperanças de felicidade na outra vida. É o que digo agora — e que Deus me ajude.

Retornemos, porém, ao assunto. Embora seja impossível, dada a enorme distância temporal, determinar com certeza quem foram os autores desses quatro Evangelhos (apenas esse fato já é suficiente para que pairem dúvidas sobre eles — e, quando duvidamos, não cremos), não é difícil determinar que eles não foram escritos pelas pessoas que receberam o crédito por sua autoria. As contradições nesses livros demonstram duas coisas, que descrevo a seguir.

Em primeiro lugar, que os autores não poderiam ter sido testemunhas oculares e auditivas dos eventos que relatam, caso contrário os teriam relatado sem contradições. Consequentemente, os livros não foram escritos pelos apóstolos que deveriam ter testemunhado os acontecimentos.

Em segundo lugar, que os autores, sejam eles quem forem, não agiram por imposição orquestrada; cada autor trabalhou por sua própria conta, separada e individualmente, e sem o conhecimento dos outros.

A mesma evidência empregada para provar o primeiro caso pode ser empregada para provar ambos os casos; ou seja, de que os livros não foram escritos pelos homens conhecidos como apóstolos, e que o trabalho não foi combinado. Quanto à inspiração, é algo totalmente fora de questão. Nós podemos em partes iguais tentar reunir verdade e falsidade, como inspiração e contradição.

Quando quatro homens são testemunhas oculares e auditivas de uma cena, concordarão — sem que haja nenhuma combinação entre eles — quanto ao tempo e ao lugar onde a cena aconteceu. Seu conhecimento individual das circunstâncias — tendo cada um visto os acontecimentos com os próprios olhos — torna a combinação totalmente desnecessária. Não haverá motivo para que um deles diga que o local foi uma montanha no campo enquanto outro diz que foi numa casa na cidade; ou para que um diga que o dia estava amanhecendo e o outro que estava escuro. Em qualquer lugar que a cena tivesse se desenrolado, a qualquer tempo, eles teriam tomado conhecimento dos fatos de forma igual.

Por outro lado, se quatro homens combinam uma história, cada um precisa fazer sua parte separada concordar com as dos outros e confirmá-las a fim de dar sustentação ao todo. Esse acordo supre a necessidade de fatos em um caso, já que o conhecimento do fato substitui, no outro caso, a necessidade de um acordo. Portanto, as mesmas contradições que provam que não houve acordo também provam que os autores não tinham conhecimento do fato (ou, melhor dizendo, não tinham conhecimento do que relatam como fato), e detectam também a falsidade dos seus relatos. Disso se conclui que esses livros não foram escritos nem pelos homens chamados de apóstolos nem pelos impostores em conjunto. Sendo assim, como esses livros foram escritos?

Eu não costumo acreditar que seja muito comum o hábito de mentir voluntariamente, ou de mentir como se respira, exceto no caso de homens preparados para serem profetas, como no Antigo Testamento; porque profetizar é mentir como profissão. Em quase todos os outros casos, não é difícil descobrir o meio pelo qual até uma simples suposição, com o auxílio da credulidade, pode evoluir e se tornar uma mentira, até por fim ser contada como um fato. E sempre que encontrarmos um motivo caridoso para esse tipo de coisa, nós não devemos permitir um motivo sério.

Jesus Cristo surgindo depois de ter sido morto é a história de uma aparição, como as criadas por uma imaginação fraca e aceita pela credulidade. Histórias desse tipo foram contadas sobre o assassinato de Júlio César, não muitos anos antes, e geralmente têm sua origem em mortes violentas ou na execução de pessoas inocentes. Em casos desse tipo, a compaixão entra em cena e com benevolência expande as histórias. Aos poucos elas vão se desenvolvendo, até se tornarem uma verdade inegável. Certa vez um espírito apareceu, e a credulidade deu substância à história da sua vida, e validou a causa da sua aparição! Alguém contou a história de um jeito, outro alguém de outro, até que existissem tantas histórias sobre o espírito e sobre o proprietário do espírito quantas existiam sobre Jesus Cristo nesses quatro Evangelhos do Novo Testamento.

A história da aparição de Jesus Cristo é contada com aquela estranha mistura do natural e do impossível que distingue a lenda do fato. Ele é representado como alguém que entra repentinamente e parte quando as portas estão fechadas, e então desaparece de vista e aparece de novo, como se tivesse saído de um sonho. E depois ele sente fome, e senta-se para fazer uma refeição. Porém, aqueles que contam histórias assim jamais se preparam para todas as circunstâncias — e é o que acontece nesse caso. Os chamados apóstolos nos contaram que, quando Jesus ressuscitou, ele deixou para trás as suas mortalhas; ocorre, porém, que se esqueceram de providenciar outras roupas para que ele aparecesse mais tarde. Também se esqueceram de nos contar como foi que ele subiu ao céu — se despiu as vestes ou se ascendeu de roupa e tudo. No caso de Elias, houve o cuidado de fazê-lo retirar o manto. Não nos explicaram também como ele não se queimou na carruagem de fogo. Como, porém, a imaginação supre todas as deficiências desse tipo, nós podemos supor o que desejarmos, se desejarmos.

Aqueles que não estão muito familiarizados com a história eclesiástica podem supor que o Novo Testamento existiu desde a época de Jesus Cristo, assim como consideram que os livros atribuídos a Moisés existiram desde a época dele. Historicamente, porém, a verdade é outra. O livro chamado de Novo Testamento surgiu mais de 300 anos depois da época em que Cristo, segundo consta, viveu.

Não é possível afirmar em que época começaram a surgir os livros atribuídos a Mateus, Marcos, Lucas e João. Não existe nenhuma sombra de evidência que possa indicar as pessoas que os teriam escrito, nem em que época; e eles poderiam muito bem ter recebido os nomes dos outros alegados apóstolos, assim como receberam os nomes pelos quais são agora chamados. As obras originais não estão em poder de nenhuma Igreja Cristã existente; tampouco as duas tábuas de pedra dadas a Moisés no monte Sinai — nas quais, segundo a lenda, o dedo de Deus escreveu — estão em poder dos judeus. E ainda que eles possuíssem esse material, não há maneira de identificar a caligrafia em nenhum dos dois casos. Na época em que esses livros foram escritos não existia impressão, portanto não poderia haver publicação — a não ser por cópias escritas, que qualquer homem poderia fazer ou alterar como bem entendesse e chamá-las de originais.[22] É aceitável supor que esteja conforme com a sabedoria do Todo-Poderoso comprometer-se e empenhar a Sua vontade em favor do homem através de recursos tão precários como esses, ou supor que devemos depositar a nossa fé em tamanhas incertezas? Nós não podemos criar, nem alterar, nem mesmo imitar sequer uma folha de grama que Ele tenha feito, mas ainda somos capazes de fazer ou de alterar palavras de Deus tão facilmente quanto (fazemos ou alteramos) as palavras do homem.

Cerca de 350 anos depois da época em que se disse que Cristo viveu, vários textos semelhantes aos que venho mencionando espalharam-se pelas mãos de diversos indivíduos. Como a Igreja tinha começado a se transformar numa hierarquia, ou num governo eclesiástico, com poderes temporais, ela decidiu reunir esses textos em códices — como agora os vemos — chamados de o Novo Testamento. Decidiu por voto — como afirmei na parte anterior de *A era da razão* — quais desses escritos reunidos na compilação feita deviam ser a Palavra de Deus, e quais não. Os rabinos dos judeus tinham decidido anteriormente, por meio de votação, os livros do Antigo Testamento.

Tendo em vista que os objetivos da Igreja, como acontece com todas as instituições eclesiásticas nacionais, eram o poder e a riqueza — e o terror, o meio empregado para alcançá-los —, é justo supor que o mais miraculoso e grandiloquente dos textos que ela havia reunido tinha mais chance de receber voto.

Contudo, havia disputas acirradas entre as pessoas que se autodenominavam cristãs; não apenas relacionadas a temas da doutrina como também à autenticidade dos livros. No debate entre os indivíduos chamados Santo Agostinho e Fausto, no ano 400 aproximadamente, o segundo diz:

> Os livros dos Evangelistas foram elaborados por desconhecidos muito tempo depois da época dos apóstolos. Esses desconhecidos, temendo que as ideias apresentadas por eles passassem despercebidas porque o mundo provavelmente não tinha conhecimento deles, publicaram-nos sob os nomes dos apóstolos; são pessoas que se relacionam de modo tão tosco e antagônico que não existe entre elas nem ligação nem concordância.

E em outro momento, dirigindo-se às pessoas que defendiam que esses livros continham a Palavra do Senhor, o mesmo Fausto diz:

> Foi dessa maneira que os seus antepassados inseriram muitas coisas nas escrituras de nosso Senhor, coisas que foram creditadas a Ele, mas não estão de acordo com as Suas doutrinas. Isso não surpreende, já que nós por várias vezes provamos que esses textos não foram escritos por Ele nem por seus apóstolos, e que na verdade são em sua maior parte baseados em fábulas, em relatos vagos, e reunidos por sabe-se lá quem, meio judeus, mas que concordavam ligeiramente entre si; e eles mesmo assim publicaram esses textos sob os nomes dos apóstolos de nosso Senhor, atribuindo dessa maneira a eles os seus próprios erros e as suas mentiras.[23]

Esses trechos que citei mostrarão ao leitor que a autenticidade dos livros do Novo Testamento foi negada, e que os livros foram tratados como histórias, falsificações e mentiras na época em que foram escolhidos para serem a "Palavra de Deus".[24] Mas o poder da Igreja, sem mencionar a ameaça de queimar hereges vivos, abateu a oposição e suprimiu, por fim, todo questionamento. Milagres após milagres se seguiram, e as pessoas foram instruídas a dizer que acreditavam, independentemente se falavam a verdade ou não. Mas (se pensarmos bem) a Revolução Francesa excomungou a Igreja, subtraindo dela o poder de operar milagres. Desde que a Revolução começou, a Igreja não foi capaz de operar um milagre sequer, nem com a ajuda de todos os seus santos; e como a Igreja nunca precisou tanto de um milagre como agora, podemos, sem precisar recorrer a nenhum profeta, concluir que todos os seus antigos milagres não passaram de truques e mentiras.

Quando nós consideramos o intervalo de mais de 300 anos entre a época em que se diz que Cristo viveu e a época em que o Novo Testamento foi transformado em livro, percebemos, mesmo sem o auxílio de evidência histórica, a grande incerteza que existe quanto à sua autenticidade. A autenticidade da obra de Homero, no que diz respeito à autoria, tem muito mais solidez do que a do Novo Testamento, embora Homero seja mil anos mais antigo. Apenas um poeta extremamente bom poderia ter escrito a obra de Homero, portanto poucos homens tentariam realizar essa tarefa — e alguém capaz de fazer isso não entregaria a sua própria fama a outra pessoa. Do mesmo modo, poucas pessoas seriam capazes de produzir *Os elementos*, de Euclides, porque seria necessário um matemático extremamente hábil para ser o autor de semelhante trabalho.

Os livros do Novo Testamento — particularmente as partes que nos narram a ressurreição e a ascensão de Cristo — podem ter sido escritos por qualquer pessoa capaz de tecer narrativas sobre aparições e mortos que caminham, pois a história é contada pobremente. Portanto, a chance de ter havido falsificação no Novo Testamento é milhões de vezes maior do que nos casos de Homero ou de Euclides. Os numerosos sacerdotes ou padres de hoje, os bispos e tudo mais, podem fazer um sermão ou traduzir um fragmento em latim (especialmente se já tiver sido traduzido mil vezes antes); mas será que alguém entre eles poderia escrever poesia como Homero ou ciência como Euclides? Hoje, todo o aprendizado que as pessoas tiveram na vida, com raras exceções, se resume a conseguir articular quatro ou cinco palavras numa frase; e o seu conhecimento no campo da ciência mal basta para que elas multipliquem três por um e obtenham três. Ainda assim, esse conhecimento seria mais do que suficiente para torná-las aptas a escrever todos os livros do Novo Testamento, se elas tivessem vivido naquela época.

Como há mais oportunidades de falsificação, maior também é o estímulo a isso. Não há vantagem nenhuma em escrever sob o nome de Homero ou de Euclides. Um homem que escreva tão bem quanto eles terá mais vantagem se assinar com o próprio nome; um homem inferior a eles, porém, pode não ter êxito. O orgulho evitaria o primeiro caso e impossibilitaria o segundo. Porém, no que diz respeito a livros como o Novo Testamento, não faltaram estímulos para a falsificação. Por melhor que fosse uma história, passados 200 ou 300 anos do seu surgimento, ela não teria prosperado num original sob o nome do verdadeiro autor; a única chance de sucesso residia na falsificação, pois a Igreja queria um pretexto para a sua nova doutrina, de modo que verdade e talento estavam fora de questão.

Não era incomum (como já se observou antes), no entanto, relatar histórias de mortos que caminham e de espíritos e aparições que morreram de modo violento ou insólito. As pessoas daquela época costumavam acreditar em tais coisas, assim como no aparecimento de anjos ou demônios, por isso temiam que seus corpos fossem invadidos e que os fizessem estremecer como se estivessem com febre, ou que fossem expulsos como num vômito (Maria Madalena, como nos conta o Evangelho segundo São Marcos, dirigiu-se, ou foi levada, para a cama de sete demônios). Assim, não é nada extraordinário que alguma história desse tipo tenha sido divulgada sobre a pessoa chamada Jesus Cristo, tornando-se mais tarde a base para os quatro livros atribuídos a Mateus, Marcos, Lucas e João. Cada escritor contou a história como a ouviu, e deu ao seu livro o nome do santo ou do apóstolo que a tradição apresentara como testemunha ocular. Essa é a única explicação para a contradição nesses livros; se não for uma explicação válida, então eles são pura e simplesmente mentiras e falsificações, e não podem nem mesmo contar com o pretexto da credulidade.

Vê-se claramente que esses livros foram escritos por meio judeus, como mencionado antes. As frequentes referências a Moisés, o principal impostor e assassino, e aos homens denominados profetas confirmam isso; por outro lado, a Igreja complementou a fraude admitindo que o Antigo e o Novo Testamento se conectavam. Entre o judeu cristão e o gentio cristão, o que é chamado de profecia e a profecia em si, o signo e o significado foram habilmente explorados e encaixados como chave na fechadura. A tola história contada sobre Eva e a serpente — e, naturalmente, sobre a inimizade entre homens e serpentes (pois a serpente sempre morde o calcanhar por não conseguir alcançar mais alto; e o homem sempre a atinge na cabeça por ser o método mais eficaz de evitar sua mordida)[25] — foi transformada numa profecia, num sinal e numa promessa; e a imposição mentirosa de Isaías a Acaz, de que uma virgem conceberia e daria à luz um filho e esse seria o sinal de que Acaz sairia vitorioso, quando o que aconteceu foi a sua derrota (como já comentei nas observações do Livro de Isaías), foi feita para desviar a atenção.

Jonas e a baleia também são transformados em sinal. Jonas é Jesus, e a baleia, o túmulo. Em Mateus, capítulo 12, versículo 40, se diz (e eles fazem Cristo dizer isso de si mesmo) que, "da mesma maneira que Jonas permaneceu três dias e três noites no ventre da baleia, assim deve o Filho do Homem ficar três dias e três noites no coração da terra". Ocorre que Cristo, de acordo com o seu próprio relato, permaneceu — o que é bastante estranho — um dia e duas noites no túmulo: cerca de 36 horas, não 72; isto é, de sexta à noite ao sábado à noite, pois consta que já havia ressuscitado no domingo pela manhã ao nascer do sol, ou antes. Mas como isso combina muito bem com a mordida e o pisão em Gênesis, e com a virgem e seu filho em Isaías, não chega a causar estranheza. E assim encerramos a parte histórica do Novo Testamento e suas evidências.

As Epístolas de Paulo

As epístolas atribuídas a Paulo — catorze ao todo — ocupam quase toda a parte restante do Novo Testamento. Se essas epístolas foram escritas pela pessoa a quem são atribuídas não tem grande importância, dado que o autor — quem quer que fosse — tenta provar sua doutrina por meio de argumentos. Ele não finge ter sido testemunha de nenhuma das cenas contadas sobre a ressurreição e a ascensão, e declara não ter acreditado nelas.

A história de que ele foi atirado ao chão quando viajava para Damasco não tem nada de milagroso ou extraordinário; ele escapou com vida, o que não se pode dizer de muitos outros que foram atingidos por um raio. Que durante três dias ele tenha perdido a visão e a capacidade de comer e de beber não é surpreendente em tais condições. As pessoas que o acompanhavam não parecem ter sofrido da mesma forma, pois estavam bem o suficiente para conduzi-lo pelo restante da viagem. Além disso, elas não fingiram ter tido nenhuma visão.

O caráter da pessoa de nome Paulo, de acordo com relatos a respeito dele, carregava traços intensos de violência e fanatismo; ele impunha sofrimento com o mesmo fervor com que depois passou a pregar. A queda que sofreu mudou sua maneira de pensar sem, no entanto, alterar a sua constituição; como judeu ou como cristão, ele era o mesmo fanático. Homens assim nunca são evidência de boa moral para nenhuma doutrina que pregam. São sempre homens de extremos, seja em suas ações, seja em suas crenças.

A doutrina que ele busca provar por meio de argumentação é a ressurreição do mesmo corpo, e ele sugere isso como prova de imortalidade. Porém os homens divergem tanto em sua maneira de pensar, e nas conclusões a que chegam com base nas mesmas premissas, que essa doutrina da ressurreição do mesmo corpo, longe de ser uma evidência de imortalidade, parece oferecer uma prova contra ela. Afinal, se já morri nesse corpo e ressuscitei nesse mesmo corpo em que vivi, isso é evidência provável de que voltarei a morrer. Essa ressurreição não é garantia de que a morte não se repetirá, assim como se curar de uma gripe não é garantia de que ela não voltará. Portanto, para acreditar em imortalidade, é necessário ter uma ideia mais elevada do que a que está contida na sombria doutrina da ressurreição.

Ademais, por uma questão de escolha, e também de esperança, eu preferiria ter um corpo melhor e uma forma mais conveniente à atual. Todos os animais na criação nos superam em alguma coisa. Os insetos alados, sem mencionar as pombas e as águias, podem percorrer em poucos minutos e com mais facilidade uma distância maior do que um homem conseguiria fazer em uma hora. O deslocamento do menor dos peixes nos supera em movimento de uma forma quase incomparável, e sem cansaço. Até uma morosa lesma pode subir pela base de uma masmorra, onde um homem pereceria por não possuir essa habilidade. Uma aranha pode se atirar do alto como se isso não passasse de diversão. O homem tem poderes tão limitados, e a sua pesada estrutura é tão pouco apropriada para a ampla exploração de possibilidades, que nada nos induz a desejar que a opinião de Paulo seja verdadeira. É pequeno demais para a grandeza do cenário, medíocre demais para a sublimidade do assunto.

Argumentos à parte, a consciência da existência é a única ideia concebível que nós podemos ter de outra vida, e o prolongamento dessa consciência é a imortalidade. A consciência da existência, ou saber que existimos, não está necessariamente confinada na mesma forma nem na mesma matéria, mesmo nessa vida.

Nós não temos em todos os casos a mesma forma, nem temos em nenhum caso a mesma matéria que compunha nossos corpos 20 ou 30 anos atrás; ainda assim, temos consciência de que somos as mesmas pessoas. Nem mesmo braços e pernas — que representam quase a metade da estrutura do corpo humano — são necessários para a consciência da existência. Eles podem ser perdidos ou removidos, ainda assim a plena consciência da existência permanece; e se em seu lugar fossem colocadas asas, ou outros apêndices, nós não poderíamos julgar que isso alteraria a nossa consciência da existência. Em resumo, não sabemos quanto, ou melhor, quão pouco da nossa composição cria em nós a consciência da existência, e quão incrivelmente sutil é esse pouco; e tudo além disso é como a polpa de um pêssego, distinta e separada da parte vegetal na semente.

Quem pode explicar qual é a ação extraordinariamente tênue da matéria sutil que produz o pensamento naquilo que chamamos de mente? E ainda assim esse pensamento, quando é produzido (como agora produzo o pensamento que estou escrevendo), é capaz de se tornar imortal — e é a única produção do homem que tem essa capacidade.

Estátuas de bronze ou de mármore se deteriorarão; e imitações dessas estátuas não são essas mesmas estátuas nem o mesmo trabalho, assim como a cópia de uma imagem não é a imagem em si. Mas grave e regrave um pensamento mil vezes, e em materiais de qualquer tipo — entalhe-o na madeira ou esculpa-o na pedra —; o pensamento é eterno e identicamente o mesmo em qualquer caso. Isso é ter uma capacidade de existência inalterada, não afetada pela mudança da matéria, distinta na sua essência e de natureza diferente de tudo o que se sabe ou se pode imaginar. Então, se a coisa produzida tem em si mesma a capacidade de ser imortal, é mais do que um sinal de que o poder que a produziu, o equivalente à consciência da existência, pode também ser imortal; e isso independe da matéria com a qual se conectou no princípio, assim como o pensamento independe do objeto no qual surgiu impresso ou escrito. Uma ideia não é mais difícil de acreditar do que a outra, e podemos perceber que uma delas é verdadeira.

Que a consciência da existência não depende da mesma forma ou da mesma matéria é algo demonstrado aos nossos sentidos pelas obras da criação, até onde os nossos sentidos são capazes de receber essa demonstração. Uma parcela bastante numerosa da criação animal prega para nós, muito melhor do que Paulo, a crença em uma vida após a morte. O pequeno mundo deles se assemelha a um céu e uma terra, um estado presente e um futuro; e consiste, na falta de expressão melhor, numa imortalidade em miniatura.

Os mais belos detalhes da criação aos nossos olhos são os insetos alados, e eles não são assim originalmente. Eles adquirem essa forma e esse brilho inimitável após mudanças progressivas. A lenta e rastejante lagarta se torna, em poucos dias, uma figura inerte num estado que se assemelha ao da morte; e na etapa seguinte dessa mudança surge, em toda a sua glória da vida em miniatura, uma esplêndida borboleta. Nada que remeta à antiga criatura permanece, tudo é mudado; todas as suas capacidades são novas, e a vida para ela passa a ser outra. Nós não podemos conceber que a consciência da existência não seja a mesma de antes nesse estado do animal, por que então devo acreditar que a ressurreição do mesmo corpo é necessária para preservar em mim a consciência da existência no além?

Na parte anterior de *A era da razão* afirmei que a criação é a única e verdadeira Palavra de Deus. E esse exemplo, ou esse texto, no livro da criação nos mostra que isso não somente pode ser assim como o é de fato, e que a crença numa condição futura é uma crença racional, fundamentada em fatos visíveis na criação. Porque acreditar que nós existiremos após a morte, em condição e forma melhores que as atuais, não é mais difícil que acreditar que uma lagarta possa se transformar numa borboleta, deixar de rastejar no chão sujo e alçar voo.

Quanto ao questionável jargão atribuído a Paulo no 15º capítulo de 1 Coríntios, que faz parte do serviço fúnebre de algumas seitas cristãs, é tão destituído de significado quanto as batidas de um sino num funeral. Não oferece contribuição alguma à compreensão nem fornece elemento algum à imaginação, mas deixa por conta do leitor a tarefa de encontrar um significado se puder. Ele diz que "As carnes não são todas iguais. Uma é dos homens, outra dos animais, outra ainda dos peixes e por fim a carne das aves". E depois o quê? Nada. Um cozinheiro poderia ter dado essa informação. E continua: "Também há corpos celestes e corpos terrestres; a beleza dos celestes é uma, e a beleza dos terrestres é outra diferente". E depois o quê? Nada. E qual é a diferença? Ele não diz nada a respeito. "A claridade do Sol é uma, e outra a claridade da Lua, e outra ainda a claridade das estrelas". E depois, o que acontece? Nada — exceto um comentário dele a dizer que as estrelas diferem umas das outras no tocante à claridade, não no tocante à distância; e ele também poderia ter-nos dito que a Lua não brilhava tanto quanto o Sol. Tudo isso não passa da falácia de um vidente charlatão, que pinça frases cujo significado desconhece para confundir as pessoas crédulas que vão a ele para que lhes leia a sorte. Sacerdotes e videntes são do mesmo ramo de negócios.

Algumas vezes, Paulo se passa por naturalista e finge provar a sua tese da ressurreição baseando-se nos princípios da vegetação: "Tolos! Pois o que semeias não volta a viver sem antes morrer. Não se semeia o corpo da planta que há de nascer, e sim o simples grão". Mas a metáfora não é adequada sob nenhum ponto de vista. Trata-se de sucessão, não de ressurreição.

O progresso de um animal de um estado de existência para outro, como de uma lagarta para uma borboleta, aplica-se ao caso. Porém a metáfora da semente não, e mostra que Paulo, que chamava os outros de tolos, era ele mesmo um.

Não faz diferença se as catorze epístolas atribuídas a Paulo foram de sua autoria. Elas são argumentativas e dogmáticas; e como o argumento é falho e a parte dogmática é mera suposição, não é importante saber quem as escreveu. O mesmo pode ser dito a respeito das partes remanescentes do Novo Testamento. Não se trata das epístolas, mas do que é chamado de Espírito, contido nos quatro livros atribuídos a Mateus, Marcos, Lucas e João, e das supostas profecias nas quais se baseia a teoria da Igreja que se denomina Cristã. As epístolas dependem delas, e devem seguir seu destino; pois, se a história de Jesus Cristo for lenda, todo o raciocínio baseado nela como suposta verdade cairá com ela.

A história nos mostra que um dos principais líderes dessa Igreja, Atanásio, viveu na época em que o Novo Testamento foi elaborado;[26] e a falácia absurda que ele nos deixou sob a denominação de um credo também nos mostra o caráter dos homens que elaboraram o Novo Testamento. A história nos mostra ainda que a autenticidade dos livros que compõem o Novo Testamento foi negada em sua época. Foi o voto de Atanásio que decretou que a Bíblia seria a Palavra de Deus — e nada poderia nos parecer mais estranho do que a ideia de decretar a Palavra de Deus por meio de uma votação. Aqueles que depositam a sua fé nessa autoridade colocam o homem no lugar de Deus, e não têm base para a felicidade futura. Credulidade não é crime, mas se torna criminosa por afrontar a evidência; estrangula no interior da consciência os esforços que ela faz para investigar a verdade. Jamais, em hipótese nenhuma, devemos deixar que uma crença se imponha sobre nós.

Eu encerro aqui o assunto a respeito do Novo e do Antigo Testamentos. As evidências que produzi para comprovar suas falsificações foram extraídas dos próprios livros, voltando-se contra eles tal qual uma faca de dois gumes. Se a evidência for negada, a autenticidade das Escrituras também será negada, pois a evidência está contida nelas; e se a evidência for aceita, a autenticidade dos livros será refutada.

Se daqui em diante a Bíblia cair em descrédito, não terá sido por minha causa. Não fiz mais do que extrair as evidências da confusa massa de informações que se embaralham nesses escritos, e jogar luz sobre elas para que fossem claramente vistas e facilmente compreendidas. Isso feito, deixo que o leitor julgue por si mesmo, como eu julguei por mim mesmo.

CAPÍTULO 3

Conclusão

NA PRIMEIRA PARTE DE *A ERA DA RAZÃO* FALEI A RESPEITO das três fraudes — mistério, milagre e profecia. Como não encontrei nada em nenhuma das respostas a esse trabalho que ao menos exercesse alguma influência sobre o que eu disse, não vou sobrecarregar esta segunda parte com acréscimos desnecessários.

Eu também falei a respeito do que se denomina revelação e apontei o uso absurdamente equívoco desse termo nos livros do Antigo e Novo Testamentos, pois certamente, em hipótese alguma, a revelação comunicou algo que tenha envolvido o homem como ator ou testemunha. Aquilo que um homem fez ou viu não necessita de uma revelação para lhe dizer o que fez ou viu, pois ele já sabe disso; nem para capacitá-lo a dizê-lo ou escrevê-lo. É ignorância ou imposição aplicar o termo "revelação" nesses casos, contudo a Bíblia é classificada sob essa descrição fraudulenta de abarcar toda a revelação.

Então a revelação, tomada no sentido da relação entre Deus e homem, pode ser aplicada apenas a algo que Deus revela sobre a Sua vontade ao homem. Embora se admita necessariamente que está ao alcance do Todo-Poderoso realizar essa comunicação, pois para Ele tudo é possível, ainda, o que é revelado (a propósito: se algo foi revelado, e o que foi, é impossível provar) é revelação somente para a pessoa a quem foi endereçada. Quando alguém que teria recebido a revelação relata o ocorrido a outra pessoa, então não é revelação; e quem quer que creia em semelhante relato crê em quem o fez. Mas essa pessoa pode ter sido enganada, ou pode ter sonhado isso, ou pode ser uma impostora que contou uma mentira.

Não existe critério possível pelo qual se possa julgar a veracidade do que é narrado, pois nem a integridade moral disso seria prova de que houve revelação. Em todos os casos, a resposta apropriada seria: "Se tivesse sido revelado diretamente a mim, eu acreditaria se tratar de uma revelação, mas não foi, e não compete a mim acreditar numa revelação feita a alguém antes de chegar a mim, deixando que homens assumam o lugar de Deus". Foi dessa maneira que me pronunciei a respeito da revelação na primeira parte de *A era da razão*: admitindo com reverência, por um lado, a revelação como algo possível, porque — como já disse antes — tudo é possível para o Todo-Poderoso, e, por outro lado, evitando que um homem prevaleça sobre outro e que se use de modo desonesto a suposta revelação.

Porém, embora tenha admitido a possibilidade de revelação, o fato é que eu me recuso totalmente a acreditar que o Todo-Poderoso já tenha comunicado alguma coisa ao homem por qualquer tipo de fala, ou de linguagem, ou por qualquer tipo de visão ou aparição, ou por qualquer meio capaz de alcançar os nossos sentidos, exceto pela exposição universal de Si mesmo nas obras da criação, e pela repugnância que sentimos contra as más ações e disposição para realizar boas ações.

As mais detestáveis perversidades, as mais horríveis crueldades e as maiores misérias que afligiram a raça humana tiveram sua origem nessa coisa chamada revelação, ou religião revelada. De todas as crenças que já foram propagadas desde o início da existência do homem, essa foi a que mais desonrou a natureza da

Divindade, a que mais destruiu a moralidade, a paz e a felicidade. Seria melhor, muito melhor, permitirmos (se fosse possível) que mil demônios andassem à solta, e pregassem publicamente a sua doutrina (se existisse algo assim), em vez de permitirmos que um único impostor e monstro semelhante a Moisés, Josué, Samuel e os profetas da Bíblia aparecesse com a pretensa Palavra de Deus na boca e recebesse crédito entre nós.

De onde surgiram todos os terríveis assassinatos de nações inteiras de homens, mulheres e crianças (dos quais a Bíblia está repleta), as sanguinárias perseguições e torturas até a morte, as guerras religiosas que desde aquela época mergulharam a Europa em sangue e cinzas, senão dessa ímpia ideia denominada "religião revelada" e dessa monstruosa crença de que Deus falou ao homem? As mentiras do Antigo Testamento foram a causa de uma, e as mentiras do Novo Testamento foram a causa da outra.

Alguns cristãos alegam que o Cristianismo não foi estabelecido pela espada, mas a que período se referem? Que doze homens dessem início a tudo pela força da espada seria impossível, não tinham esse poder. Mas, quando os adeptos do Cristianismo se viram suficientemente poderosos, lançaram mão da espada sem hesitar, além da estaca e da fogueira; nem Maomé fez isso com mais rapidez. Com o mesmo espírito com que Pedro cortou a orelha do servo do sumo sacerdote (se a história for verdadeira), porém, ele teria cortado fora a sua cabeça e a cabeça do seu mestre, se pudesse. Além disso, o Cristianismo se fundamenta originalmente na Bíblia, e a Bíblia foi estabelecida inteiramente por meio da espada, e isso da pior maneira — não para aterrorizar, mas para exterminar. Os judeus não convertiam os conquistados, e sim os abatiam. O Antigo Testamento gerou o Novo, e ambos são considerados a Palavra de Deus. Os cristãos leram ambos os livros; os sacerdotes pregaram ambos; e o chamado Cristianismo é feito de ambos. Por isso é falso dizer que o Cristianismo não foi instituído pela espada.

O único grupo religioso que não realizou perseguições foi o Quaker, e isso se deu porque são mais deístas do que cristãos. Não acreditam muito em Jesus Cristo e chamam as Escrituras de "letra morta". Se as tivessem denominado de coisa pior, estariam mais próximos da verdade.

É dever de todo homem que reverencia a natureza do Criador — e que deseja diminuir a lista de misérias artificiais e remover a causa que semeou numerosas perseguições no seio da humanidade — expulsar todas as ideias de religião revelada, considerando-as uma perigosa heresia e uma fraude ímpia. O que nós aprendemos com esse suposto evento denominado religião revelada? Nada que seja útil ao homem, e tudo que seja desonroso para o seu Criador. O que o Antigo Testamento nos ensina? Pilhagem, crueldade e assassinato. O que o Novo Testamento nos ensina? A acreditar que o Todo-Poderoso praticou libertinagem com uma mulher prometida em casamento, e que a crença nessa libertinagem se chama fé.

Quanto aos fragmentos de moralidade que estão irregular e parcamente espalhados nesses livros, eles não fazem parte desse suposto evento da religião revelada. São os ditames naturais da consciência e os laços que mantêm a sociedade unida; sem eles, isso não poderia existir, e são quase os mesmos em todas as religiões e sociedades. O Antigo Testamento não ensina nada de novo sobre esse assunto; aliás, quando tenta demonstrar propriedade ao abordá-lo, torna-se medíocre e ridículo. A doutrina da não retaliação a ofensas é expressa de forma muito melhor em Provérbios, enquanto coletânea de textos de gentios e judeus, do que no Antigo Testamento. Podemos ler em Provérbios, capítulo 25, versículo 21: "Se o teu inimigo tem fome, dá-lhe de comer; e se ele tem sede, dá-lhe de beber".[27] Mas quando dizemos, como no Novo

Testamento, "Se um homem te esbofetear a face direita, oferece-lhe a outra face", estamos assassinando a dignidade da tolerância e igualando o homem a um cãozinho.

Amar os inimigos é outro dogma de moralidade fingida; além disso, não faz nenhum sentido. Cabe ao homem, como moralista, deixar de vingar um agravo. Isso é igualmente bom no sentido político, pois a retaliação nunca tem fim: todos querem retaliar e chamar isso de justiça. Mostrar amor em resposta ao agravo, contudo, se é que isso pode ser feito, seria recompensar um crime. Além disso, a palavra "inimigo" é vaga e geral demais para ser usada numa máxima moral, que deve sempre ser clara e definida como um provérbio. Se um homem for inimigo de outro devido a um desacordo ou preconceito, como no caso de opiniões religiosas, e às vezes políticas, esse homem é diferente de um inimigo figadal com intenção criminosa; e cabe a nós — e isso contribui também para a nossa própria felicidade — aplicar a melhor interpretação. Mas mesmo a ausência de uma intenção criminosa não é motivo para amar a outra parte; e dizer que nós podemos amar voluntariamente, sem um motivo, é moral e fisicamente impossível.

A moralidade sofre prejuízo quando, para começo de conversa, lhe atribuímos deveres impossíveis de realizar; e, se pudéssemos fazê-lo, acarretariam malefício ou, como já comentei, recompensariam o crime. A máxima de respeitar o próximo como a nós mesmos não abarca essa estranha doutrina de amar o inimigo, pois ninguém espera ser amado por seu crime ou por sua inimizade.

Os indivíduos que pregam essa doutrina de amar os inimigos são em geral os que mais perseguem desafetos, e são firmes ao fazê-lo, porque a doutrina é hipócrita; e naturalmente a hipocrisia busca o contrário do que prega. Quanto a mim, eu repudio a doutrina e a tenho na conta de moralidade afetada ou quimérica. Ainda assim, não existe pessoa que possa dizer que foi perseguida por mim — nem pessoa nem grupo de pessoas — mesmo na ocasião da Revolução Americana ou da Revolução Francesa. E não há quem possa dizer que eu já tenha retribuído o mal com o mal. Mas não é papel do homem recompensar uma má ação com uma boa, retribuir o mal com o bem; e sempre que isso é feito, trata-se de um ato voluntário, não de um dever. Também é absurdo supor que essa doutrina possa ter algum vínculo com uma religião revelada. Nós imitamos o caráter moral do Criador mostrando tolerância uns para com os outros, pois Ele a todos tolera. Essa doutrina, por sua vez, implicaria considerar que Ele amava o homem não por ser bom, mas por ser mau.

Se nós considerássemos a natureza da nossa condição, perceberíamos que não há ocasião para algo semelhante a uma religião revelada. O que desejamos saber? A criação e o Universo que contemplamos não pregam para nós a existência de um Poder Supremo que governa e regula o todo? E as evidências que essa criação oferece aos nossos sentidos não são infinitamente mais fortes do que qualquer coisa que possamos ler num livro produzido por algum impostor e alegado ser a Palavra de Deus? Quanto à moralidade, a noção dela existe na consciência de todas as pessoas.

Aqui estamos. Temos provas mais do que suficientes da existência de um Poder Supremo, embora não possamos conceber — pois nos seria impossível — Sua natureza e maneira de existir. Não podemos conceber como chegamos aqui, no entanto sabemos com certeza que estamos aqui. Sabemos também que o poder que nos trouxe à existência pode, se desejar, e quando desejar, chamar-nos a prestar contas a respeito da forma pela qual vivemos aqui. Portanto, sem procurar nenhum outro motivo para crer nisso, é racional acreditar que Ele o fará, pois sabemos de antemão que Ele pode. A probabilidade ou até a possibilidade dessa ocorrência é tudo o que devemos saber, pois, se a conhecêssemos como uma certeza, seríamos meros escravos do terror; nossa crença seria destituída de mérito e nossas melhores ações seriam destituídas de virtude.

O Deísmo nos ensina, sem possibilidade de engano, tudo o que é necessário ou bom conhecer. A criação é a Bíblia do deísta. Nela ele lê, escrita pela mão do próprio Criador, a certeza da Sua existência e da imutabilidade desse poder. Para o deísta, todas as outras Bíblias e Testamentos são falsificações. A probabilidade de que sejamos chamados a prestar contas daqui por diante terá a influência da crença, porque a nossa crença ou a nossa descrença não pode fazer surgir ou desaparecer o fato. Como essa é a condição em que estamos — e na qual é justo que estejamos, como agentes livres —, apenas o tolo, não o filósofo nem mesmo o homem prudente, viveria como se não existisse Deus.

Mas a crença em um Deus está tão enfraquecida por ser misturada com a estranha lenda do credo cristão — com a obscuridade e o absurdo obsceno do Antigo Testamento e com as extravagantes aventuras relatadas no Novo — que o homem acaba com a mente desnorteada, como que envolta por uma neblina. Ver todas essas coisas numa massa indistinta faz confundir fato com fantasia e, sem poder acreditar no todo, sentir inclinação a rejeitá-lo. A crença em um Deus é uma crença distinta de todas as outras coisas, entretanto, e não deve ser confundida com nenhuma. A noção de uma Trindade de Deuses debilitou a crença em um Deus. Uma multiplicação de crenças age como uma divisão e, à medida que são divididas, as coisas enfraquecem.

Assim conduzida, a religião se torna um recurso amparado na forma, não no fato — na noção, não nos princípios. A moralidade é banida para dar lugar a uma coisa imaginária chamada fé, e essa fé tem sua origem numa suposta depravação. Um homem é cultuado em lugar de Deus; uma execução é motivo de gratidão; os pregadores se regalam com o sangue, como um bando de assassinos, e fingem admirar o fulgor que ele lhes dá; realizam um monótono sermão sobre os méritos da execução; e então louvam Jesus Cristo por tê-la sofrido, condenando os judeus como os responsáveis por realizá-la.

Quando ouvem todo esse absurdo indiscriminadamente misturado e comunicado em pregações, as pessoas confundem o Deus da criação com o Deus imaginado pelos cristãos, e vivem como se não houvesse nenhum.

De todos os sistemas religiosos já inventados, não existe nenhum mais difamatório ao Todo-Poderoso, mais nocivo ao homem, mais repugnante à razão e mais contraditório em relação a si mesmo do que o chamado Cristianismo. Absurdo demais para ser crível, impossível demais para ser convincente e incoerente demais para ser praticado, ele torna apático o coração, ou produz apenas ateístas e fanáticos. Como instrumento de poder, esse sistema serve ao propósito do despotismo; e, como meio de riqueza, é útil à cobiça dos sacerdotes. Contudo, no que toca ao bem da humanidade em geral, ele não leva a nada, nem nessa vida nem na próxima.

A única religião que não foi inventada, e que traz em si todas as evidências da originalidade divina, é o puro e simples Deísmo. Ele deve ter sido o primeiro em que o homem acreditou, e provavelmente será o último. Mas o puro e simples Deísmo não atende aos objetivos de governos despóticos. Eles não podem se apropriar da religião como um instrumento, a não ser quando a misturam com invenções humanas, tornando-a parte da sua própria autoridade. Da mesma forma, a religião não atende aos anseios dos sacerdotes a não ser que possam instalar-se nela junto com suas funções, tornando-se, como o governo, parte integrante do sistema. É isso que forma a misteriosa ligação entre Igreja e Estado — a Igreja humana e o Estado tirânico.

Se o homem se impressionasse tão plena e fortemente quanto deveria com a crença em um Deus, a sua vida moral seria regulada pela força dela. Ele teria reverência por Deus e por si mesmo, e não faria nada que tivesse de esconder de um dos dois. Para dar plena oportunidade de força a essa crença, é necessário que ela atue sozinha. Isso é Deísmo.

Porém, de acordo com o esquema de Trindade Cristã, quando uma parte de Deus é representada por um homem morto e outra parte, chamada de Espírito Santo, é representada por uma pomba voando, é impossível que a crença se vincule a conceitos tão desatinados[28].

A Igreja Cristã, bem como todos os outros sistemas de religião inventados, tem como método manter o homem na ignorância do que seja o Criador, da mesma forma que o governo tem como método manter o homem na ignorância dos seus direitos. Os sistemas de um são tão falsos quanto os do outro, e são maquinados para prover apoio mútuo. O estudo da teologia, como se apresenta nas Igrejas Cristãs, é o estudo de nada; não se fundamenta em nada, não repousa em princípio nenhum, não provém de nenhuma autoridade, não conta com dados, não pode demonstrar nada e não permite conclusão alguma. Nada pode ser estudado como ciência sem apresentar os princípios sobre os quais se baseia. A teologia cristã não pode contar com esses princípios, portanto, é o estudo de coisa nenhuma.

Assim, em vez de estudar teologia (como se faz agora) com base na Bíblia — ambos os Testamentos com significado sempre controverso e autenticidade inválida —, é necessário que nos voltemos para a Bíblia da criação. Os princípios que nós descobrimos são eternos e de origem divina; são o alicerce de toda a ciência que existe no mundo, e devem ser o alicerce da teologia.

Nós podemos conhecer Deus apenas através das Suas obras. Não é possível ter noção das peculiaridades dessas obras a não ser seguindo algum princípio que nos leve a elas. Sem os meios para compreender algo a respeito dessa enormidade, teremos apenas uma ideia confusa sobre o Seu poder. Não podemos imaginar o que seja a Sua sabedoria, a não ser conhecendo a ordem e a maneira pela qual ela atua. Os princípios da ciência levam a esse conhecimento, pois o Criador do homem é o Criador da ciência; e esse é o caminho que pode levá-lo a ver Deus, por assim dizer, face a face.

Se uma pessoa tivesse a possibilidade — e se fosse dotada de visão para tanto — de vislumbrar de uma só vez e contemplar deliberadamente a estrutura do Universo; de distinguir os movimentos dos diversos planetas, a causa para os aspectos variados que assumem, o infalível mecanismo que os leva a girar; e de conhecer o sistema de leis estabelecido pelo Criador, que governa e regula o todo, então entenderia — muito além do que qualquer teologia de Igreja lhe poderia ensinar — o poder, a sabedoria, a vastidão, a generosidade do Criador. Ela então veria que todo o conhecimento que o homem tem da ciência, e todas as artes mecânicas pelas quais ele torna a sua existência confortável, derivam dessa fonte. Sua mente, exaltada pela cena e convencida pelo fato, se elevaria em gratidão e também em conhecimento; sua religião ou devoção se tornaria mais coesa à medida que progride como homem; qualquer atividade que seguisse, e que tivesse alguma ligação com os princípios da criação (como tudo que diz respeito à agricultura, ciência e artes mecânicas tem), lhe ensinaria mais sobre Deus e sobre a gratidão devida a Ele do que qualquer sermão cristão teológico ouvido. Grandes objetivos inspiram grandes pensamentos; grande generosidade desperta grande gratidão; mas as histórias e doutrinas servis da Bíblia despertam apenas desprezo.

Embora o homem não possa, pelo menos nessa vida, testemunhar de fato a cena que descrevi, pode demonstrá-la porque possui conhecimento dos princípios com base nos quais se edifica a criação.[29] Nós sabemos que as coisas podem ser representadas por maquetes, inclusive o Universo. Os mesmos princípios pelos quais medimos um centímetro, ou um acre de terra, são usados para medir extensões a perder de vista. Um círculo de dois centímetros de diâmetro tem as mesmas propriedades geométricas de um círculo que abarcaria o Universo. As mesmas propriedades de um triângulo que demonstrariam no papel o curso de um navio fariam isso também no oceano; e quando aplicadas ao que chamamos de corpos celestes, elas determinarão com precisão de minutos a ocasião de um eclipse, embora esses corpos estejam a milhares de quilômetros de nós. Esse conhecimento tem origem divina, e o homem o aprendeu graças à Bíblia da criação, não graças à estúpida Bíblia da Igreja que nada lhe ensina.

Todo o conhecimento que o homem possui com relação à ciência e maquinaria — com o auxílio dos quais a sua existência na Terra se tornou confortável, e sem os quais ele mal se distinguiria, na aparência e na condição, de um animal comum — provém da grande máquina e estrutura do Universo. As constantes e incansáveis observações dos nossos ancestrais a respeito de movimentos e revoluções dos corpos celestes, em épocas que julgamos terem sido as primeiras eras do mundo, possibilitaram esse conhecimento a respeito da Terra. Não foram Moisés e os profetas, nem Jesus Cristo nem seus apóstolos, que fizeram isso. O Todo-Poderoso é o grande engenheiro da criação — o primeiro filósofo e professor original de toda a ciência. Então vamos aprender a reverenciar nosso Mestre, e cuidar para que os trabalhos dos nossos ancestrais não sejam esquecidos.

Se hoje não tivéssemos o conhecimento da engenharia, e se pudéssemos vislumbrar — como já observei — a estrutura e a engenharia universais, logo conceberíamos a ideia de construir pelo menos algumas das invenções mecânicas que temos agora; e a ideia assim gerada avançaria progressivamente na prática. Ou se uma maquete do Universo, como a que chamamos de planetário, nos fosse mostrada e colocada em movimento, formaríamos a mesma ideia em nossa mente. Esse objetivo e assunto — além de nos beneficiar em termos de conhecimento útil como indivíduos e membros da sociedade, e em termos de diversão — proporcionariam muito mais elementos para nos impressionar com um conhecimento do Criador e uma crença Nele (e para nos lembrar de que devemos a Ele reverência e gratidão) do que os textos da Bíblia, a partir dos quais apenas sermões estúpidos podem ser produzidos, por mais talentoso que seja o pregador. Se o homem tem de pregar, que suas pregações sejam edificantes e baseadas em textos autênticos.

A Bíblia da criação é inesgotável no que diz respeito a textos. Cada parte da ciência — quer esteja conectada com a geometria do Universo, com os sistemas de vida animal e vegetal ou com as propriedades da matéria inanimada — é um texto de devoção e de filosofia, feito por gratidão e para o aperfeiçoamento humano. Talvez alguém argumente que, se ocorresse essa revolução no sistema religioso, todo pregador deveria ser um filósofo. Sem dúvida; e todas as casas de culto seriam uma escola de ciência.

Tantos conceitos blasfemos e sem sentido foram vinculados ao Todo-Poderoso porque as pessoas se afastaram das leis imutáveis da ciência e do uso correto da razão, implantando uma invenção à qual deram o nome de "religião revelada". Os judeus transformaram o Criador no assassino da espécie humana a fim de abrir espaço para a sua religião; e os cristãos O transformaram no assassino de si mesmo e no fundador de uma nova religião, para substituir e expulsar a religião judaica. Em busca de pretexto e aceitação para tais coisas, eles devem ter considerado o poder ou a sabedoria Dele imperfeitos, ou a Sua vontade inconstante; e vontade sujeita à mudança é capacidade de julgamento imperfeita. O filósofo sabe que as leis do Criador jamais mudaram, nem a respeito dos princípios da ciência nem a respeito das propriedades da matéria. Então, por que devemos supor que elas mudariam a respeito do homem?

Encerro aqui o assunto. Em todas as partes precedentes deste trabalho, mostrei que a Bíblia é uma imposição e falsificação. Quanto às evidências que produzi para provar isso, quem puder que as refute. Que as ideias sugeridas na conclusão do trabalho repousem na mente do leitor, pois estou seguro de que, quando as opiniões forem livres, tanto no que toca ao governo como no que toca à religião, a verdade finalmente prevalecerá de maneira poderosa.

TERCEIRA PARTE

Prefácio do editor à edição inglesa

ESTE TRABALHO FOI PUBLICADO ORIGINALMENTE POR Thomas Paine em Nova York, em 1807, e foi o último de seus escritos que ele mesmo editou. Foi extraído de sua resposta ao bispo de Llandaff, ou da terceira parte de *A era da razão*, ambas as quais desejou, segundo consta, deixar em manuscrito. A expressão "o bispo" aparece oito vezes sem que seja informado o nome do bispo em questão. De todas as contestações à sua segunda parte de *A era da razão*, a do bispo Watson foi a única à qual Paine prestou atenção de fato; e o bispo Watson é sem dúvida a pessoa à qual ele se refere aqui. A apologia desse bispo à Bíblia foi publicada alguns anos antes de o Sr. Paine deixar a França; e foi lá ainda que o Sr. Paine elaborou sua resposta, e também a terceira parte de *A era da razão*.

Quando o Sr. Paine chegou à América e se deu conta de que as opiniões liberais sobre religião não eram vistas com bons olhos, devido à influência da hipocrisia e da superstição, recusou-se a publicar todo o material que havia preparado, observando que, "se um autor escrever demais, pode perder o crédito que havia conquistado". Contudo, ele fez chegar ao público um ensaio a respeito, na forma de panfleto. A apatia que parecia prevalecer à época com relação ao debate religioso, porém, levou-o a tomar a decisão de interromper a publicação dos seus escritos teológicos. Nesse caso, selecionando apenas uma parte de um dos escritos antes mencionados, ele escolheu um título que se adaptasse a ela.

CAPÍTULO 1

Uma nova investigação de passagens do Novo Testamento, citações do Antigo Testamento e as chamadas profecias sobre a vinda de Jesus Cristo

AS PASSAGENS DENOMINADAS "PROFECIAS SOBRE JESUS Cristo" (ou relacionadas a ele) no Antigo Testamento podem ser classificadas de acordo com as duas orientações a seguir.

Em primeiro lugar, as que foram mencionadas nos quatro livros do Novo Testamento, que levam os nomes dos quatro Evangelistas: Mateus, Marcos, Lucas e João.

Em segundo lugar, aquelas cujos tradutores e comentaristas transformaram em profecias segundo a sua própria imaginação, e batizaram com esse título a abertura de vários capítulos do Antigo Testamento. Com essas passagens não vale a pena perder tempo, tinta e papel, portanto vou me concentrar principalmente naquelas que figuram nos já mencionados quatro livros do Novo Testamento. Se eu mostrar que essas não são profecias de Jesus Cristo, nem fazem referência alguma a ele, será totalmente desnecessário contestar as que foram inventadas pelos tradutores ou pela Igreja — que, como garantia de autenticidade, não podem oferecer mais do que a própria imaginação.

Começo com o livro intitulado Evangelho segundo São Mateus. No primeiro capítulo, versículo 18, lê-se: "Assim nasceu Jesus Cristo: Maria, sua mãe, estava desposada com José; antes que se unissem, ACONTECEU DE ELA CONCEBER PELO ESPÍRITO SANTO". Podemos ver que isso está indo um pouco rápido demais, pois esse versículo ajusta-se ao próximo descrevendo nada além de "aconteceu de ela conceber" — o próximo versículo, aliás, diz: "Sendo homem de bem, José, seu marido, não quis difamá-la e decidiu anular o casamento secretamente". Tudo o que José descobriu, portanto, foi que Maria estava grávida, e ele sabia que não era o pai.

No versículo 20, lê-se:

> E enquanto José assim pensava [ou seja, se deveria repudiá-la em segredo ou envergonhá-la publicamente para torná-la um exemplo], eis que um Anjo do Senhor apareceu-lhe em sonho [isto é, José sonhou que um anjo apareceu] e lhe disse: "José, filho de Davi, não temas receber Maria por esposa, pois o que nela foi gerado provém do Espírito Santo. Ela dará à luz um filho, e porás nele o nome de Jesus, porque ele salvará o seu povo dos seus pecados".

Agora, sem entrar em controvérsias a respeito dos méritos ou deméritos do relato, convém observar que a garantia de autenticidade que ele oferece é um sonho e nada mais. Ora, é impossível contemplar qualquer coisa num sonho, a não ser aquele que o sonha. Eu não pergunto, portanto, se José (se é que de fato existiu) sonhou ou não, porque admitir isso não prova nada. A capacidade da mente nos sonhos é tão maravilhosa e racional que ela desempenha o papel de todos os personagens criados pela imaginação; e o que a mente pensa ter ouvido de algum deles é a rapidez errante das invenções da própria imaginação de quem sonha. Assim, não representa nada para mim o que José sonhou, quer sua esposa tenha sido infiel ou não. Não dou importância aos meus próprios sonhos, então seria um grande idiota se prestasse atenção aos dos outros.

Os versículos que se seguem são palavras do escritor do Livro de Mateus: "Tudo isso aconteceu [isto é, o sonho e a gravidez] para que se cumprisse o que foi dito pelo Senhor através do profeta: 'Eis que uma virgem conceberá e dará à luz um filho, que será chamado de Emanuel, cujo significado é Deus conosco'".

A passagem à qual se referem esses versículos está em Isaías 7,14, e o autor do Livro de Mateus se esforça para fazer seus leitores acreditarem nela como uma profecia a respeito da pessoa chamada Jesus Cristo. Não é nada disso, e vou mostrar. Antes, porém, é necessário explicar as circunstâncias em que essas palavras foram registradas no Livro de Isaías, então o leitor perceberá facilmente que tanto não se trata de uma profecia sobre Jesus Cristo como também não traz a menor referência à pessoa dele, nem a nada que possa ter acontecido na época em que Cristo, segundo consta, viveu — cerca de 700 anos após a época de Isaías.

Com a morte de Salomão, a nação judaica se dividiu em duas monarquias: o reino de Judá, cuja capital era Jerusalém, e o reino de Israel, cuja capital era Samaria. O reino de Judá seguia a linhagem de Davi, e o reino de Israel seguia a de Saul. Com frequência essas duas monarquias rivais travavam ferozes guerras entre si.

Na época em que Acaz foi rei de Judá, a mesma de Isaías, Faceia era o rei de Israel. Faceia se uniu a Rezin, rei da Síria, para guerrear contra Acaz; e ambos os reis marcharam com um poderoso exército aliado contra Jerusalém. Acaz e seu povo apavoraram-se diante do perigo, "e seus corações se agitaram como as árvores da floresta se agitam com o vento" (Is 7,3).

Nesse precário estado de coisas, Isaías dirigiu-se a Acaz e lhe garantiu, em nome do Senhor (os profetas adoram essa ladainha), que os dois reis que o ameaçavam não teriam êxito contra ele. Para lhe garantir que falava a verdade (embora, de acordo com o relato, tenha acontecido exatamente o contrário),[30] disse a Acaz que pedisse um sinal ao Senhor. Acaz se recusou a fazer isso, alegando que não desejava pôr o Senhor à prova. Em vista disso, Isaías, que se passava por enviado de Deus, diz:

> "Portanto, o próprio Senhor vos dará um sinal: eis que uma virgem conceberá, e dará à luz um filho [...] Manteiga e mel ele comerá, até que aprenda a recusar o mal e escolher o bem. Porque, antes que o menino saiba recusar o mal e escolher o bem, a terra cujos dois reis tu temes será devastada" [significando os reis de Israel e da Síria, que marchavam contra ele]. (Is 7,14-16)

Eis então o sinal da vitória de Acaz: o nascimento de uma criança, mais especificamente de um menino. E eis também o prazo para o cumprimento do sinal, qual seja, antes que a criança aprendesse a recusar o mal e escolher o bem.

Para indicar o sucesso de Acaz, contudo, o sinal teria de ser algo que surgisse antes de acontecer o evento da batalha iminente entre ele e os dois reis. O sinal de que algo vai acontecer deve ser dado antes do acontecimento propriamente dito. O sinal de chuva deve vir antes de chover.

Teria sido zombaria e uma ofensa absurda o fato de Isaías, para assegurar a Acaz que os reis não o derrotariam, ter usado como sinal um bebê que nasceria 700 anos após a sua morte, e ainda acrescentado que, tão logo essa criança soubesse recusar o mal e escolher o bem, Acaz seria libertado do perigo imediato que o ameaçava.

Acontece, porém, que a criança referida por Isaías era a sua própria, da qual a sua esposa ou amante estava grávida na ocasião, conforme diz no capítulo seguinte: "Tomei por testemunhas fiéis o sacerdote Urias e Zacarias, filho de Baraquias. Aproximei-me da profetisa, que concebeu e deu à luz um filho" (Is 8,2-3). E ele diz, no versículo 18 do mesmo capítulo: "Eu e os filhos que me foram dados pelo Senhor, sinais e presságios em Israel".

É conveniente observar que a palavra traduzida como "virgem" em Isaías não carrega esse significado em hebraico, mas se refere simplesmente a uma "jovem mulher". O tempo também é deturpado na tradução. Levi fornece o texto hebreu de Isaías 7,14, junto com a tradução em inglês: "Eis que uma jovem mulher está grávida e dá à luz um filho". Segundo ele, a frase está no tempo presente. Essa tradução está de acordo com outras circunstâncias relatadas do nascimento dessa criança, que deveria ser um sinal para Acaz. Como a verdadeira tradução não poderia ser imposta ao mundo como uma profecia a respeito de um bebê que nasceria 700 anos depois, contudo, os tradutores cristãos falsificaram o original e, em vez de traduzirem a fala de Isaías como "Eis que uma *jovem mulher concebe* e *dá à luz* um filho", traduziram-na como "Eis que uma *virgem conceberá e dará à luz* um filho". Entretanto, basta ler os capítulos 7 e 8 de Isaías para se convencer de que a passagem em questão não é uma profecia sobre a pessoa chamada Jesus Cristo. Passarei para o segundo trecho do Antigo Testamento que é citado no Novo como uma profecia sobre Jesus Cristo.

Em Mateus, capítulo 2, versículo 1, lê-se:

> E tendo Jesus nascido em Belém de Judá, no tempo do rei Herodes, eis que vieram magos do Oriente a Jerusalém. Eles perguntaram: "Onde está aquele que é o rei dos judeus que acaba de nascer? Vimos a sua estrela no Oriente e viemos

> adorá-lo". Ao ouvir isso o rei Herodes se perturbou, e toda Jerusalém com ele. Convocando todos os príncipes dos sacerdotes e os escribas do povo, perguntou-lhes onde havia de nascer o Cristo. Disseram a ele: "Em Belém, na Judeia, porque assim o profeta escreveu: E tu, Belém, terra de Judá, não és de modo algum a menor das cidades de Judá; porque de ti sairá o chefe que governará meu povo, Israel".

Essa passagem se encontra em Miqueias, capítulo 5, versículo 1.

Vou ignorar o relato absurdo segundo o qual estrelas foram vistas e seguidas à luz do dia. Também ignorarei o relato de que foram vistas no Oriente, quando eles próprios vieram dessa direção; afinal, para que fossem vistas com clareza suficiente para guiá-los, teriam de estar no Ocidente em relação a eles. Vou ater-me somente à passagem que trata da profecia a respeito de Jesus Cristo.

O Livro de Miqueias, nessa passagem mencionada, fala de uma pessoa qualquer, da quem se esperavam grandes realizações, sem nomeá-la. Porém, a descrição que ele oferece no versículo 5 prova claramente que essa pessoa não é Jesus Cristo, pois no versículo 4 se lê: "E *esse homem* será a paz; e quando os assírios invadirem a nossa terra e pisarem em nossos palácios, oporemos resistência a eles com sete pastores e oito príncipes do povo". No versículo 6, por sua vez: "E eles destruirão a terra da Assíria pela força da espada, bem como a terra de Nemrod. Assim *ELE* [a pessoa a quem se referiu no versículo 1] nos salvará da Assíria, quando a Assíria invadir nossa terra e atacá-la".

Essa é uma descrição tão clara de um líder militar que não pode ser aplicada a Cristo sem que se cometa ultraje contra a alegada natureza dele. Além disso, as circunstâncias da época em que aconteceram essas narrativas e as da época na qual consta que Cristo teria vivido estão em contradição. Foram os romanos, não os assírios, que *invadiram* a terra da Judeia e *pisaram em seus palácios* quando Cristo nasceu e quando morreu; longe de expulsá-los, aliás, foram eles também que assinaram a ordem para a sua execução, e Cristo padeceu sob esse processo.

Assim, depois de mostrar que essa profecia não tem relação com Jesus Cristo, passo ao terceiro trecho do Antigo Testamento citado pelo Novo como uma profecia sobre Jesus Cristo.

Esse trecho, como o primeiro que mencionei, é introduzido por um sonho. José tem outro sonho, e nele vê outro anjo. O relato consta em Mateus, capítulo 2, versículos 13 a 15:

> O anjo do Senhor apareceu a José em sonhos, e disse: "Levanta-te, toma o menino e a mãe e foge para o Egito, e fica lá até que eu te avise; porque Herodes irá procurar o menino a fim de o matar". Levantando-se durante a noite, José tomou o menino e sua mãe e partiu rumo ao Egito. Lá ele permaneceu até a morte de Herodes, a fim de que se cumprisse o que o Senhor comunicara pelo profeta: "Do Egito chamei o meu filho".

Essa passagem está no Livro de Oseias, capítulo 11, versículos 1 e 2: "Quando Israel era ainda criança eu já o amava, e *do Egito chamei o meu filho*. Quanto mais os chamei, porém, mais se distanciaram. Ofereceram sacrifícios a Baal e queimaram ofertas aos ídolos".

Falsamente considerada uma profecia a respeito de Cristo, essa passagem trata dos israelitas que vieram do Egito nos tempos do Faraó, e faz referência à idolatria a que eles se entregaram mais tarde. Para que isso se aplicasse a Jesus Cristo, ele deveria ser a pessoa que "ofereceu sacrifícios a Baal e queimou ofertas aos ídolos", pois a pessoa chamada do Egito pelo nome coletivo "Israel" e as pessoas que cometeram idolatria são as mesmas, ou os descendentes delas. Essa não pode ser uma profecia sobre Jesus Cristo, portanto, a menos que a intenção seja transformá-lo em um idólatra.

Passo agora ao quarto trecho, chamado de profecia pelo escritor do Livro de Mateus. Essa profecia é introduzida pela história — contada por esse autor e mais ninguém, e na qual quase ninguém acreditou — do extermínio de todas as crianças de menos de dois anos, ordenado por Herodes. É improvável que Herodes tenha feito isso, pois ele apenas tinha um cargo sob o governo romano, para o qual apelos sempre poderiam ser feitos, como vimos no caso de Paulo.

Mateus, contudo, quer tenha criado ou contado a sua história, diz no capítulo 2, versículos 17 e 18: "Então se cumpriu o que foi dito por Jeremias, o profeta: 'Em Ramá se ouviu uma voz, lamentos, choro e grande pranto. É Raquel a chorar seus filhos; e ela não quer ser consolada, porque já não existem'".

Essa passagem figura em Jeremias, capítulo 31, versículo 15; e esse versículo, quando separado dos seus anteriores e posteriores (que o justificam), pode, com a mesma propriedade, ser aplicado a todos os casos de guerras, cercos e outras violências, como as que os próprios cristãos muitas vezes cometeram contra os judeus, em que mães lamentaram a perda de suas crianças. Tomado isoladamente, não há nada no versículo que designe ou assinale uma aplicação particular dele, salvo algumas circunstâncias que já haviam ocorrido na época em que seu autor as escreveu. Por estar escrito no tempo passado, tampouco se refere a algo que ainda estava por acontecer. Vou explicar o caso e mostrar a aplicação do versículo, portanto.

Jeremias viveu na época em que Nabucodonosor sitiou, tomou, saqueou e destruiu Jerusalém, levando os judeus prisioneiros para a Babilônia. Ele empregou contra os judeus uma violência extrema. Matou os filhos de Zedequias na presença do pai, então arrancou os olhos de Zedequias e o encarcerou, mantendo-o preso até o dia da sua morte.

É a esse tempo que Jeremias se refere — tempo de desgraças e de sofrimento para os judeus. O templo deles foi destruído; sua terra, devastada; sua nação e seu governo, inteiramente destroçados; e eles próprios — homens, mulheres e crianças — foram levados ao cativeiro. Eles enfrentavam miséria demais, bem diante dos seus olhos, para se permitirem perder tempo com coisas que poderiam ou não acontecer no mundo 700 anos mais tarde.

Como já comentei, é desse tempo de desgraças e de sofrimento para os judeus que Jeremias se referia no versículo em questão. Nos dois versículos seguintes (16 e 17), ele se esforça para consolar os sofredores dando-lhes esperanças e, de acordo com a maneira de falar daqueles dias, promessas da parte do Senhor de que seus sofrimentos teriam fim, e de que *seus filhos retornariam novamente para a sua própria terra*. Mas deixarei que os versículos falem por si mesmos, e que o Antigo Testamento testemunhe contra o Novo.

Em Jeremias, capítulo 31, versículos 15 a 17 (grifos meus), lê-se:

> Assim diz o Senhor: "Uma voz *foi ouvida* em Ramá [linguagem no tempo passado], lamentação e soluços amargos: É Raquel a chorar os filhos, recusando-se a ser consolada, porque eles já não existem". Assim diz o Senhor: "Reprime teu choro e enxuga as lágrimas dos olhos! Teu penar terá a recompensa", declara o Senhor. "*ELES* voltarão novamente da terra do inimigo." "Existe esperança para o teu futuro", declara o Senhor. "Porque *teus filhos* voltarão novamente para a sua própria terra."

Os filhos de que Jeremias fala são o povo da nação judaica, chamados na Bíblia de *filhos de Israel* ou *israelitas* (não meros bebês de menos de dois anos), que deveriam retornar da terra do inimigo para a própria terra. Assim, que estranha ignorância ou imposição pode levar a confundir esses filhos de Israel com as crianças que Herodes mandou (segundo Mateus) exterminar? Podem eles retornar da terra do inimigo, ou como pode a terra do inimigo aplicar-se a eles? Podem eles voltar para as próprias terras? Santo Deus! Que lástima terem imposto ao mundo esses escritores do Novo Testamento, clérigos e profecias falsas.

Abordarei agora a quinta passagem vinculada a uma profecia sobre Jesus Cristo, que, assim como as anteriores, é introduzida por um sonho. José sonhou de novo, e mais uma vez um anjo lhe apareceu. E novamente Mateus é o historiador do sonho e do sonhador. Se alguém perguntasse como Mateus poderia saber o que José sonhara, nem o bispo nem ninguém em toda a Igreja poderiam responder. Talvez Mateus tenha sido o sonhador, e não José; isto é, José sonhou por procuração, no cérebro de Mateus, assim como nos contaram que Daniel sonhou por Nabucodonosor. Seja como for, voltemos ao tema que eu tratava.

O relato desse sonho está em Mateus, capítulo 2, versículos 19 a 23 (grifos meus):

> Porém, com a morte de Herodes, o anjo do Senhor apareceu em sonho a José, no Egito, dizendo: "Levanta-te, toma o menino e a mãe e vai para a terra de Israel, porque morreram os que buscavam a morte do menino". José se levantou, tomou o menino e sua mãe e foi para a terra de Israel. Contudo, ao ouvir que Arquelau reinava na Judeia no lugar do seu pai, Herodes, teve receio de ir para lá. Avisado *em sonho* [eis aqui mais um sonho] por meio de uma revelação divina, dirigiu-se à província da Galileia e passou a habitar numa cidade chamada *Nazaré,* para

> que se cumprisse o que fora dito pelos profetas — Será chamado *Nazareno*.

Esse é um forte indício de que foi Mateus quem sonhou, pois não existe essa passagem em todo o Antigo Testamento; e convido o bispo e todos os sacerdotes da Cristandade, inclusive os da América, a procurá-la.

Passo agora ao sexto trecho relacionado a uma profecia a respeito de Jesus Cristo. Esse trecho, como disse uma vez Swift, teve de ser carregado nos ombros. Só precisamos colocar os olhos nele para constatar que se trata de uma imposição forçada e absurda.

Em Mateus, capítulo 4, versículos 12 a 6, lê-se:

> Jesus, porém, voltou para a Galileia quando ouviu que João havia sido preso. Deixando a cidade de Nazaré, foi habitar em Cafarnaum, cidade marítima nos confins de Zebulom e Naftali, para que se cumprisse o que foi dito pelo profeta Isaías: "A terra de Zebulom e a de Naftali, região próxima ao caminho do mar, além do Jordão, a Galileia dos gentios. O povo, que jazia em trevas, viu brilhar uma grande luz; e a luz raiou para os que assentados estavam na sombria região da morte".

Eu me pergunto se Mateus não misturou as palavras e as transformou em profecia. As palavras, contudo, estão em Isaías, capítulo 9, versículos 1 a 2, em que lemos: "Nos primeiros tempos ele submeteu a terra de Zebulon e de Neftali à aflição, e no futuro a afligirá mais cruelmente próximo ao caminho do mar, além do Jordão, na Galileia das nações".

Tudo isso apresenta relação com duas circunstâncias que já haviam ocorrido na época em que essas palavras contidas em Isaías foram escritas. Primeiro, onde a terra de Zebulon e de Neftali foi submetida à aflição, e, mais tarde, próximo ao caminho do mar, mais cruelmente.

Observe, porém, como Mateus falsificou o texto. Ele começa a sua citação em uma parte do versículo onde não há mais do que dois-pontos, depois suprime tudo o que se relaciona à primeira aflição. Ele então elimina tudo o que se relaciona à segunda aflição, deixando de fora o que torna o versículo inteligível e reduzindo-o a um esqueleto sem sentido de nomes de cidades.

Para que o leitor perceba de modo claro e imediato essa impostura de Mateus, vou repetir o versículo e colocar entre colchetes as palavras omitidas e, em itálico, as que ele preservou: "[Nos primeiros tempos, ele submeteu à aflição] *A terra de Zebulom e a de Naftali* [e, no futuro, a afligirá mais cruelmente], *região próximo ao caminho do mar, além do Jordão, na Galileia das nações*".

Que impostura grosseira é estripar desse modo um versículo, roubar-lhe o sentido completamente e depois lançá-lo sobre um mundo crédulo como uma profecia. Passemos ao versículo 2: "O povo, que jazia em trevas, viu brilhar uma grande luz; e a luz raiou para os que assentados estavam na sombria região da morte". Tudo isso é histórico, e nem um pouco profético. A frase toda está no pretérito; fala de coisas que *foram realizadas* na época de sua escrita, e não de coisas que ainda serão.

Assim, considerando que não há possibilidade de que a passagem tenha sentido profético, nem tenha pretensão de ser, e considerando que tentar lhe conferir esse sentido não apenas implica falsificar o original, mas também cometer uma fraude criminosa, enfim, não nos interessa (senão como curiosidade) saber quem era o povo descrito, o povo em meio às trevas, e o que era a luz que brilhava sobre ele.

Se consultarmos o capítulo anterior do Livro de Isaías, isto é, o capítulo 8, do qual o 9 é somente uma continuação, veremos que o escritor fala, no versículo 19, de "feiticeiras e adivinhos que conhecem segredos e murmuram", além de pessoas que fazem pedidos a eles. Nesse contexto, ele prega e adverte contra essa prática obscura. É desse povo, e dessa prática obscura, o "andar em meio às trevas" de que ele fala no capítulo 9, versículo 2; e a respeito da "luz que brilhava sobre eles", trata-se inteiramente do seu próprio sacerdócio e de sua audácia quando se opôs a "feiticeiras e adivinhos que conhecem segredos e murmuram".

Isaías é, em resumo, um escritor terrivelmente indisciplinado, que, de modo geral, não preserva nenhuma cadeia clara de percepção na disposição das suas ideias, por isso igualmente não produz conclusões definidas a partir delas. Seu estilo tosco, suas ideias confusas e as metáforas delirantes que emprega ofereceram inúmeras oportunidades para que tanto a astúcia clerical como a superstição impusessem essas deficiências ao mundo como profecias de Jesus Cristo. Sem encontrar significado certo nas palavras de Isaías, e sem saber o que fazer com elas — supondo, ao mesmo tempo, que elas deveriam significar algo —, os clérigos supriram a deficiência inventando-o por si mesmos e chamando-o de seu. No entanto, fiz justiça a Isaías neste trabalho, resgatando-o das garras de Mateus, que o retalhou sem piedade. E o resgatei também da imposição ou ignorância de padres e comentaristas, deixando-o que falasse por si mesmo.

Se as expressões "caminhar nas trevas" e "brilhar uma luz" pudessem de algum modo ser empregadas profeticamente (e não podem), teriam melhor aplicação na época que vivemos agora do que em qualquer outra. O mundo "caminhou nas trevas" por 1800 anos, tanto no âmbito religioso como no governamental, e a luz só começou a brilhar desde que teve início a Revolução Americana. A crença em "um Deus", cujos atributos nos são revelados no livro ou na Escritura da criação — que a mão humana não pode imitar nem fraudar —, e não no livro escrito ou impresso que, como

Mateus mostrou, pode ser alterado ou falsificado de propósito ou por ignorância, está agora abrindo caminho entre nós. Quanto ao governo, "a luz já está brilhando" e, embora os homens precisem ter cuidado para não se deixar cegar pelo excesso dela — como ocorreu na França, certa feita, quando a violência de Robespierre tomou conta de tudo —, eles devem respeitá-la, e até mesmo adorá-la, com toda a firmeza e perseverança que a verdadeira sabedoria pode inspirar.

Passo ao sétimo trecho considerado uma profecia sobre Jesus Cristo. Em Mateus, capítulo 8, versículos 16 e 17, lê-se: "Ao cair da tarde trouxeram à presença dele [de Jesus] muitos possuídos pelo demônio; e com uma palavra ele expulsou dessas pessoas os espíritos, curando todos os enfermos. Assim se cumpriu o que dissera o profeta Isaías: 'Ele tomou para si as nossas enfermidades e levou nossas doenças'".

Esse episódio de pessoas possuídas por demônios, e de demônios sendo expulsos delas, foi uma grande novidade trazida pelos livros do Novo Testamento. Não há registro da existência deles em nenhuma outra época. Os livros do Antigo Testamento não mencionam nada parecido; as pessoas dos dias atuais nada sabem a respeito; não existe qualquer informação sobre o assunto na história de nenhum povo ou país. Eles nos são apresentados pela primeira vez no Livro de Mateus, sendo uma invenção de inteira responsabilidade dos escritores do Novo Testamento e da Igreja Cristã. O Livro de Mateus é o primeiro em que a palavra "demônio" é mencionada. Em alguns livros do Antigo Testamento, lemos a respeito de coisas chamadas "espíritos familiares", supostas companhias de feiticeiros e adivinhos. Isso não é nada mais do que fingir invocar espíritos para tirar dinheiro de gente crédula e ignorante, ou do que a acusação falsa de malignidade supersticiosa contra velhos desafortunados e decrépitos.

Mas a ideia de um espírito familiar, se é que podemos vincular alguma ideia a essa expressão, é extremamente diferente da de ser possuído por um demônio. No primeiro caso, o suposto espírito familiar é um agente hábil que vem e vai, e faz o que lhe é solicitado; no outro, ele é um monstro furioso e barulhento, que rasga e tortura o corpo em convulsões. Leitor, seja você quem for, deposite a sua confiança no seu Criador, faça uso da razão com que Ele o dotou e afaste para longe todas essas fábulas.

A passagem à qual Mateus alude (uma vez que, como citação, é falsa) encontra-se em Isaías, capítulo 53, versículo 4 (grifos meus), com uma linguagem pretérita: "Em verdade *ele* [a pessoa de quem Isaías está falando] *tomou sobre si* as nossas enfermidades, e levou consigo as nossas dores". Não vemos nada sobre expulsar demônios ou curar doenças. O trecho, portanto, está longe de ser uma profecia sobre Cristo, e nem mesmo chega a ser pertinente como circunstância.

Isaías, ou o escritor do livro que leva o seu nome, emprega todo o capítulo 53 à lamentação dos sofrimentos de pessoas falecidas, das quais fala muito pateticamente. É um canto de luto pela morte de um amigo, porém sem mencionar seu nome ou alguma circunstância pela qual se possa reconhecê-lo. E é desse silêncio (que não é evidência de nada) que Mateus se vale para introduzir o nome de Cristo na história — como se os chefes dos judeus (que na época enfrentavam severos sofrimentos e viviam cercados pelo perigo) não se importassem com os próprios problemas nem com o destino dos próprios amigos e só tivessem olhos para o que aconteceria no futuro.

Transformar um lamento fúnebre numa profecia é um absurdo. As características das pessoas e as circunstâncias em que se encontram, mesmo em diferentes épocas do mundo, são tão parecidas que o que se diz a respeito de uma delas pode ser dito com propriedade a respeito de muitas. Contudo, esse paralelismo não transforma a passagem numa profecia, e ninguém exceto um impostor ou um fanático a consideraria assim.

Ao lastimar o destino cruel e a perda do seu amigo, Isaías nada menciona a respeito dele; apenas tece considerações sobre o fim ao qual o homem está condenado. Tudo o que Isaías declara sobre o amigo — as perseguições, a prisão, a resignação diante do sofrimento e a constância — está de acordo com a natureza: tais aspectos não são exclusividade de ninguém, e podem ser atribuídos a qualquer um. Se Jesus Cristo, porém, fosse a pessoa que a Igreja deseja representar, o que se aplicasse a ele teria de ser algo que não pudesse ser aplicado a nenhum outro; algo além do limite da natureza; além do que está reservado ao ser humano, ao mortal — e nada semelhante a isso é mencionado nesse capítulo, ou em qualquer outro do Antigo Testamento.

A descrição que nesse capítulo Isaías faz da pessoa a quem dirige sua lamentação não é exclusiva nem específica: "Ele foi maltratado, foi atormentado e se resignou, e nem sequer abriu a boca. Como um cordeiro que é conduzido ao matadouro, e uma dócil ovelha nas mãos do tosquiador, ele não abriu a boca". Podemos dizer o mesmo a respeito de milhares de pessoas que sofreram opressão e uma morte injusta com tolerância, quietude e perfeita resignação.

Grotius — considerado pelo bispo um homem bastante culto, e que certamente o era — supõe que a pessoa a quem Isaías se refere é Jeremias. Grotius chegou a essa conclusão mediante a coincidência que há entre a descrição feita por Isaías e o caso de Jeremias (segundo consta no livro que leva o seu nome). Se Jeremias fosse um homem inocente, e não um traidor em benefício de Nabucodonosor quando Jerusalém foi sitiada, seu caso seria difícil. Ele foi acusado por seus compatriotas, perseguido, oprimido e encarcerado; e inclusive diz sobre si mesmo (em Jr 2,19): "E fui, qual dócil cordeiro, conduzido ao matadouro".

Eu estaria inclinado a concordar com Grotius se Isaías tivesse vivido na época em que Jeremias foi submetido às crueldades relatadas. Porém, além de Isaías morrer cerca de 50 anos depois disso, a pessoa a quem ele se refere em sua lamentação, no capítulo em questão, é de seu próprio tempo. E mais de 700 anos depois, a impostura e o fanatismo transformaram seu relato numa profecia sobre uma pessoa a quem eles chamaram de Jesus Cristo.

Agora passarei ao oitavo trecho tido como uma profecia sobre Jesus Cristo. Em Mateus, capítulo 12, versículos 14 a 20, lê-se:

> Os fariseus saíram dali e deliberaram contra ele, com o intuito de o matar. Sabendo disso, Jesus se afastou daquele lugar; uma grande multidão o seguiu, e ele curou todos os doentes nessa multidão. E lhes proibia com veemência falar disso, para que se cumprisse o que fora anunciado pelo profeta Isaías: "Eis o meu servo, que escolhi, meu bem-amado, em quem minha alma se compraz; sobre ele repousarei o meu espírito, e ele anunciará o juízo aos pagãos. Ele não resistirá, nem erguerá a sua voz; ninguém há de ouvir pelas ruas a sua voz. Não quebrará o junco rachado, nem apagará o morrão ainda fumegante, até que faça triunfar o juízo. E os pagãos depositarão sua esperança em seu nome".

Em primeiro lugar, essa passagem não guarda a menor relação com o propósito para o qual é mencionada.

Mateus diz que os fariseus se reuniram num conselho contra Jesus a fim de destruí-lo; que Jesus bateu em retirada; que uma grande multidão o seguiu; que ele curou pessoas dessa multidão;

e que as proibiu de falarem no assunto. Porém a passagem por Mateus citada para dar sustentação a essas circunstâncias nem de longe se aplica a elas, a nenhuma delas. Não apresenta nenhuma ligação com o conselho dos fariseus e sua deliberação para destruir Jesus; nenhuma ligação com a retirada dele; nem com a grande multidão que o seguiu, nem com a cura realizada por ele, nem com sua exigência para que nada fosse dito a respeito.

O objetivo para o qual a passagem é usada e a passagem em si são muito distantes um do outro. Ocorre que o hábito de ler a Bíblia já está tão arraigado que as pessoas — com os olhos fechados e os sentidos bloqueados — acatam como verdade as incoerências mais estúpidas, e aceitam que uma impostura passe por profecia. O Criador onisciente foi desonrado por ter sido transformado no autor da fábula, e a mente humana foi degradada por acreditar nela.

Nessa passagem, assim como na última mencionada, o nome da pessoa da qual se fala não é fornecido, e nós somos deixados sem elementos a respeito. Então o fanatismo e a impostura se apoderam dessa falha na história para transformá-la numa profecia.

Se Isaías tivesse vivido nos tempos de Ciro, a passagem se aplicaria a ele descritivamente. Como rei da Pérsia, sua autoridade era grande entre os gentios, e é dessa característica que a passagem fala; e a amizade dele com os judeus que ele libertou do cativeiro — e que poderiam então ser comparados a um *junco rachado* — era enorme. Essa descrição não se aplica a Jesus Cristo, portanto, que não possuía autoridade entre esse povo; e seus próprios compatriotas, simbolicamente representados pelo junco rachado, foram os que o crucificaram. Também não se pode dizer que ele não tenha gritado e que a sua voz não foi ouvida na rua. Como pregador, ser ouvido fazia parte do seu trabalho; e foi-nos dito que ele viajou pelo país com esse propósito. Segundo Mateus (se é que ele possui credibilidade, o que é de se duvidar, pois faz muitas imposições), Jesus pregou para uma multidão numa montanha, e seria irrelevante dizer que uma montanha não é uma rua, já que é um lugar igualmente público.

O último versículo dessa passagem que se encontra em Isaías, e não é citado por Mateus, diz: "Ele não desanimará nem se abaterá até estabelecer sobre a terra a justiça, e até que as ilhas desejem a sua lei" (Is 42,4). Isso também se aplica a Ciro, que não desanimou nem se abateu, mas conquistou toda a Babilônia, libertou os judeus e estabeleceu leis. Porém não se pode dizer o mesmo de Jesus Cristo, que (segundo a passagem que consta em Mateus) se escondeu por medo dos fariseus e orientou as pessoas que o seguiam a não revelarem o local onde estava. Além disso, de acordo com outras partes do Novo Testamento, para evitar a prisão, Jesus movia-se de um lugar a outro continuamente.[31]

É inviável para nós, com tamanha distância de tempo, saber quem era a pessoa em questão, mas já é suficiente para o objetivo ao qual me propus — o de detectar fraude e distorção — saber quem ela não era; isto é, não era o chamado Jesus Cristo.

Passemos agora ao nono trecho considerado uma profecia sobre Jesus Cristo. Em Mateus, capítulo 21, versículos 1 a 5 (grifos meus), lê-se:

> Quando se aproximaram de Jerusalém e chegaram a Betfagé, próximo do Monte das Oliveiras, Jesus enviou dois dos seus discípulos, dizendo-lhes: "Ide à aldeia que está defronte, e logo encontrareis uma jumenta amarrada e junto dela um jumentinho. Desprendei-os e trazei-mos. Se alguém vos disser alguma coisa, respondei-lhe que o Senhor necessita deles e logo os devolverá". Nesse acontecimento se cumpria o que foi dito pelo profeta: "Dizei à filha de Sião: *Eis que vem a ti teu rei, dócil, montado numa jumenta e com um jumentinho, filho da que leva a carga*".

Pobre jumenta! Que para todos os seus sofrimentos isso lhe sirva de consolo: se os pagãos deram o nome de uma ursa a uma constelação, os cristãos lhe deram lugar de destaque numa profecia.

Essa passagem se configura em uma das excentricidades do amigo Zacarias para parabenizar seus compatriotas que na ocasião retornavam, com ele, do cativeiro na Babilônia para Jerusalém — ver Zacarias, capítulo 9, versículo 9. Não há preocupação com nenhum outro assunto. É estranho que apóstolos, sacerdotes e comentaristas jamais permitam que judeus falem de seus próprios assuntos, ou mesmo que suponham tê-los. Tudo nos livros judaicos é transformado e distorcido, ganhando significados que nunca foram pretendidos pelos escritores. Nem mesmo o pobre jumento deve ter sido um jumento judeu, e sim um jumento cristão. Eu me pergunto se eles não fizeram dessa criatura um apóstolo, ou um bispo, ou se pelo menos a fizeram falar e profetizar. Ela poderia ter levantado a voz tanto quanto eles.

No primeiro capítulo do seu livro, Zacarias se permite várias excentricidades na alegria do retorno a Jerusalém. No versículo 8 (grifos meus), ele diz: "Vi em plena noite [Zacarias era um profeta de visão aguçada] um homem montado num cavalo vermelho [isso mesmo, leitor, um *cavalo vermelho*], parado entre as murtas do fundo do vale; e atrás dele havia *cavalos vermelhos, malhados e brancos*". Ele não diz nada sobre cavalos verdes nem azuis (talvez por ser difícil distinguir o verde do azul, à noite), mas um cristão não pode duvidar de que os cavalos estavam lá, pois "a fé é a esperança naquilo que não se vê".

Zacarias então introduz um anjo entre os seus cavalos, mas não nos diz de que cor ele é; não nos diz se é branco ou preto, nem se apareceu para comprar cavalos ou apenas para contemplá-los com curiosidade, pois anjos certamente são curiosos. De qualquer maneira, Zacarias inicia uma conversação com esse anjo sobre o prazeroso assunto da volta a Jerusalém, e diz no versículo 16: "Portanto, eis o que o Senhor diz: 'Retorno a Jerusalém cheio de misericórdia; nela a minha casa será erguida', diz o Senhor dos Exércitos, e o cordel será estendido sobre Jerusalém". O significado dessa expressão é o de reconstrução da cidade.

Tudo isso (por mais estranho e fantasioso que seja) é prova suficiente de que o assunto que Zacarias abordou foi a chegada dos judeus a Jerusalém, vindos do cativeiro, e não a chegada de Jesus Cristo 700 anos mais tarde.

Quanto à declaração de que Jesus estava montado em um jumento — trecho que os comentaristas retratam como sinal de humildade —, o caso é que ele nunca esteve em tão boa montaria antes. Os jumentos desses países são grandes e bem-proporcionados, e antigamente eram os animais mais adequados para montar. Os animais de carga para os pobres, que também serviam como meios de transporte, eram camelos e dromedários. Em Juízes, capítulo 10, versículo 4, nós lemos que "Jair [um dos Juízes de Israel] tinha trinta filhos que montavam em trinta *jumentinhos*, e possuíam trinta cidades" (grifos meus). Porém os comentaristas distorcem tudo.

Além disso, há motivos bastante razoáveis para concluirmos que é totalmente destituída de verdade essa história de que Jesus teria cavalgado na direção de Jerusalém, acompanhado — segundo se lê nos versículos 8 e 9 — por uma grande multidão que gritava e celebrava, e estendia mantos pelo caminho.

Na última passagem vista como profecia que examinei, Jesus é representado como alguém que se recolhe, isto é, que foge e se esconde por medo de ser preso, e orienta as pessoas que o encontravam a não contarem a outras sobre o seu paradeiro. Nesse ínterim, não surge nenhuma circunstância que mude a sua condição para melhor, contudo, aqui, ele é representado como aquele que faz uma entrada pública na mesma cidade da qual fugira por questões de segurança. Os dois casos se contradizem tanto que são provavelmente falsos; na melhor das hipóteses, um deles talvez tenha um pouco de verdade. Eis a minha opinião a respeito: não acredito que haja um pingo de verdade histórica em todo o livro.

Tenho para mim que esse livro é no máximo um romance: seu personagem principal é uma figura imaginária ou alegórica baseada em algum conto; há muitas partes boas no que toca a princípios morais, mas quanto à parte narrativa é muito mal e equivocadamente escrita.

Agora examinarei a décima passagem tida como uma profecia sobre Jesus Cristo. Em Mateus, capítulo 26, versículos 51 e 56, lê-se:

> E um dos que estavam com Jesus [Pedro, no caso] desembainhou a espada e feriu um servo do sumo sacerdote, cortando-lhe uma orelha. Jesus lhe disse, contudo: "Embainha a tua espada, pois todos aqueles que recorrerem à espada morrerão pela espada. Ou pensas que eu não poderia neste mesmo instante invocar meu Pai, e ele não me enviaria mais de doze legiões de anjos? Mas então como se cumpririam as escrituras, segundo as quais tudo deve acontecer dessa maneira?". Jesus então se voltou para a multidão, dizendo: "Saístes levando espadas e porretes a fim de me prender, como se eu fosse um ladrão. Mas eu me sentava todos os dias próximo a vós, ensinando no templo, e não me prendestes. Mas tudo isso aconteceu para que se cumprissem os oráculos dos profetas".

Essa forma vaga e usual de falar não permite que se detecte nem que se prove nada. Nenhuma citação é feita, e não é mencionado nenhum nome de autor da Bíblia que possa servir de referência.

Entretanto, algumas inconsistências depõem fortemente contra a veracidade do relato.

Primeira. Não é provável que os judeus, que na época eram um povo conquistado e sob a sujeição dos romanos, tivessem permissão para usar espadas.

Segunda. Se Pedro tivesse atacado o servo do sumo sacerdote e cortado fora a sua orelha, teria sido imediatamente preso pela guarda encarregada de aprisionar seu mestre e enviado à prisão junto com ele.

Terceira. Desde quando discípulos e apóstolos de pregadores, como esses de Cristo, andavam armados com espadas?

Quarta. Consta que a cena da prisão ocorre na mesma noite em que se realiza a chamada Ceia do Senhor; ora, espadas nessa cerimônia mostram que a inconsistência do uso delas é a maior de todas.

Passo para o décimo primeiro trecho considerado uma profecia sobre Jesus Cristo. Em Mateus, capítulo 27, versículos 3 a 10 (grifos meus), lê-se:

> Então Judas, o traidor, vendo-o assim condenado, encheu-se de arrependimento e foi devolver aos príncipes dos sacerdotes e aos anciãos as trinta moedas de prata, dizendo-lhes: "Pequei, traindo o sangue de um justo". E eles lhe responderam: "De que nos importa? Isso é lá contigo". Então ele atirou no templo as moedas de prata, retirou-se e foi enforcar-se. Os príncipes dos sacerdotes tomaram as moedas e disseram: "Não é permitido colocá-las no cofre do tesouro, pois são preço de sangue". Depois de deliberarem, usaram as moedas de prata para comprar o campo de um oleiro e fazer dele um cemitério para estrangeiros. Por essa razão, aquele campo é até hoje chamado de Campo de Sangue. Assim se realizou o vaticínio do profeta Jeremias:

"Eles receberam trinta moedas de prata, preço por aquele cujo valor foi avaliado pelos israelitas, e deram-nas pelo campo do oleiro, como o Senhor me havia determinado."

Essa passagem é da mais descarada impostura. O trecho em Jeremias que menciona a compra de um campo tem menos ligação com o caso ao qual Mateus se refere do que com a compra de terras na América. Eis a passagem inteira:

> Jeremias disse: "Assim me falou o Senhor: 'Eis que Hanameel, filho de teu tio, Salum, virá propor-te a compra da sua terra de Anatote, pois tens prioridade para comprá-la'. Com efeito, Hanameel, meu primo, veio procurar-me no pátio da guarda, segundo havia anunciado o Senhor. Ele então me disse: 'Compra a minha terra de Anatote, na propriedade de Benjamim, pois cabe a ti o direito de herança e tens o resgate. Assim sendo, compra-a'. Entendi então que era a palavra do Senhor. Comprei então a terra do meu primo, que fica em Anatote, estabelecendo o preço de dezessete siclos de prata. Lavrei a escritura, e a selei, e diante de testemunhas pesei o dinheiro numa balança. Tomei depois a escritura de venda, selada de acordo com a lei e os estatutos, e também a cópia aberta, e entreguei a escritura de venda a Baruc, filho de Neerias, filho de Maasias, na presença de meu primo Hanameel, das testemunhas que subscreveram a escritura de venda e de todos os judeus que se encontravam no pátio da guarda. E na presença deles dei a Baruc a seguinte ordem: Assim diz o Senhor dos Exércitos, Deus de Israel: 'Toma estes documentos, a escritura de venda selada e a cópia aberta e coloca-as num vaso de barro, a fim de que sejam conservadas por

> muitos dias'. Porque eis o que disse o Senhor dos Exércitos, Deus de Israel: 'Ainda serão compradas casas, campos e vinhas desta terra'". (Jr 32,6-15)

Não é necessário fazer observação alguma com relação a essa abominável imposição de Mateus. O caso fala claramente por si. Prefiro censurar os sacerdotes e comentaristas por pregarem a falsidade durante tanto tempo, mantendo as pessoas cegas a respeito dessas imposições. Eu não busco uma disputa de argumentos com esses homens sobre questões da doutrina, pois sei que tais contendas não levam a nada. Refiro-me a fatos, pois, quando algo tido como fato é uma mentira, então a fé baseada nele é uma ilusão, e a doutrina que dele advém não é verdadeira. Leitor, deposite a sua confiança no seu Criador e se salvará! Mas, se quiser confiar no livro conhecido como Escrituras, então dará crédito ao abominável grupo da invenção e da falsidade. Mas voltemos ao assunto.

Entre as excentricidades e arrebatamentos de Zacarias há uma menção a trinta moedas de prata que foram dadas a um oleiro. Eles não poderiam ser estúpidos a ponto de confundir um oleiro com um campo. E mesmo que fossem, a passagem contida em Zacarias não tem mais ligação com Jesus, Judas e o cemitério para estrangeiros do que a passagem já citada. Eis a passagem em Zacarias, capítulo 11, versículos 7 a 14 (grifos meus):

> Então me pus a apascentar as ovelhas destinadas ao matadouro, as mais desafortunadas do rebanho. Tomei duas varas; dei a uma o nome de Graça, e à outra o nome de União, e passei a apascentar o rebanho. E despedi os três pastores em um mês, porque eu me havia cansado deles, e eles se aborreceram comigo. E eu disse: "Não vos apascentarei mais. Morra o que tiver de morrer, e que seja destruído

o que tiver de ser destruído; e as que restarem que devorem uma a carne da outra". Tomei, então, Graça, minha vara, e a quebrei a fim de desfazer a aliança que havia estabelecido com todos os povos. E a aliança foi desfeita naquele dia; e os mercadores de animais que me observavam notaram que aquilo indicava a palavra do Senhor. Eu lhes disse: "Dai-me o meu salário se parece justo aos vossos olhos, ou então guardai-o". Pagaram-me, então, *trinta moedas de prata* como salário. O Senhor me disse: "Lança essa quantia em dinheiro no tesouro [*oleiro*, segundo o hebraico, e *tesouro*, de acordo com o siríaco], essa bela soma com a qual avaliaram teus serviços". Tomei as trinta moedas e as lancei no tesouro na casa do Senhor. Então tomei minha segunda vara, União, e a quebrei, rompendo, assim, a aliança de fraternidade entre Judá e Israel.[32]

Essa tagarelice incoerente não tem pé nem cabeça. Essas duas varas, *Graça* e *União*, parecem elementos tão perfeitos para um conto de fadas que duvido a sua origem ser outra. Entretanto, não há nenhuma parte nessa história que tenha a menor relação com o caso apresentado em Mateus; na verdade, é o inverso do que se encontra ali. Aqui, as *trinta moedas* de prata, qualquer que seja a sua finalidade, são consideradas um *preço justo* em troca de algo, de modo que, segundo a linguagem da época, foram aprovadas pelo Senhor e o dinheiro foi levado ao tesouro na casa Dele. No caso de Jesus e de Judas, como foi declarado em Mateus, as trinta moedas de prata foram *preço de sangue*; a transação foi condenada pelo Senhor, e o dinheiro, quando devolvido, foi recusado a ingressar no tesouro. Em ambos os casos, cada detalhe é o inverso do outro.

Além disso, um relato muito diferente e totalmente oposto ao de Mateus, a respeito da transação de Judas, é dado no livro intitulado Atos dos Apóstolos, no qual Judas não se arrepende nem devolve o valor, e o sumo sacerdote não compra um campo com esse dinheiro para enterrar estrangeiros. Longe disso: Judas, na verdade, ficou com o dinheiro e o usou para comprar um campo para si mesmo; e em vez de se enforcar, como diz Mateus, ele caiu de cabeça e se arrebentou. Alguns comentaristas se esforçam para explicar uma parte da contradição supondo ridiculamente que Judas se enforcou primeiro, mas a corda se partiu.

Vejamos essa passagem de Atos dos Apóstolos, capítulo 1, versículos 16 a 18 (grifos meus):

> Irmãos, convinha que se cumprisse o que o Espírito Santo predisse na escritura pela boca de Davi, quanto a Judas, que guiou aqueles que prenderam Jesus. [Davi não diz nem uma palavra sobre Judas.] Porque ele era um dos nossos e integrou nosso ministério. *Ora, esse homem havia adquirido um campo com o dinheiro recebido pelo crime que cometeu. Mas depois, caindo para a frente, ele se arrebentou ao meio, e todas as suas entranhas se espalharam.*

Não é uma espécie de blasfêmia afirmar que o Novo Testamento é a "religião revelada" quando vemos nele tais contradições e absurdos?

Passo a tratar do décimo segundo trecho considerado uma profecia sobre Jesus Cristo. Em Mateus, capítulo 27, versículo 35 (grifos meus), lê-se: "E depois que o crucificaram, repartiram as suas vestes, tirando sorte. E assim se cumpriu o que foi dito pelo profeta: '*Repartiram* entre si minhas vestes, e sobre o meu manto *tiraram sorte*'". Essa frase está no Salmo 22, versículo 19, cujo autor (seja lá quem for, já que os Salmos são uma coletânea) fala de si mesmo e do próprio caso, e não de outra pessoa. Ele começa esse salmo com a frase que os autores do Novo Testamento atribuíram a Jesus Cristo: "Meu Deus, meu Deus, por que me abandonastes?" — palavras que poderiam ser ditas por um homem a lamentar-se sem soarem inadequadas, mas que o soam quando vêm da boca de alguém considerado Deus.

O quadro que o autor descreve sobre a sua própria situação nesse Salmo é claro o suficiente. Ele não está profetizando, e sim lamentando o próprio drama. Ele se representa como alguém cercado de inimigos e acossado por perseguições de todo tipo. E a fim de mostrar a insensibilidade dos seus perseguidores, diz no versículo 19: "Eles repartem entre si as minhas vestes, e tiram sorte sobre o meu manto". A passagem está no tempo presente, sendo o mesmo que dizer: "Eles cobiçam até a roupa do meu corpo, e disputam entre si a quem caberá cada parte dela". Além disso, é possível que a palavra "veste" seja usada não no sentido de "roupa", mas como figura de linguagem para "investimento" ou "propriedade". Mas Jesus não tem propriedade alguma, pois lhe atribuem frases como: "As raposas têm suas tocas e as aves do céu têm seus ninhos, mas o Filho do Homem não tem onde descansar a cabeça".

Seja como for, podemos até nos permitir supor que o Todo-Poderoso se daria ao trabalho de revelar, pelo chamado "espírito da profecia", o que aconteceria numa época futura do mundo. Mas é uma ofensa às nossas próprias faculdades e à ideia de que temos da Sua grandeza imaginar que essa revelação se daria por intermédio de um casaco velho, ou de um velho par de calças, ou de qualquer coisa relacionada aos fatos comuns da vida, ou às controvérsias que lhes são inerentes.

O que está ao alcance do homem, o que está em seu poder fazer ou não, não é assunto para profecia (se é que existe algo assim), porque essas coisas não são portadoras de nenhuma evidência de poder divino ou de intervenção divina; os caminhos de Deus não são os caminhos do homem. Não está ao alcance do poder humano fazer, ou controlar, aquilo que um poder divino realiza ou pretende realizar. Mas qualquer carrasco e seus ajudantes podem brigar para ter uma parte dos trajes de uma vítima, ou dividi-los sem brigas, e por meio disso acatar ou não o que se chama de profecia.

Anteriormente expus a falsidade das profecias. Aqui exibo a sua degradante vileza, como um insulto ao Criador e uma ofensa à razão humana.

Aqui terminam as passagens que Mateus denominou profecias.

Mateus conclui seu livro afirmando que, quando Cristo expirou na cruz, as rochas se fenderam, os túmulos se abriram e os corpos de muitos santos se ergueram. E Marcos diz que a escuridão cobriu a terra da hora sexta até a nona. Eles não forjaram profecias para isso, mas, se fossem fatos, teriam sido um tema adequado para elas, pois somente um poder divino poderia tê-las dado a conhecer antecipadamente e depois cumpri-las. Desse modo, uma vez que essas profecias não existem, e o que existe é uma alegada profecia vinculada a uma roupa velha, podemos concluir que tais coisas não ocorreram, e que o Livro de Mateus é uma invenção e uma falsidade.

CAPÍTULO 2

O Livro de Marcos

HÁ POUCAS PASSAGENS CONTENDO AS CHAMADAS PROFECIAS no Livro de Marcos; e também há poucas delas em Lucas e João. Examinarei as que houver, e examinarei também outras passagens que interfiram com as citadas por Mateus.

Marcos inicia seu livro com uma passagem apresentada na forma de uma profecia. Em Marcos, capítulo 1, versículos 1 e 2, lê-se: "Princípio do Evangelho de Jesus Cristo, Filho de Deus; Conforme está escrito nos profetas: 'Eis que envio o meu anjo diante de ti; ele preparará o teu caminho'". Em Malaquias, capítulo 3, versículo 1, a passagem no original está em primeira pessoa. Marcos transforma essa passagem numa profecia de João Batista, considerado pela Igreja o precursor de Jesus Cristo. Porém, se voltarmos nossa atenção para os versículos que se seguem a esse trecho, como encontrados em Malaquias, e para os versículos 1 e 5 do capítulo seguinte, veremos que em Marcos o trecho é utilizado falsa e equivocadamente.

Em Malaquias, capítulo 3, versículo 1, lê-se: "Eis que enviarei o meu mensageiro, e ele preparará o meu caminho"; e no segundo: "Mas quem estará seguro no dia da sua vinda? Quem conseguirá suportar quando ele aparecer? Pois ele é como o fogo do fundidor, como o sabão dos lavadeiros".

Essa descrição não pode ter relação com o nascimento de Jesus Cristo e, consequentemente, nenhuma relação com João Batista. A cena descrita é de medo e terror, e o nascimento de Cristo é sempre referido como uma ocasião de alegria e de boas-novas.

Ainda tratando do mesmo tema, no capítulo 4, Malaquias fornece explicação sobre a cena descrita desses primeiros versículos do capítulo 3. Ele fala sobre a pessoa a quem chama de mensageiro.

Versículo 1: "Porque eis que o dia vem, ardente como fornalha; todos os soberbos, e todos os que cometem iniquidades, serão como a palha. E o dia que está por vir os queimará, diz o Senhor dos Exércitos, de maneira que nada lhes restará, nem raiz nem ramo".

Versículo 5: "Eis que lhes enviarei o profeta Elias, antes que venha o grande e terrível dia do Senhor".

Com que direito Marcos transformou Elias em João Batista, e transformou a descrição de Malaquias do dia do julgamento no dia do nascimento de Cristo? Foi impostura ou ignorância? Talvez o bispo tenha a resposta para essa pergunta.

Marcos, nos versículos 2 e 3 do primeiro capítulo, mistura confusamente duas passagens de diferentes livros do Antigo Testamento. O segundo versículo "Eis que envio o meu anjo diante de ti; ele preparará o teu caminho" é tirado, como mencionei antes, de Malaquias. O terceiro versículo, que diz "Uma voz brada no deserto: 'Preparai o caminho do Senhor, aplanai a sua senda'", não se encontra em Malaquias, mas em Isaías, capítulo 11, versículo 3. Segundo William Whiston, ambos os versículos originalmente faziam parte de Isaías. Se essa informação estiver correta, é mais um exemplo do estado de desordem da Bíblia, e confirma o que eu disse a respeito da menção do nome de Ciro no Livro de Isaías, ao qual ele não poderia pertencer cronologicamente.

As palavras em Isaías, capítulo 40, versículo 3 — "Uma voz exclama: 'Abri no deserto um caminho para o Senhor, traçai para nosso Deus uma pista reta na estepe'" —, estão no tempo presente, e consequentemente não são proféticas. Trata-se de uma daquelas figuras de retórica que os autores do Antigo Testamento empregavam com frequência. Que é meramente retórica e metafórica nós podemos perceber pelo versículo 6: "Uma voz diz: 'Clama!'. E ele responde: 'Que devo clamar?'. 'Toda carne é como a erva'". Isso claramente não passa de uma figura de linguagem, pois carne não é erva, exceto como figura ou metáfora, quando uma coisa é tomada por outra. Além do mais, a passagem inteira é vaga e grandiloquente para ser aplicada exclusivamente a uma pessoa ou a um propósito.

Passemos ao capítulo 11. Nele, Marcos conta que Jesus entrou em Jerusalém montando um jumentinho, mas não torna isso a realização de uma profecia, como havia feito Mateus; pois Marcos nada diz sobre essa profecia. Em vez disso, ele toma outro rumo e, a fim de acrescentar novas honras ao jumento, faz dele um milagre. Diz, no versículo 2, que se tratava de "um jumentinho no qual homem nenhum montou ainda" — e o significado disso é que o animal ainda não havia sido domado, de modo que um "comportamento adequado" lhe foi insuflado, pois não temos notícia de que o jumentinho tenha lançado Jesus Cristo ao chão. Não há nenhum relato sobre os coices do animal em nenhum dos quatro Evangelistas.

Deixemos de lado essas façanhas de "equitação" realizadas sobre o lombo de um jumento e passemos ao capítulo 15. No versículo 24, Marcos conta que "repartiram as vestes de Cristo e tiraram a sorte sobre elas", mas não vincula a isso nenhuma profecia, como fez Mateus. Ele prefere falar disso como algo que se fazia então com carrascos, como ocorre hoje.

No versículo 28 do mesmo capítulo, Marcos fala de Cristo crucificado entre dois bandidos e, assim, "cumpriu-se a passagem da

Escritura que diz: 'E Ele foi contado entre os criminosos'". Pode-se dizer o mesmo com relação aos criminosos.

Essa frase está em Isaías, capítulo 43, versículo 12. Grotius a atribui a Jeremias. Mas casos em que homens inocentes são contados junto com bandidos aconteceram com tanta frequência no mundo (e continuam acontecendo), que é absurdo chamar essa passagem de profecia a respeito de determinada pessoa. Todos aqueles que a Igreja chama de mártires foram contados entre criminosos. Todos os patriotas honestos mortos na guilhotina na França, na época de Robespierre, foram contados entre criminosos; e se ele próprio não tivesse sido guilhotinado, esse fim teria se abatido sobre mim, segundo uma anotação que o próprio Robespierre escreveu. Contudo, suponho que o bispo não permitiria que Isaías profetizasse a respeito de Thomas Paine.

Essas são todas as passagens em Marcos que fazem referência a profecias. Marcos conclui seu livro com um comunicado de Jesus aos seus discípulos:

> E disse-lhes: "Ide por todo o mundo e pregai o Evangelho a toda criatura. Quem crer e for batizado será salvo; mas quem não crer será condenado [que bela conversa papista essa]. E esses sinais acompanharão os que crerem: Em meu nome expulsarão os demônios; falarão novas línguas; pegarão em serpentes; e se beberem algum veneno mortal não lhes fará nenhum dano; pousarão as mãos sobre os enfermos e eles se curarão". (Mc 16,15-18)

O bispo poderia tentar essas coisas em si mesmo, a fim de saber se mantém de fato toda essa fé salvadora que opera milagres. Ele deveria engolir uma boa dose de arsênico. Se o bispo quiser, posso lhe enviar uma cascavel da América! Quanto a mim, acredito em

Deus e não creio nem por um segundo em Jesus Cristo, nem nas Escrituras, portanto não tenho interesse nessas experiências.

Passo agora a tratar do Livro de Lucas. Não há passagens em Lucas tidas como profecias, exceto as que se relacionam àquelas que já examinei.

Lucas fala de Maria sendo esposada por José, mas não faz referências à passagem em Isaías como Mateus faz. Ele também fala de Jesus entrando em Jerusalém montado em um jumentinho, mas não faz menção a nenhuma profecia. Fala de João Batista e menciona a passagem em Isaías sobre a qual já comentei.

No capítulo 13, versículos 31 e 32, lê-se: "No mesmo dia alguns fariseus chegaram, dizendo a Jesus: 'Sai e vai embora daqui, porque Herodes quer matar-te'. E Jesus lhes respondeu: 'Ide, e dizei àquela raposa: Eis que eu expulso demônios e faço curas hoje e amanhã, e no terceiro dia terei terminado'".

Mateus faz Herodes morrer enquanto Cristo era uma criança no Egito, e faz José retornar com a criança ao saber da notícia da morte de Herodes, que tentara matá-lo. No Livro de Lucas, Herodes está vivo e persegue Jesus quando já está conta trinta anos — segundo consta em Lucas, capítulo 3, versículo 23: "Quando começou a pregar, Jesus tinha cerca de trinta anos, e era considerado filho de José".

A obscuridade que envolve a parte histórica do Novo Testamento a esse respeito pode fornecer aos padres e comentaristas o pretexto — que pode parecer plausível a alguns, mas que não haverá de convencer ninguém — de que o Herodes de que Mateus fala e o Herodes de que Lucas fala são pessoas diferentes. Mateus se refere a Herodes como rei; e Lucas, capítulo 3, versículo 1, chama-o de "tetrarca", isto é, "governador" da Galileia. Mas não poderia existir nenhum "rei Herodes", porque os judeus e seu país estavam na época sob o domínio dos imperadores romanos que governavam por intermédio de tetrarcas ou governadores.

No Livro de Lucas, capítulo 2, Jesus nasceu quando Quirino era governador da Síria (em seu governo, a Judeia foi anexada à Síria). Segundo essa versão, Jesus não nasceu na época de Herodes. Lucas nada diz sobre Herodes desejar a morte de Jesus quando nasceu, nem sobre o extermínio promovido por ele contra crianças com menos de dois anos; da mesma forma, nada diz a respeito da fuga de José com Jesus para o Egito nem a respeito do seu retorno. Pelo contrário, nos relatos do Livro de Lucas é como se a pessoa a quem se denomina Cristo jamais tivesse saído da Judeia, e como se Herodes tivesse ameaçado a sua vida depois de suas pregações começarem. Eu já mostrei que Lucas, no livro denominado Atos dos Apóstolos (que os comentaristas atribuem a ele), contradiz o relato de Mateus a respeito de Judas e das trinta moedas de prata. Mateus diz que Judas devolveu o dinheiro, e que os sacerdotes o usaram para comprar um campo que serviria para enterrar estrangeiros. Lucas diz que Judas ficou com o dinheiro e comprou um campo para si mesmo.

É impossível que Deus, em Sua infinita sabedoria, cometa erros; por isso é impossível que esses livros tenham sido escritos por inspiração divina. Nossa crença em Deus e em Sua infinita sabedoria nos proíbe de acreditar nisso. Quanto a mim, minha total descrença na religião me faz religiosamente feliz.

Não há mais passagens consideradas proféticas no Livro de Lucas, salvo aquelas que já comentei.

CAPÍTULO 3

O Livro de João

JOÃO, ASSIM COMO MARCOS E LUCAS, NÃO É MUITO DADO a alardear profecias. Ele fala do jumento, de gente tirando a sorte para ficar com as roupas de Jesus, e de outras bagatelas as quais já mencionei.

João faz Jesus dizer: "Porque se crêsseis em Moisés vós creríeis em mim certamente, porque ele escreveu sobre mim" (Jo 5,46). Fazendo referência a Jesus, o Livro dos Atos 3,22 diz: "Porque já dissera Moisés: 'O Senhor, nosso Deus, para vós levantará de entre vossos irmãos um profeta semelhante a mim; a ele ouvireis em tudo o que vos disser'".

Essa passagem está em Deuteronômio 18,15, e se referem a ela como uma profecia sobre Jesus. Que trapaça! A pessoa da qual se fala em Deuteronômio, e em Números, que também a menciona, é Josué, ministro de Moisés e seu sucessor imediato — e apenas mais um personagem robespierreano como, segundo consta, Moisés foi. Vejamos a seguir o caso, como foi relatado nesses livros.

Moisés estava velho e seu fim se aproximava. Para que não houvesse confusão depois de sua morte, pois os israelitas não contavam com um sistema de governo, concluiu-se que seria melhor nomear um sucessor enquanto Moisés ainda estivesse vivo. Isso foi feito, segundo relatos, da maneira descrita em Números, capítulo 27, versículos 12 a 23:

> Disse o Senhor a Moisés: "Sobe a esse monte Abarim e contempla a terra que darei aos filhos de Israel. Tendo-a visto, serás reunido aos teus, assim como teu irmão Aarão, porque no deserto de Sin, na contenda da congregação, fostes rebeldes à ordem que dei para que me santificassem nas águas diante dos seus olhos". Moisés então se dirigiu ao Senhor, dizendo: "Que o Senhor, Deus dos espíritos e de toda a carne, escolha um homem que chefie essa congregação, que marche à sua frente e oriente seus passos, para que a congregação do Senhor não seja como um rebanho sem pastor". Então o Senhor disse a Moisés: "Toma Josué, filho de Num, homem no qual o espírito reside, e impõe tua mão sobre ele. Apresenta-o ao sacerdote Eleazar e à congregação inteira, e na presença de todos empossa-o. Tu lhe concederás a tua autoridade, a fim de que toda a congregação dos filhos de Israel lhe obedeça". Moisés fez como o Senhor lhe ordenara: Tomou Josué e o apresentou ao sacerdote Eleazar, e a toda a congregação. E impôs suas mãos sobre ele, e empossou-o, assim como o Senhor ordenara por intermédio de Moisés.

Eu não tenho compromisso algum com a verdade ou o embuste, que nessa passagem se mostra, da preparação de um sucessor à altura de Moisés. A passagem prova que se trata claramente de Josué, e que João comete uma impostura transformando-a numa profecia sobre Jesus. Porém, os entusiastas de profecias foram tão fortemente influenciados pela falsidade que jamais falam a verdade.[33]

Passo agora a examinar o último trecho dessas fábulas dos Evangelistas que são consideradas profecias sobre Jesus Cristo.

A respeito do suplício de Jesus expirando na cruz entre dois criminosos, João diz: "Então vieram os soldados e quebraram as pernas do primeiro [de um dos criminosos] e do outro que haviam sido crucificados com Jesus. Porém, quando chegaram a Jesus e viram que ele já estava morto, não quebraram as suas pernas" (Jo 19,32-33). E assim foi feito para que se cumprissem as Escrituras: "Nenhum dos seus ossos será quebrado" (Jo 19,36).

A passagem mencionada está em Êxodo, e tem menos ligação com Jesus do que com o jumento com o qual ele entra em Jerusalém; e o animal nem era, como o cabrito, assado e comido na Páscoa judaica. Talvez servisse de consolo a um jumento saber que poderia ser desossado, mas seus ossos não seriam quebrados. Vou apresentar o caso.

Estabelecendo a Páscoa judaica, na qual eles comeriam um cabrito ou um carneiro, o Livro do Êxodo 12,5 (grifos meus) diz: "Seu animal será sem defeito, macho, de um ano; podereis tomar um *cordeiro* ou um *cabrito*".

O livro, depois de relatar algumas cerimônias a respeito da imolação e da preparação da carne (que deve ser assada, e não cozida), diz:

> E o Senhor disse a Moisés e a Aarão: "Esta é a regra para a Páscoa: nenhum estrangeiro comerá dela. Porém, todo escravo comprado por dinheiro, e que tiver sido circuncidado, comerá dela. O estrangeiro e o mercenário, contudo, dela não comerão. O cordeiro será comido em uma mesma casa; tu não levarás nada da sua carne para fora da casa, *nem dela quebrarás osso nenhum*". (Ex 12,43-46, grifos meus)

Não é difícil perceber que o relato no Êxodo é uma cerimônia, e não uma profecia, sem qualquer ligação com os ossos de Jesus nem com nenhuma parte dele.

João, depois de se valer da fábula apostólica como se não houvesse amanhã, conclui seu livro com algo que supera todas as fábulas. No último versículo, escreve: "Ainda há muitas outras coisas que Jesus fez. Se essas coisas fossem escritas uma a uma, *suponho que nem o mundo inteiro poderia conter os livros que seriam escritos*" (grifos meus).

Isso é o que todos nós conhecemos como "embuste", ou seja, não é somente uma mentira, mas uma mentira deslavada. Além de ser um absurdo, pois, se fossem escritas em quantidade comparável ao mundo, ao menos o mundo as teria.

E assim encerramos o exame das passagens tidas como profecias.

CAPÍTULO 4

As armadilhas do Novo Testamento

ATÉ AQUI, LEITOR, EU ANALISEI TODAS AS PASSAGENS QUE os quatro livros de Mateus, Marcos, Lucas e João citam do Antigo Testamento e apresentam como profecias a respeito de Jesus Cristo. Quando comecei a analisá-los esperava encontrar motivos para crítica, mas não que esses motivos fossem tão desprovidos de verdade e tão distantes dela como tenho demonstrado.

A prática que os escritores desse livro empregam é tão falsa quanto absurda. Eles apresentam algum caso interessante a respeito da pessoa de nome Jesus Cristo, então escolhem uma frase em algum trecho do Antigo Testamento e afirmam que se trata de uma profecia do caso em questão. Mas, quando as palavras escolhidas dessa maneira são recolocadas no lugar de onde foram retiradas, e lidas em conjunto com as palavras que as antecedem e as sucedem, elas desmentem o Novo Testamento.

Os autores do Novo Testamento fazem José sonhar com um anjo, que o informa sobre a morte de Herodes e lhe diz para voltar do Egito com a criança. Eles então retiram uma sentença do livro de Oseias, "Do Egito, chamei o meu filho", e a aplicam a esse caso como uma profecia.

As palavras "E chamei o meu filho de volta do Egito" estão na Bíblia, mas de que importa isso? São apenas parte de uma passagem, não uma passagem inteira; se encontram rigorosamente ligadas a outras palavras, em um conjunto que na verdade faz referência aos israelitas deixando o Egito nos tempos do Faraó e à idolatria que cometeram mais tarde.

Em outro exemplo, eles nos contam que, quando os soldados chegaram para quebrar as pernas das pessoas crucificadas, notaram que Jesus já estava morto, por isso não o fizeram nele. Então, alterando um pouco o original, retiram uma frase do Êxodo, "Nenhum osso dele será quebrado", e a usam como uma profecia para esse caso.

As palavras "Nem dela [da carne do cordeiro] quebrarás osso nenhum" (pois o texto foi alterado) estão na Bíblia, mas e daí? Como no caso anterior, são apenas parte de uma passagem, e não a passagem inteira; e quando lidas com as palavras às quais estão original e estritamente ligadas, fica evidente que o trecho fala dos ossos de um cabrito ou um cordeiro.

Esses repetidos embustes e falsificações fazem surgir uma robusta suspeita de que todos os casos relacionados à pessoa chamada Jesus Cristo são *histórias inventadas*. O propósito disso é inserir nessas histórias (o que foi feito muito negligentemente) frases isoladas do Antigo Testamento e designá-las como profecias. Essas falsificações também levantam a suspeita de que Jesus não é o Filho de Deus nem mesmo existiu como homem — de que ele é um mero personagem imaginário ou alegórico, como foram Apolo, Hércules, Júpiter e todas as deidades da Antiguidade. Na época em que se diz que Jesus Cristo viveu, não há texto histórico que mencione a sua existência nem mesmo como um homem.

Se encontrássemos em qualquer outro livro que oferecesse um pretenso sistema religioso as mesmas fraudes, falsificações, contradições e absurdos que encontramos em quase todas as páginas do Antigo e Novo Testamentos, todos os padres dos dias atuais (que se supusessem capazes disso) mostrariam triunfantemente sua habilidade em analisá-lo e o apontariam como a mais gritante das imposturas. Como, porém, o livro em questão pertence ao seu próprio comércio e profissão, esses padres, ou pelo menos muitos deles, censuram toda tentativa de investigá-lo e ultrajam aqueles que têm a honestidade e a coragem de fazer isso.

Quando um livro — como aconteceu com o Antigo e o Novo Testamentos — se espalha pelo mundo com a promessa de ser a PALAVRA DE DEUS, ele deve ser examinado com extremo rigor a fim de que se saiba se possui ou não fundamentos sólidos para merecer esse título, e se está ou não sendo imposto a nós como verdade. Pois, assim como nenhum veneno é tão perigoso como o que envenena o corpo físico, nenhuma falsidade é tão mortal quanto a que é apresentada como artigo de fé.

Esse exame se torna mais necessário porque, quando o Novo Testamento foi escrito — ou inventado, eu diria —, o recurso da impressão não era conhecido, e não havia outras cópias do Antigo Testamento além das escritas. Uma cópia escrita desse livro custaria tanto quanto custam hoje seiscentas cópias impressas da Bíblia. Portanto, poucos tinham acesso a eles, a maioria da Igreja. Isso representou para os autores do Novo Testamento uma possibilidade de retirar citações do Antigo Testamento como bem entendessem, e chamá-las de profecias; e o risco de serem descobertos era muito pequeno. Além disso, os horrores e a fúria inquisitorial da Igreja — não nos esqueçamos da espada flamejante em movimento — guardavam como sentinelas o Novo Testamento. Mas o tempo, que sempre acaba trazendo a verdade à tona, serviu para dissipar a escuridão que evitava que isso fosse detectado.

Caso o Novo Testamento surgisse hoje pela primeira vez, todos os sacerdotes dos nossos dias o analisariam linha por linha, e comparariam as frases isoladas tidas como profecias com as passagens originais completas do Antigo Testamento, de onde foram retiradas. Então por que esses sacerdotes não fazem esse exame agora, como se o Novo Testamento jamais tivesse aparecido antes? Se é adequado e justo fazer isso em um caso, é igualmente adequado e justo fazê-lo no outro. A passagem do tempo não pode obstar a necessidade de realizar essa análise a qualquer momento. Em vez disso, porém, os sacerdotes agem como seus antecessores, dizendo às pessoas que as profecias a respeito de Jesus Cristo existem quando a verdade é que não existe nenhuma.

Eles nos dizem que Jesus retornou dos mortos e ascendeu ao céu. Dizer isso é muito fácil; contar uma grande mentira é tão fácil quanto contar uma pequena. Se for verdade, porém, essas seriam as únicas circunstâncias a respeito de Jesus que o teriam diferenciado da massa comum de pessoas; em consequência disso, o único caso que, como profecia, se aplicaria a ele exclusivamente seria algum trecho no Antigo Testamento que vaticinasse tais coisas. Mas não há ali passagem que fale a respeito de alguém que, depois de ser crucificado, morto e sepultado, voltou dos mortos e subiu ao céu. Nossos fornecedores de profecias suprem o silêncio que o Antigo Testamento mantém sobre tais coisas falando-nos de passagens que eles chamam de profecias — sonhos de José, roupas velhas, ossos quebrados e outras trivialidades.

Eu escrevo sobre esse assunto como escreveria sobre qualquer outro — usando uma linguagem clara e inteligível. Não recorro a palpites e insinuações. Tenho diversos motivos para isso. Em primeiro lugar, para ser compreendido com clareza. Em segundo lugar, para deixar patente a minha sinceridade. E em terceiro lugar, porque é uma afronta à verdade tratar a mentira com complacência.

Eu encerrarei este ensaio com um assunto que já abordei na primeira parte de *A era da razão*.

O mundo se encantou com a expressão "religião revelada" e a ambiguidade dos sacerdotes ao aplicá-la aos livros denominados Antigo e Novo Testamentos. Os maometanos aplicaram a mesma expressão ao Corão. Não há no mundo homem que acredite mais do que eu na religião revelada, mas não são as fantasias contidas na Bíblia, nem no Corão, que honro com esse título sagrado. Para mim, o que é revelação existe nas coisas que a mente humana não pode inventar, que a mão humana não pode falsificar ou alterar.

A *Palavra de Deus* é a *criação* que nós contemplamos; e essa Palavra de Deus revela ao homem tudo o que é necessário para que ele conheça o seu Criador.

Queremos contemplar o Seu poder? Nós o vemos na imensidão da Sua criação.

Queremos contemplar a Sua sabedoria? Nós a vemos na ordem imutável que governa o todo incompreensível.

Queremos contemplar a Sua inteligência? Nós a vemos na abundância que Ele espalha pela Terra.

Queremos contemplar a Sua misericórdia? Basta perceber que Ele não priva ninguém dessa abundância, nem mesmo os ingratos.

Queremos contemplar a Sua vontade no que diz respeito ao homem? A benevolência que Ele exibe a todos orienta a nossa conduta uns para com os outros.

Em resumo: queremos mesmo saber o que Deus é? Busquemos então não o livro denominado Escritura, que pode ser produzido por qualquer mão humana, ou inventado por qualquer impostor — busquemos a Escritura chamada criação.

Na primeira parte de *A era da razão*, quando afirmei que a criação é a verdadeira revelação de Deus ao homem, eu não sabia se alguma outra pessoa havia expressado a mesma ideia. Mais tarde, porém, me deparei com os escritos do Dr. Conyers Middleton, publicados no início do século passado, nos quais ele exibe um ponto de vista a respeito da criação semelhante ao meu em *A era da razão*.

Ele foi bibliotecário principal na Universidade de Cambridge, na Inglaterra, o que lhe permitiu infinitas oportunidades de leitura e exigiu dele familiaridade tanto com as línguas mortas como com as vivas. Dono de uma inteligência fortemente contestadora, ele tinha coragem para pensar por si mesmo, e honestidade para expressar seus pensamentos.

Middleton fez uma viagem a Roma, de onde escreveu cartas para mostrar que os costumes e as cerimônias da Igreja Cristã Romana foram extraídos de uma mitologia pagã que se encontrava em degeneração nos últimos tempos dos gregos e romanos. Ele atacou sem hesitar os milagres que a Igreja fingiu realizar; e em um dos seus ensaios referiu-se à criação como *revelação*. Os sacerdotes da Inglaterra à época, usando a estratégia de proteger o próprio castelo defendendo em primeiro lugar seus postos avançados, contra-atacaram Middleton pela contestação às cerimônias cristãs; e um deles o censurou por classificar a *criação* como uma *revelação*. Middleton deu a ele a seguinte resposta:

"Um deles", diz Middleton, "parece escandalizado porque eu chamei de *revelação* esse desvelamento que Deus fez de si mesmo nas obras visíveis da sua criação. Contudo, sábios ao longo da história deram esse nome à criação, por considerá-la a mais autêntica e indiscutível revelação que Deus jamais fez de Si mesmo, do início do mundo até a atualidade. Foi por meio da criação que a primeira percepção Dele foi revelada aos habitantes da Terra, e só através da criação essa percepção tem se mantido desde então entre as várias nações da Terra. A partir desse ponto, a razão humana foi capaz de delinear Sua natureza e Seus atributos, e, por uma gradual análise das consequências, tomar conhecimento da sua própria natureza também, com todas as obrigações inerentes a ela, relacionadas a

Deus e também aos seus semelhantes. Esse estado de coisas foi constituído por Deus, como uma ordem universal ou regra de conduta para o homem — a fonte de todo o seu conhecimento —, o teste de toda a verdade, pelo qual todas as revelações subsequentes (supostamente dadas por Deus de qualquer outra maneira) devem ser provadas e não podem ser consideradas divinas a não ser que correspondam e coincidam com esse padrão original.

"Essa foi a lei divina à qual me referi na passagem mencionada anteriormente [isto é, o ataque dirigido a Middleton] com a intenção de estimular o leitor a prestar atenção a ela, pois isso lhe permitiria avaliar mais livremente o argumento que eu apresentava. Porque ao contemplar essa lei ele descobriria o genuíno caminho que o próprio Deus traçou para que adquiríssemos o verdadeiro conhecimento — não com base na autoridade ou nos relatos dos nossos próprios semelhantes, mas com base na informação extraída dos fatos e objetos essenciais os quais, na Sua providencial distribuição das coisas do mundo, Ele apresentou para a perpétua observação dos nossos sentidos. Pois como foi a partir disso que a Sua existência e a Sua natureza — os mais importantes aspectos de todo o conhecimento — primeiro se descortinaram aos homens, assim essa sublime revelação abriu caminhos para que os aspectos restantes fossem buscados, e tornou mais fácil a nossa descoberta, pelos mesmos métodos, de todos os ramos inferiores do conhecimento humano.

"Outra ideia me ocorreu igualmente nas mesmas passagens, e aplicável à mesma finalidade: dar ao leitor uma noção mais abrangente da questão em discussão. Dirigindo os pensamentos para as obras do Criador e refletindo a respeito delas, de como elas são externadas a nós no tecido do mundo, o leitor não poderá deixar de observar que todas são magníficas, nobres e adequadas à majestade da sua natureza, e trazem em si as provas da sua origem, mostrando-se como a criação de um ser Todo-Poderoso e dotado de infinita sabedoria; e, ao acostumar a mente a essas reflexões sublimes, o leitor se verá preparado para avaliar se é aceitável que os milagres declarados a nós de modo tão confiante pelos padres antigos sejam considerados parte do grande esquema da administração divina, ou se é razoável que Deus — que criou todas as coisas segundo a Sua vontade, e que segundo essa mesma vontade pode dar a essas coisas as feições que desejar — deva, para propósitos particulares do seu governo e para os cultos da Igreja, *recorrer ao expediente das visões e revelações*, concedidas às vezes a garotos para a instrução dos mais velhos, e às vezes a mulheres para fixar o modelo e o comprimento dos seus véus, e às vezes a pastores da Igreja para incumbi-los da tarefa de ordenar diáconos e padres. Ou se é razoável que Ele deva produzir milagres em profusão em torno da estaca de um mártir, ainda que inúteis e insignificantes todos eles, e sem nenhum efeito concreto, nem para preservar a vida do santo, nem para ao menos aliviar os seus sofrimentos; nem mesmo para envergonhar os seus perseguidores, os quais sempre puderam saborear o completo triunfo da sua crueldade enquanto o pobre mártir expirava numa morte miserável. Quando essas coisas, como eu dizia, são colocadas à prova e comparadas com as genuínas e inquestionáveis obras do Criador, quão minúsculas, quão insignificantes, quão desprezíveis elas se tornam? E quão inacreditável deve ser a ideia de que, para a instrução da Sua Igreja, Deus deva empregar sacerdotes tão precários, insatisfatórios e inadequados, assim como os êxtases de mulheres e rapazes, e as visões de padres afetados, que foram ridicularizados por homens sensatos tão logo estes tomaram conhecimento de tais visões.

"Essa lei universal [continua Middleton, referindo-se à lei revelada nas obras da Criação] foi revelada na verdade ao mundo pagão muito antes de o espírito se dar a conhecer; isso nos foi mostrado pelos principais sábios da Antiguidade, que deram grande relevância a esse tema em seus estudos e escritos.

"Cícero nos proporcionou um breve resumo a respeito desse assunto num fragmento que ainda restou de um dos seus livros sobre governo, que eu transcreverei aqui nas próprias palavras dele, pois elas irão aclarar também a minha consciência nas passagens que parecem tão obscuras e perigosas para os meus antagonistas. Diz Cícero:

> A verdadeira lei é a reta razão em conformidade com a natureza das coisas, constante, eterna, em tudo disseminada, que nos conduz pelo caminho do dever e nos veta o caminho do mal. Sua influência sempre permanece com os bons, porém nunca se preserva com os iníquos. Essa lei não pode ser anulada por nenhuma outra, nem abolida no todo ou parcialmente; tampouco podemos nós ser isentados da sua ação nem pelo senado nem pelo povo, nem devemos buscar outro intérprete ou comentador dessa lei. Também não haverá uma lei em Roma e outra em Atenas — uma agora e outra mais tarde —, mas a mesma eterna lei imutável abarcando todas as nações em todos os tempos, sob um único mestre e comandante — DEUS. Ele é o inventor dessa lei, e também Seu juiz e quem a propõe. Quem não a obedecer renunciará a si mesmo e se afastará da sua própria natureza de homem, e acabará por sofrer enormes punições, embora deva escapar de todos os outros tormentos que estão reservados aos iníquos, como geralmente se acredita.

"Os nossos doutores [continua Middleton] talvez considerem isso DEÍSMO GROSSEIRO. Que chamem como bem desejarem, isso não importa; eu sempre o reconhecerei e defenderei como parte fundamental, essencial e vital de toda religião verdadeira."

E assim se encerra a citação dele.

Ofereci ao leitor dois sublimes textos de homens que viveram em tempos muito distantes um do outro, mas que pensavam da mesma maneira. Cícero viveu antes da época em que nos dizem que Cristo nasceu. Middleton pode ser considerado um homem do nosso tempo, já que viveu neste século.

Percebemos em Cícero a vasta superioridade da mente, a sublimidade da reta razão e da justeza de ideias que o homem adquire não por meio do estudo de Bíblias, e da teologia de escolas constituídas a partir desses livros, e sim por meio do estudo do Criador na imensidão e na ordem imutável da Sua criação, e do estudo da imutabilidade da Sua lei. Cícero diz: "Não pode haver uma lei agora e outra mais tarde; mas a mesma eterna lei imutável abarcando todas as nações em todos os tempos, sob um único mestre e comandante — DEUS". Porém, de acordo com a doutrina das escolas criadas pelos padres, nós temos uma lei, denominada Antigo Testamento, surgida em uma época do mundo, e outra lei, denominada Novo Testamento, surgida em outra época do mundo. Como tudo isso se opõe à natureza eterna e imutável, e à infalível e imutável sabedoria de Deus, só nos resta concluir que essa doutrina é falsa, e que a antiga lei e a nova lei, denominadas Antigo e Novo Testamentos, são imposturas, fábulas e adulterações.

Temos em Middleton um exemplo da viril eloquência de uma mente impressionante e dos sentimentos genuínos de alguém que crê verdadeiramente no seu Criador. Em vez de repousar a sua fé nos livros, quaisquer que fossem — o Antigo ou o Novo Testamento —, ele estabeleceu a criação como o grande padrão original pelo qual qualquer outra coisa chamada de Palavra, ou de Palavra de Deus, deve ser medida. Essa é uma escala indiscutível quando se trata de medir cada palavra ou obra imputada a Ele. Se a coisa que Lhe é imputada não traz em si a evidência do mesmo poder infinito, da mesma verdade infalível e sabedoria, e da mesma ordem imutável em todas as suas partes — como é visivelmente demonstrado aos nossos sentidos e não pode ser compreendido pela nossa razão no magnífico tecido do Universo —, então essa coisa (essa palavra ou obra) não é de Deus. Que sejam, assim, os dois livros conhecidos como Antigo e Novo Testamentos avaliados por essa regra, e o resultado será que os seus autores — quaisquer que sejam — serão condenados por falsificação.

Os princípios invariáveis e a ordem imutável que regulam os movimentos de todas as partes que compõem o Universo evidenciam aos nossos sentidos e à nossa razão que o seu Criador é um Deus de infalível verdade. Mas o Antigo Testamento, além das incontáveis, absurdas e banais histórias que conta a respeito de Deus, representa-O como um Deus dúbio, um Deus no qual não se pode confiar. Ezequiel faz Deus dizer: "E se o profeta se deixar enganar e proferir um oráculo, eu, *o Senhor, é que terei enganado esse profeta*" (Ez 14,9, grifos meus). E no capítulo 20, versículo 25, ele faz Deus dizer (em referência aos filhos de Israel): "Por isso cheguei a dar-lhes estatutos que lhes foram danosos, ordens segundo as quais não podiam viver".

Longe de ser a Palavra de Deus, isso é uma horrenda blasfêmia contra Ele. Que o leitor deposite a sua confiança em Deus, e não confie jamais na Bíblia.

O Antigo Testamento, depois de nos informar que Deus criou o céu e a Terra em seis dias, fez esse mesmo Deus de poder infinito e sabedoria eterna ocupar-se da tarefa de fornecer orientações a respeito do corte mais adequado às vestes de um padre, e do que devem ser feitas essas vestes — de ouro, e prata, e bronze, e azul, e violeta, e escarlate, e linho fino, e pelo de carneiro etc. (Ex 28). E em uma das falsas profecias que examinei alguns parágrafos atrás, Deus dá orientações sobre como eles devem matar, cozinhar e comer um carneiro ou um cabrito. E Ezequiel, no capítulo 4, ultrapassando todos os limites do absurdo abominável, faz Deus lhe ordenar que pegue "trigo, cevada, favas, lentilhas, milho e aveia sob a forma de torta de cevada assada em excremento humano e coma isso"; mas, como Ezequiel se queixou de que essa ração lhe seria indigesta demais, a questão foi resolvida com a troca de excremento humano por excremento de vaca. Nós teremos dificuldade para encontrar um nome desprezível o suficiente a toda essa vulgaridade cínica — chamada blasfemamente de Palavra de Deus — se a compararmos com o infinito poder que criou o Universo, e cuja sabedoria eterna orienta e governa todos os seus poderosos movimentos.

Nas promessas que o Antigo Testamento alega que Deus fez ao seu povo, continuam prevalecendo as mesmas ideias depreciativas a respeito Dele. Nesse livro, Deus promete a Abraão que sua semente seria tão numerosa quanto as estrelas do céu e a areia da praia, e que ele e seus descendentes herdariam a terra de Canaã para sempre. Mas observe, leitor, de que modo essa promessa começaria a ser realizada, e então consulte a sua própria razão e considere se a sabedoria de Deus, cujo poder é igual à Sua vontade, permitiria que Ele prometesse algo semelhante.

O cumprimento da promessa começaria, de acordo com esse livro, com 400 anos de servidão e aflição. Em Gênesis, capítulo 15, versículo 13, lê-se: "E o Senhor disse a Abraão: 'Sabe que é certo que teus descendentes serão peregrinos em terra que não lhes pertence, e que serão nessa terra escravizados e oprimidos por quatrocentos anos'". Então, se essa promessa feita a Abraão e aos seus descendentes — de herdarem para sempre a terra de Canaã — fosse um fato, e não uma fábula, ela deveria funcionar, em seu início, como uma maldição sobre todo o povo e seus filhos, e sobre os filhos dos seus filhos, durante 400 anos.

Ocorre, porém, que o Livro do Gênesis foi escrito após o tempo de escravidão no Egito. A fim de se desembaraçarem da humilhação sofrida pelo povo escolhido do Senhor (como eles diziam ser) enquanto escravos em poder dos gentios, os clérigos tornaram Deus o autor desse detalhe e o incorporaram como uma condição para uma promessa simulada — como se Deus, ao fazer essa promessa, tivesse excedido o seu poder de realizá-la, e consequentemente a Sua sabedoria para fazê-la, e fosse obrigado a se comprometer com os israelitas, por um lado, e com os egípcios, dos quais seriam cativos, por outro.

Não pretendo degradar minha própria razão dando-me ao trabalho de comparar esses contos lastimáveis e insignificantes com o poder infinito e a sabedoria eterna que o Criador demonstrou aos nossos sentidos na criação do Universo. Vou me restringir a dizer que, se compararmos esses contos com os divinos e poderosos sentimentos de Cícero, o resultado será que a mente humana se degenerou por acreditar neles. Presas a um estado de humilhante superstição, do qual não têm coragem de sair, as pessoas perdem a energia dos seus poderes mentais.

Não vou aborrecer o leitor com mais observações a respeito do Antigo Testamento.

Quanto ao Novo Testamento, se for examinado à luz daquele padrão — o qual, como Middleton sabiamente disse, Deus revelou aos nossos sentidos —, do Seu infinito poder e de Sua sabedoria na criação e no governo do Universo visível, então ele se mostrará tão falso, reles e absurdo como o Antigo.

Não pretendo, a esta altura, colocar em discussão se a história de Cristo tem origem humana e não divina. Vou me limitar a mostrar que ela, por sua conspiração, é ofensiva a Deus porque os meios que se supõe que Ele deve utilizar não são adequados à finalidade buscada, e em consequência disso são ofensivos à onipotência do Seu poder e à eternidade da Sua sabedoria.

O Novo Testamento supõe que Deus tenha enviado o seu Filho à Terra para fazer uma nova aliança com a humanidade (que a Igreja chama de "Aliança da Graça") e para ensinar-lhe uma nova doutrina, denominada *fé*, que significa não a fé em Deus — a fé que Cícero e todos os verdadeiros deístas tinham e sempre terão —, e sim a fé na pessoa chamada Jesus Cristo; e todo aquele que não tivesse essa fé deveria, nas próprias palavras contidas no Novo Testamento, ser CONDENADO.

Se fosse mesmo verdade, então isso seria compatível com aquele atributo de Deus chamado Sua *bondade*, da qual o pobre e desafortunado homem deveria tomar conhecimento o quanto antes. E como essa bondade estava ligada ao poder infinito, e este à sabedoria infinita, o Criador tinha em suas mãos todos os meios para tornar a sua bondade conhecida imediatamente em toda a Terra, de uma maneira adequada à onipotência da sua natureza divina e com evidências que não deixariam dúvida ao homem. Afinal, cabe a nós, em todos os casos, acreditar que o Todo-Poderoso sempre atua de maneira compatível com a sua onipotência, não se valendo de meios imperfeitos como se fosse um homem imperfeito. Esse é o único critério que podemos considerar infalível para conseguirmos diferenciar as obras de Deus das obras do homem.

Agora observe, leitor, a comparação entre essa suposta missão de Cristo — a qual, segundo eles, determinará se o homem será salvo (caso creia) ou condenado (caso não creia) — e o poder e a sabedoria infinitos de Deus evidenciados aos nossos sentidos na criação visível.

No Antigo Testamento lemos que Deus criou o céu e a Terra, e tudo o que neles existe, em seis dias. A expressão "seis dias" não cabe em si de tão ridícula quando aplicada a Deus, porém, deixando de lado esse absurdo, ela contém a ideia do poder infinito atuando em harmonia com a sabedoria infinita para produzir, num curto espaço de tempo, uma obra imensa — a da criação do Universo e de tudo o que nele existe.

Agora que a salvação eterna do homem é muito mais importante do que a criação, e como essa salvação depende, segundo o Novo Testamento, de que o homem conheça a pessoa chamada Jesus Cristo e creia nele, conclui-se obrigatoriamente — a partir da nossa crença na bondade e na justiça de Deus, e do nosso conhecimento da Sua sabedoria e de Seu poder infinitos (como demonstrado na criação) — que TUDO ISSO, se fosse verdadeiro, teria sido dado a conhecer a todas as partes do mundo num tempo tão curto quanto o que foi empregado na criação do mundo. É de fato um insulto ao Todo-Poderoso supor que Ele dedicaria mais consideração e atenção à criação e organização de matéria inanimada do que dedicaria à salvação de incontáveis milhões de almas que Ele próprio havia criado "à sua imagem e semelhança".

Observe agora, leitor, o que ocorre quando comparamos a obra da criação com a declaração da alegada salvação através do conhecimento e da crença em Jesus Cristo.

Primeiro, o nascimento do mundo levou menos tempo que o nascimento de uma criança, pois nove meses se passam durante a gravidez — mais de quarenta vezes o tempo que Deus levou para fazer o mundo, de acordo com o relato da Bíblia. Segundo, Cristo passou vários anos da sua vida na condição de infância humana. O Universo, contudo, estava consolidado no momento em que surgiu. Terceiro, Cristo, como afirma Lucas, contava trinta anos antes de começar a pregar o que eles chamam de sua missão. Milhões de almas pereceram nesse intervalo, sem tomar conhecimento da existência de Jesus. Quarto, desde essa época se passaram mais de 300 anos até que o Novo Testamento fosse compilado numa única cópia escrita; antes disso, esse livro não existia. Quinto, mais de mil anos transcorreram até que esse livro pudesse ser distribuído — porque nem Jesus nem seus apóstolos tinham conhecimento algum da arte da impressão. Em consequência disso, como os meios para tornar o Novo Testamento conhecido não existiam, os meios não eram iguais aos fins — portanto, isso não é obra de Deus.

Vou adicionar aqui o Salmo 19, que é verdadeiramente deístico, para mostrar que as obras de Deus se tornam instantânea e universalmente conhecidas, o que está longe de acontecer com essa pretensa salvação em Jesus Cristo.

> Proclamam os céus a glória de Deus, e o firmamento anuncia a obra das Suas mãos. Um dia comunica ao outro essa mensagem, e uma noite transmite à outra esse conhecimento. Nada se fala, não há palavras; sem que a sua voz seja ouvida, sua mensagem se estende por toda a terra, suas palavras alcançam os confins do mundo, onde Deus pôs uma tenda para o sol. E este, como um esposo que sai do seu aposento, feliz e heroico vai cumprir sua jornada. Parte de uma extremidade do céu até a outra, onde termina o seu curso; e nada escapa do seu calor. (Sl 19,1-7)

Se a notícia sobre a salvação por Jesus Cristo tivesse sido inscrita na face do Sol e da Lua, com dizeres que todas as nações tivessem compreendido, toda a Terra tomaria conhecimento dela em 24 horas, e todas as nações teriam acreditado. Entretanto, passados quase dois mil anos desde que (como nos contam eles) Cristo veio à Terra, nem a vigésima parte do povo da Terra sabe a respeito disso; e, entre as pessoas que conhecem, as mais sábias não acreditam.

Eu percorri todas as passagens consideradas profecias sobre Jesus Cristo, e mostrei que elas não existem.

Examinei a história de Jesus Cristo que nos foi contada, e comparei as várias circunstâncias dela com a revelação que, como

Middleton sabiamente diz, Deus nos fez do Seu Poder e de Sua Sabedoria na estrutura do Universo, revelação pela qual tudo o que for atribuído a Ele deve ser provado. O resultado é que a história de Cristo não tem nenhum detalhe — nem em suas características nem nos meios empregados — que indique a menor semelhança com o poder e a sabedoria de Deus demonstrados na criação do Universo. Todos os meios empregados são humanos, lentos, duvidosos e inadequados à realização do objetivo proposto, portanto, a história inteira é uma invenção fantasiosa e não merece crédito.

Os padres atualmente declaram acreditar nessa história. Ganham a vida com isso, e vociferam contra tudo o que chamam de "infidelidade". Pois eis aqui uma boa definição para infidelidade: todo aquele que acredita na história de Cristo é INFIEL A DEUS.

CAPÍTULO 5

Apêndice: Doutrinas contraditórias entre Mateus e Marcos no Novo Testamento

NO NOVO TESTAMENTO, EM MARCOS 16,16, LEMOS: "AQUELE que crer e for batizado será salvo; porém aquele que não crer será condenado". Isso faz com que a salvação — ou, em outras palavras, a felicidade do homem depois dessa vida — dependa inteiramente do ato de crer, ou do que os cristãos chamam de fé.

No Evangelho segundo São Mateus, capítulo 25, porém, Jesus Cristo prega uma doutrina flagrantemente contrária à do Evangelho segundo São Marcos: ele faz com que a salvação, ou a felicidade futura do homem, dependa inteiramente das boas obras. E essas boas obras não são feitas para Deus, pois Ele não necessita delas, mas feitas para o homem.

A passagem referida no Livro de Mateus é o relato que consta do que se denomina "último dia", ou Juízo Final, que representa o mundo todo dividido em duas partes: os justos, à direita, e os ímpios, à esquerda, metaforicamente denominados *ovelhas* e *cabritos*.

Aos que se encontram à direita, as ovelhas, diz-se:

> "Vinde, benditos do meu Pai, e tomai posse do reino que desde o início do mundo vos está preparado. Porque tive fome e me destes de comer; tive sede e me destes de beber; era estrangeiro e me acolhestes; estava nu e me vestistes; doente, e me visitastes; na prisão, e viestes a mim." Os justos lhe perguntarão: "Senhor, quando te vimos com fome e te demos de comer? Ou com sede, e te demos de beber? Quando te vimos estrangeiro e te acolhemos? Quando te vimos nu e te vestimos? E quando te vimos doente, ou na prisão, e fomos a ti?". E lhes dirá o Rei em resposta: "Em verdade vos afirmo que *sempre que fizestes isso a um desses meus irmãos pequeninos, a mim o fizestes*". (Mt 25,34-40)

Não há nada aqui a respeito de acreditar em Cristo — nada sobre o fantasma da imaginação chamado *fé*. Os atos dos quais se fala nessa passagem são de humanidade e benevolência; ou, em outras palavras, um empenho para tornar feliz a criação de Deus. Não há nessa passagem nada sobre pregar e fazer longas orações, como se Deus devesse atender a pleitos do homem. Também não há nada sobre construir igrejas e congregações, nem sobre contratar padres para rezar e pregar nelas. Não há nada sobre predestinação, essa ânsia que alguns homens têm por condenar uns aos outros. Não há nada sobre batismo, seja por aspersão, seja por imersão, nem sobre nenhuma dessas cerimônias pelas quais a Igreja Cristã tem combatido, perseguido e queimado inimigos desde que surgiu.

Alguém poderia perguntar: por que os padres não pregam a doutrina contida nesse capítulo? A resposta é fácil: porque eles não gostam de praticá-la. Não é trabalho deles. Preferem receber a dar. Quando se trata deles, caridade começa e termina em casa.

CAPÍTULO 6

O que penso a respeito da vida após a morte

NA PRIMEIRA PARTE DE *A ERA DA RAZÃO*, AFIRMEI QUE espero pela felicidade que existe depois dessa vida. Essa espera me conforta, e presumo que com relação a uma vida após a morte eu não possa ir além da reconfortante ideia de esperar. Estou nas mãos do meu Criador, e acredito que depois dessa vida Ele disporá de mim conforme determinar a Sua justiça e bondade. Deixo para Ele esses assuntos, como meu Criador e amigo, e considero presunção da parte do homem transformar em artigo de fé esse tema, isto é, o que o Criador fará conosco na outra vida. Quando um homem e uma mulher trazem ao mundo uma criança, não acredito que isso imponha a Ele a obrigação inevitável de manter esse ser em existência eterna no além. Está em Seu poder fazer isso ou não, e não está em nosso poder decidir o que Ele fará.

O Novo Testamento, que julgo fantasioso e que se provou enganoso, traz, no 25º capítulo de Mateus, um relato sobre o denominado dia do Juízo Final. Segundo esse relato, o mundo inteiro divide-se em duas partes, a dos justos e a dos injustos, referidos respectivamente de modo figurado como "ovelhas" e "cabritos". Em dado momento, cada parte recebe a sua sentença. Para uma delas, as "ovelhas", se diz: "Vinde, benditos do meu Pai, e tomai posse do reino que desde o início do mundo vos está preparado". Para a outra, os "cabritos", se diz: "Afastai-vos de mim, malditos! Ide para o fogo eterno preparado pelo demônio e seus anjos".

Acontece que o mundo não pode ser dividido dessa maneira — o mundo moral, assim como o mundo físico, compõe-se de numerosos graus de manifestação, intercalados uns nos outros imperceptivelmente, de tal modo que nenhum ponto fixo que estabeleça uma divisão pode ser encontrado neles. Esse ponto não está em nenhum lugar, ou está em todos os lugares. O mundo pode ser dividido numericamente em duas partes, mas não moralmente, portanto, é absurda a metáfora dessa divisão, valendo-se de ovelhas e cabritos para estabelecer diferença física. Ovelhas são sempre ovelhas, e cabritos são sempre cabritos; ser assim é inerente à sua natureza física. Mas não se pode considerar uma parte do mundo boa e outra má. Algumas são extremamente boas, e outras extremamente más. Existem pessoas que não podem ser classificadas nem em uma categoria nem em outra — não pertencem nem às ovelhas nem aos cabritos.

Na minha opinião, aqueles que na vida se ocupam de fazer coisas boas e se empenham em prol da felicidade dos seus mortais semelhantes — pois não há outra maneira de servir a Deus — serão felizes na vida que os espera após a morte. Por outro lado, encontrarão a devida punição aqueles que forem muito ruins. Essa é a minha opinião, que é coerente com a minha ideia de justiça de Deus, e com a razão que Deus me concedeu.

Notas

Todas as notas são do autor, exceto quando indicado.

PRIMEIRA PARTE

1 Exceto, porém, a declaração de que Deus castiga os filhos pelos pecados dos pais, o que vai contra todos os princípios de justiça moral.

2 Muitos leitores não percebem que estão diante de um trabalho de poesia a menos que se apresente em rimas; acrescentei essa observação com o intuito de informá-los disso.

3 Como aqueles que se autodenominam teólogos e exegetas gostam tanto de confundir uns aos outros, deixo-os contestarem o significado da primeira parte da frase, aquela em que é mencionado um espírito mau enviado por Deus. Eu mantenho o meu texto, o significado da palavra "profecia".

4 Mateus, capítulo 3, versículo 10. (N.T.)

5 É impossível para nós, nos tempos atuais, determinar em que época a mitologia pagã começou, mas é correto afirmar, segundo evidências oferecidas pela própria mitologia, que não foi no mesmo estado ou condição em que terminou. Todos os deuses dessa mitologia, exceto Saturno, foram uma invenção moderna. O suposto reino de Saturno foi anterior à mitologia denominada pagã, e até então era uma espécie de teísmo, que admitia a crença em um deus apenas. Supõe-se que Saturno tenha abdicado do governo em favor de seus três filhos e sua filha — Júpiter, Plutão, Netuno e Juno. Então milhares de outros deuses e semideuses foram criados imaginariamente e, a partir disso, o calendário dos deuses aumentou tão rápido quanto o dos santos e o dos tribunais.

6 Trata-se de um mecanismo de relógio em miniatura que representa o Universo, reproduzindo: o movimento da Terra ao redor de si mesma e do Sol; o movimento da Lua ao redor da Terra; o dos planetas ao redor do Sol e suas distâncias relativas até ele, como centro do sistema inteiro; as distâncias relativas entre os planetas e suas diferentes magnitudes. Esses elementos são representados como realmente existem no que chamamos de céu.

7 Supondo-se que um navio se deslocasse numa velocidade média de 4,82 quilômetros por hora, ele daria uma volta inteira ao redor do mundo em menos de um ano, se pudesse navegar num círculo exato. Contudo, ele é obrigado a seguir o curso do oceano.

8 Aqueles que achavam que o Sol fazia uma volta em torno da Terra a cada 24 horas cometeram, no campo do pensamento, o mesmo engano que um cozinheiro cometeria se fizesse o fogo girar em torno da carne, e não o contrário.

9 Alguém poderia perguntar: "Como pode o homem saber essas coisas?". Eu tenho uma resposta simples para essa questão: o homem sabe como calcular um eclipse, e também como calcular quando o planeta Vênus, ao realizar seu movimento circular, surgirá em linha reta entre a nossa Terra e o Sol, e aparecerá para nós com o tamanho aproximado de uma grande ervilha passando diante do Astro. Isso acontece não mais que duas vezes em cem anos, mais ou menos, com um intervalo de aproximadamente oito anos entre as duas ocorrências; aconteceu duas vezes em nosso tempo, ambas antecipadas por cálculos. Esse fenômeno também poderá ser percebido quando acontecer nos próximos cem anos de novo, ou em qualquer outro momento no tempo. Portanto, como o homem não poderia ser capaz de fazer esses cálculos se não compreendesse o Sistema Solar e o modo como se realizam as circunvoluções dos vários planetas, o fato de calcular a ocorrência de um eclipse ou uma passagem de Vênus é prova de que o conhecimento existe. Quanto à variação de poucos milhares de quilômetros, ou mesmo milhões, para mais ou menos, isso praticamente não faz diferença quando se lida com distâncias tão imensas.

10 De acordo com a história cronológica, Euclides viveu trezentos anos antes de Cristo, e cerca de cem anos antes de Arquimedes. Ele era da cidade de Alexandria, no Egito.

11 Célebre participante da Conspiração da Pólvora, ocorrida em 1605, que visava explodir o Parlamento Inglês e matar o rei Jaime I da Inglaterra, junto com os parlamentares. Diz-se que ele carregava essa lanterna durante sua prisão, feita com uma chapa de ferro com um suporte para vela dentro, e que continha um mecanismo que poderia ser acionado para ocultar a luz e, portanto, seu usuário. (N.T.)

12 Em 2 Reis, capítulo 14, versículo 25, o nome de Jonas é mencionado em razão da restauração de um pedaço de terra por Jeroboão, porém nada mais é dito sobre ele. Não se faz nenhuma alusão ao Livro de Jonas, à sua ida a Nínive ou ao seu encontro com a baleia.

13 Enquanto relia a Bíblia, observei nela várias passagens truncadas e sem sentido, e não entendi por que foram consideradas importantes a ponto de serem introduzidas na obra. Por exemplo, em 1 Samuel, capítulo 13, versículo 1, lê-se: "Saul reinou por um ano; e quando havia reinado dois anos sobre Israel, Saul escolheu para si três mil homens" etc. A primeira parte do versículo (segundo a qual Saul reinou durante um ano) não tem sentido, pois não nos informa o que Saul fez nem o que teria acontecido ao final desse ano. Além disso, é simplesmente absurdo relatar que ele reinou por um ano e, na frase imediatamente a seguir, que ele reinou por mais um — ora, se ele reinou por dois anos, seria impossível que não tivesse reinado um. Outro exemplo ocorre em Josué, capítulo 5, em que se relata uma visão dele, porém com um término abrupto, sem nenhuma conclusão: "Josué encontrava-se próximo de Jericó. Levantando os olhos, viu diante de si um homem de pé, com uma espada desembainhada na mão. Josué foi em sua direção e lhe falou: 'És um dos nossos ou dos nossos inimigos?'. O homem respondeu: 'Não. Venho como chefe do exército do Senhor'. Josué caiu de joelhos, com o rosto contra o chão, e lhe disse: 'O que o meu Senhor ordena a seu servo?'. E o chefe do exército do Senhor respondeu a Josué: 'Tira o calçado dos teus pés, porque o lugar no qual estás é santo'. E Josué obedeceu" (Js 5,13-15). E depois? O que acontece? Nada, pois a história termina aqui, e o capítulo também.

Ou a história é interrompida na metade ou é contada por algum humorista judeu, ridicularizando a suposta missão que Josué recebera de Deus; e os compiladores da Bíblia, sem perceberem a falha na estrutura da história, a contaram como sendo relevante. A narrativa não é lá grande coisa nem para humor, pois introduz pomposamente um anjo na figura de um homem, com uma espada na mão, diante do qual Josué se prostra com o rosto no chão em atitude de adoração (gesto que contraria o segundo Mandamento). E, então, esse importantíssimo embaixador do Céu termina dizendo a Josué para tirar os sapatos. Poderia também ter dito a ele para aproveitar e puxar as calças para cima. Contudo, é certo que os judeus não acreditaram em tudo o que os seus líderes lhes disseram, como sugere a maneira indiferente com que falaram de Moisés quando foi para a montanha: "Quanto a esse Moisés, não sabemos o que é feito dele" (Ex 32,1).

14 A passagem conhecida pelo nome de "oração de Agur", que encontramos no capítulo 30 de Provérbios — imediatamente antes dos provérbios de Lamuel —, é a única oração sensata, bem elaborada e bem enunciada na Bíblia, e parece realmente ser emprestada dos gentios. O nome de Agur não aparece em nenhuma outra ocasião além dessa, sendo apresentado — junto com a oração atribuída a ele — da mesma forma, e quase com as mesmas palavras, que Lamuel e seus provérbios são apresentados no capítulo seguinte. O primeiro versículo do capítulo 30 é: "Palavras de Agur, filho de Jaces, a sua profecia". Aqui a palavra "profecia" é empregada do mesmo modo que no capítulo de Lamuel, sem associação com nenhum vaticínio. A oração de Agur encontra-se nos versículos 8 e 9: "Afasta de mim a falsidade e a mentira; não me dês nem pobreza nem riqueza; do pão concede-me apenas o que necessito, para que uma vez saciado eu não te negue, e diga: 'Quem é o Senhor?'. Ou para que uma vez pobre eu não roube nem tome em vão o nome de Deus". Essa oração não possui nenhuma das características de uma oração judaica, pois os judeus jamais rezam a não ser quando estão em dificuldades, e ainda assim o fazem motivados apenas por vitória, vingança e riquezas.

15 "E aqueles que olham pela janela se escurecem" é uma metáfora sombria na tradução para perda de visão.

16 Ver o início dos capítulos 13, 15, 17, 19, 21 e 22 do Livro de Isaías.

17 No Livro de Isaías, capítulo 7, versículo 14, lemos que o menino deveria se chamar Emanuel, nome que não foi dado a nenhuma das crianças, exceto como uma característica do que a palavra significa. O filho da profetisa recebeu o nome de Maher-shalal-hash-baz, e o de Maria, Jesus.

18 No primeiro Livro de Samuel, observei que dois capítulos (16 e 17) se contradizem a respeito de Davi e da maneira como se tornou próximo a Saul; da mesma forma, os capítulos 37 e 38 do Livro de Jeremias se contradizem a respeito da causa de seu aprisionamento. No capítulo 16 de Samuel, lemos que um espírito mau, enviado por Deus, veio sobre Saul, e que os servos dele o aconselharam (a título de cura) a "procurar um homem que saiba tocar harpa". E Saul respondeu: "Buscai-me um bom músico e trazei-o a mim" (1 Sm 16,17). Então um dos seus servos lhe diz em resposta: "Conheço um filho de Jessé de Belém que toca muito bem, é um homem forte e valente, fala bem e é belo, e o Senhor está com ele". Assim, Saul enviou mensageiros até Jessé, para que lhe dissessem: "Manda-me Davi, teu filho". E no versículo 21: "Davi foi até Saul e se apresentou a ele. E Saul gostou muito de Davi, e fez dele o seu escudeiro". No versículo 23, por sua vez: "E quando o espírito mau de Deus se apossava do rei, Davi tomava a sua harpa e a tocava. Com isso Saul se acalmava, e por fim voltava a ficar bem".

Mas o capítulo 17, o seguinte, traz um relato completamente diferente do anterior em relação à maneira como Saul e Davi se tornam íntimos. Nele, esse evento é atribuído ao encontro de Davi com Golias, quando Davi foi enviado por seu pai para levar provisões aos seus irmãos no campo. Lê-se no versículo 55:

Quando Saul viu Davi investir contra o filisteu (Golias), disse a Abner, seu general: "Abner, quem é o pai desse jovem?". E Abner respondeu: "Ó rei, juro por tua vida que não sei". "Informa-te, pois", tornou o rei, "de quem esse rapaz é filho." E quando Davi voltou, depois de ter matado Golias, Abner o conduziu à presença de Saul. Davi ainda carregava consigo a cabeça do filisteu. E Saul perguntou-lhe: "Você é filho de quem, ó jovem?". "Sou filho de Jessé de Belém, teu servo", respondeu Davi.

Esses dois relatos são conflitantes, porque cada um deles supõe que Saul e Davi não se conheciam antes. A Bíblia é um livro tão ridículo que quase nem vale a pena analisá-lo.

19 Maria, a suposta mãe virgem de Jesus, teve várias outras crianças, filhos e filhas. Veja Mateus, capítulo 13, versículos 55-56.

20 Do nascimento de Davi ao de Cristo há um intervalo de mais de 1080 anos; e, como a vida de Cristo não está incluída, existem apenas 27 gerações completas. Portanto, para encontrar a média de idade de cada pessoa mencionada na lista, na época de nascimento de cada primogênito, basta dividir 1080 anos por 27, de modo que o resultado será 40 anos para cada pessoa. Tendo em vista que o tempo de vida de uma pessoa era então equivalente ao que é agora, é um absurdo supor que 27 gerações seguidas sejam todas compostas de velhos solteirões antes de se casarem — principalmente quando somos informados de que Salomão, o sucessor de Davi, teve uma casa cheia de esposas e amantes antes de completar 21 anos. Longe de ser uma verdade solene, essa genealogia não é nem mesmo uma mentira razoável. A lista de Lucas estipula 26 anos como idade média, mas isso é um exagero.

21 Segundo o capítulo 19, versículo 14, do Livro de João, a sentença não foi proferida até aproximadamente a sexta hora, ou seja, meio-dia. Por isso, a execução não poderia ser realizada até o entardecer. Mas Marcos diz expressamente que Jesus foi crucificado na terceira hora (nove da manhã), no capítulo 15, versículo 25.

22 Não faz nem dois anos que a primeira parte de *A era da razão* foi publicada e há nela uma frase que não é de minha autoria: "O Livro de Lucas foi escrito predominantemente por uma pessoa apenas", o que pode ser verdade, mas quem a escreveu não fui eu. Alguma pessoa que talvez tivesse conhecimento do trabalho deve ter acrescentado essa frase numa nota de rodapé de uma das edições, impressa na Inglaterra e na América, e os tipógrafos, depois disso, a transferiram para o corpo do texto e me tornaram seu autor. Se isso aconteceu num espaço tão curto de tempo, apesar da proteção do processo de impressão que evita que cópias sejam alteradas individualmente, o que não pode ter acontecido num intervalo muito maior, e numa época na qual não havia impressão e qualquer homem que soubesse escrever poderia produzir uma cópia escrita e fazê-la passar por um original de Mateus, Marcos, Lucas ou João?

23 Eu retirei esses dois trechos de [*Critical examination of the*] *Life of Paul*, de Boulanger, escrito em francês. Boulanger os citou dos escritos de Agostinho contra Fausto, ao qual ele se refere.

24 Boulanger, em [*Critical examination of the*] *Life of Paul*, recolheu de histórias eclesiásticas e dos chamados "escritos de padres" vários temas para mostrar as opiniões que predominavam entre as diferentes seitas de cristãos na época em que o Novo Testamento, como agora o conhecemos, foi escolhido para ser a Palavra de Deus. O trecho a seguir é do segundo capítulo desse livro:

Os marcionistas (uma seita cristã) acreditavam que os Evangelistas eram repletos de falsidade. Os maniqueístas, uma seita muito numerosa no início da cristandade, consideraram falso todo o Novo Testamento e o rejeitaram, e descobriram outros escritos bem diferentes que consideraram autênticos. Os ceríntios, assim como os marcionistas, não reconheciam os Atos dos Apóstolos. Os encratitas e os severianos não aceitaram nem os Atos nem as Epístolas de Paulo. Crisóstomo, em um sermão que fez sobre os Atos dos Apóstolos, disse que em sua época (ano 400 aproximadamente) muitas pessoas nada sabiam nem sobre o autor nem sobre o livro. Santa Irene, que viveu antes desse tempo, relata que a seita dos valentinianos, como diversas outras seitas cristãs, declarou que as Escrituras são repletas de imperfeições, erros e contradições. Os ebionitas, ou nazarenos, que foram os primeiros cristãos, rejeitavam todas as Epístolas de Paulo e consideravam-no um impostor. Entre outras coisas, relataram que Paulo era originalmente um pagão, que viveu algum tempo em Jerusalém. Também afirmaram que ele tinha a intenção de se casar com a filha do sumo sacerdote, e por isso se submeteu a uma circuncisão; porém não conseguindo o que desejava, se envolveu numa contenda com os judeus e escreveu contra a circuncisão, e contra a prática do Shabat, e contra todas as ordenanças.

25 "Isso te ferirá a cabeça, e tu lhe ferirás o calcanhar" (Gn 3,15).

26 Segundo a cronologia da Igreja, Atanásio morreu no ano 371 d.C.

27 De acordo com o evento conhecido como o "sermão de Cristo na montanha", no Livro de Mateus — no qual, entre algumas outras coisas boas, uma grande dose dessa moralidade fingida é introduzida —, a doutrina da tolerância, ou de não retaliar em caso de ofensa, não faz parte da doutrina dos judeus. Como essa doutrina é baseada em Provérbios, no entanto, deve, de acordo com essa afirmação, ter sido copiada dos gentios com quem Cristo a aprendeu. Esses homens, chamados abusivamente de pagãos por idólatras judeus e cristãos, tinham ideias muito melhores e mais claras de justiça e moralidade

do que as encontradas no Antigo Testamento, referentes aos judeus, ou no Novo Testamento. A resposta de Sólon à pergunta "Qual é o governo popular mais perfeito?" carrega uma máxima da moralidade política que jamais foi suplantada por ninguém desde essa época. "Esse governo está", ele diz, "onde o menor dano causado ao indivíduo mais miserável seja considerado um insulto a toda a constituição." Sólon viveu aproximadamente 500 anos antes de Cristo.

28 No livro de Mateus, capítulo 3, versículo 16, lê-se que o Espírito Santo desceu do céu em forma de pomba. Poderia perfeitamente ter sido um ganso, são criaturas igualmente inocentes e que se encaixam bem nessa mentira absurda. No segundo capítulo de Atos, versículos 2 e 3, lemos que o Espírito desceu num vento impetuoso e ruidoso, na forma de línguas de fogo ou algo assim. Esse absurdo só é cabível em contos de bruxas e feiticeiros.

29 Os escritores da Bíblia se encarregaram de nos oferecer, no primeiro capítulo do Gênesis, um relato da criação — e ao fazer isso não demonstraram nada além de sua ignorância. Segundo eles, passaram-se três dias e três noites antes que houvesse um Sol, mas é a presença ou a ausência do Sol a razão da existência do dia e da noite — o que chamamos de "nascer do sol" e "pôr do sol" é que faz existirem o amanhecer e o entardecer. Além disso, é uma ideia pueril e patética supor que o Todo-Poderoso tenha dito "Faça-se a luz!". É a maneira imperiosa de falar empregada por prestidigitadores quando se referem a seus copos e suas bolas: "Abracadabra! Desapareça!"; e é bastante provável que os escritores da Bíblia tenham se inspirado nisso — Moisés e seu cajado, por exemplo, podem ser vistos como um mágico e sua varinha. Longinus define essa expressão como "sublime"; se podemos interpretar assim, então o mágico também é sublime, pois sua maneira de falar é a mesma em termos de gramática e expressão. Quando autores e teóricos falam do sublime, não percebem quão próximo ele está do ridículo. Como se vê em algumas partes do livro de Edmund Burke a respeito do sublime e do belo, o "sublime dos teóricos" é como um moinho de vento que mal se consegue enxergar em meio a um nevoeiro, e que a imaginação pode distorcer e transformar numa montanha voadora, ou num arcanjo, ou num bando de gansos selvagens.

30 Segundo 2 Crônicas, capítulo 28, versículo 1: "Acaz tinha vinte anos quando começou a reinar; ele reinou dezesseis anos em Jerusalém, mas não fez o bem aos olhos do Senhor". Nos versículos 5 e 6, ainda: "Por isso o Senhor, seu Deus, entregou-o às mãos do rei da Síria. Os sírios o derrotaram, fizeram um grande número de prisioneiros e os deportaram para Damasco; e ele também foi entregue às mãos do rei de Israel, que lhe impôs uma esmagadora derrota. E Faceia [rei de Israel] matou em Judá, num só dia, cento e vinte mil homens". No versículo 8, completa-se: "E os israelitas fizeram duzentos mil prisioneiros entre seus irmãos — mulheres, jovens e donzelas".

31 Na segunda parte de *A era da razão*, mostrei que o livro atribuído a Isaías não é apenas uma miscelânea por si mesmo, mas também no que diz respeito à autoria — há partes nele que não poderiam ter sido escritas por Isaías, porque tratam do que ocorreu 150 anos depois da sua morte. O exemplo que dei a esse respeito, na segunda parte, corresponde ao tema que estou abordando, pelo menos com um pouco mais de propriedade do que a introdução de Mateus e sua citação.

Na sua última etapa, Isaías viveu na época de Ezequias. Passaram-se, então, 150 anos entre a morte de Ezequias e o primeiro ano do reinado de Ciro, quando Ciro publicou um decreto — mostrado no primeiro capítulo do Livro de Esdras — para o retorno dos judeus a Jerusalém. Não pode haver dúvida (ou pelo menos não deveria) de que os judeus sentiam uma gratidão especial por esse generoso ato de justiça, e é natural que a expressassem como mandava o costume — de maneira bombástica e exagerada, como faziam em ocasiões extraordinárias; esse estilo era e ainda é praticado entre as nações orientais.

O exemplo a que me refiro, que se encontra na segunda parte de *A era da razão*, é o último versículo do capítulo 14 e o final do capítulo 44: "Digo de Ciro: *é* meu pastor, e tudo fará segundo a minha vontade. E digo sobre Jerusalém: que seja reconstruída! E sobre o templo: que seja fundado!". Ainda, no capítulo 45, versículo 1: "Assim diz o Senhor ao seu ungido, Ciro, que ele tomou pela mão para subjugar as nações diante dele, e desatar o cinto dos reis, para abrir as portas diante deles, de maneira que nenhuma lhe fique fechada".

Esse discurso complementar está no tempo presente, portanto as coisas nele relatadas existiam na época em que foi escrito — e, portanto, o autor deve ter existido pelo menos 150 anos depois de Isaías, sendo o livro que ostenta o seu nome apenas uma compilação. Os Provérbios ditos de Salomão e os Salmos atribuídos a Davi são do mesmo tipo. Os dois últimos versículos do segundo Livro das Crônicas e os três primeiros versículos do capítulo 1 de Esdras são os mesmos, palavra por palavra; isso mostra que os compiladores da Bíblia misturaram os escritos de diferentes autores e os atribuíram a outros.

Como nós temos aqui um exemplo, nos capítulos 44 e 45, da introdução do nome de Ciro em um livro ao qual ele não pode pertencer, isso nos dá segurança para concluir que a passagem do capítulo 42, na qual o nome do personagem Ciro não é mencionado, foi introduzida da mesma forma, e que a pessoa da qual se fala é ele.

32 William Whiston, no seu ensaio sobre o Antigo Testamento [*An essay towards restoring the true text of the Old Testament*], diz que a passagem em Zacarias de que tratei estava nas cópias da Bíblia do primeiro século, no Livro de Jeremias, do qual — diz ele — foi tirada e inserida de modo desconexo no de Zacarias. Seja como for, isso não melhora nem um pouco as coisas para o Novo Testamento, mas piora bastante a situação do Antigo. Porque mostra, como observei a respeito de algumas passagens no livro atribuído a Isaías, que os escritos de diferentes autores foram tão misturados e embaraçados que agora não podem ser diferenciados, exceto onde são históricos, cronológicos ou biográficos, como na interpolação em Isaías. É o nome de Ciro inserido onde não podia ser — já que ele não existia 150 anos após a época de Isaías — que detecta a interpolação e o fiasco contido nessa passagem.

Whiston foi um homem de grande saber literário, e dono de um profundo conhecimento científico (o que é muito mais relevante). Foi um dos melhores e mais celebrados matemáticos do seu tempo, motivo pelo qual tornou-se professor de matemática na Universidade de Cambridge. Ele defendeu tanto o Antigo Testamento em seus textos, e o que denomina profecias sobre Jesus Cristo, que por fim começou a suspeitar da veracidade das Escrituras e acabou escrevendo contra elas — afinal, apenas aqueles que as examinam enxergam a impostura; os que mais acreditam nelas são os que menos as conhecem.

Whiston, depois de escrever tanto em defesa das Escrituras, no final foi perseguido por ser contra elas. Foi isso que levou [Jonathan] Swift, em seu divertido epigrama sobre Ditton e Witton, a dar ao primeiro o nome de "bom mestre Ditton" [*master Ditton*] e ao segundo o de "infame Will Whiston" [*wicked Will Whiston*]. Porém Swift era muito ligado aos livres-pensadores daqueles dias, tais como Bolingbroke, Pope e outros, e eles não acreditavam nas Escrituras, então não se pode saber com certeza se Swift o chamou ferinamente de "infame" por defendê-las ou por escrever contra elas.

33 Newton, bispo de Bristol, na Inglaterra, publicou um trabalho em três volumes intitulado *Dissertations on the prophecies* [Dissertações a respeito das profecias]. A escrita do trabalho é tediosa, e lê-lo é enervante. Ele faz um esforço enorme para tornar cada passagem uma profecia que satisfaça o seu objetivo. Ele transforma a frase de Moisés — "O Senhor, teu Deus, te suscitará entre teus irmãos um profeta como eu" —, embora se referisse a um sucessor imediato para ele, que estava então no final da sua vida, numa profecia sobre Cristo, que só nasceria, segundo a cronologia bíblica, 1552 anos depois da época de Moisés.

Esse bispo, talvez para impor essa passagem ao mundo como uma profecia a respeito de Cristo, omitiu inteiramente o relato contido no Livro dos Números que apresentei detalhadamente, palavra por palavra, e que mostra, além da possibilidade de dúvida, que a pessoa a quem Moisés se refere é Josué e mais nenhuma outra.

Newton escreve de maneira superficial. Insere em seus textos informações baseadas em boatos, sem exame nem reflexão; e, quanto mais insólitas e inacreditáveis elas são, mais ele gosta delas.

A respeito dos muros da Babilônia (no primeiro volume do seu livro, página 263), o bispo cita um comentário de um viajante de nome Tavernur, a quem se refere (a fim de dar credibilidade ao que diz) como "famoso viajante", segundo o qual os muros "foram feitos de tijolos queimados de três metros quadrados e três metros de espessura". Se Newton tivesse se dado ao trabalho de apenas calcular o peso desse tijolo, ele teria constatado que é impossível usar ou mesmo fabricar semelhante peça.

Mas o relato do bispo a respeito das pedras utilizadas na construção do templo de Salomão (presente no segundo volume do seu livro, página 211) supera largamente os seus tijolos de três metros quadrados dos muros da Babilônia, que não passam de tijolinhos em comparação. Pela descrição do bispo, são peças que não poderiam ser arrastadas pelo chão nem mesmo por cavalos, quanto mais erguidas por mãos humanas durante uma construção.

O bispo pode afirmar que a fé move montanhas, mas toda a fé de todos os bispos que já viveram não poderia mover uma dessas pedras sequer.

Esse bispo também fala de "grandes armas de guerra" usadas pelos turcos na tomada de Constantinopla, uma das quais (diz ele) tinha de ser arrastada por setenta parelhas de bois e por dois mil homens.

Um canhão que tem como munição uma bala de 20 kg (que é o maior canhão fabricado) pesa mais de 3,5 toneladas, e pode ser arrastado por três parelhas de bois. Agora qualquer pessoa pode calcular o peso que a grande arma do bispo deve ter para exigir a força de setenta parelhas de bois. Esse bispo tem imaginação. Quando as pessoas, ao escreverem, deixam de usar o dom divino da razão sobre qualquer assunto — não apenas sobre religião —, não há limites para a sua extravagância nem para os seus absurdos.

Os três volumes que o bispo escreveu tratando de suas crenças sobre as profecias contêm mais de 1.290 páginas, e ele afirma no terceiro volume, página 117, que "Eu busquei a brevidade". Isso é tão inacreditável quanto a grande arma dele.

FiqueSabendo